陕西师范大学一流学科建设经费资助出版

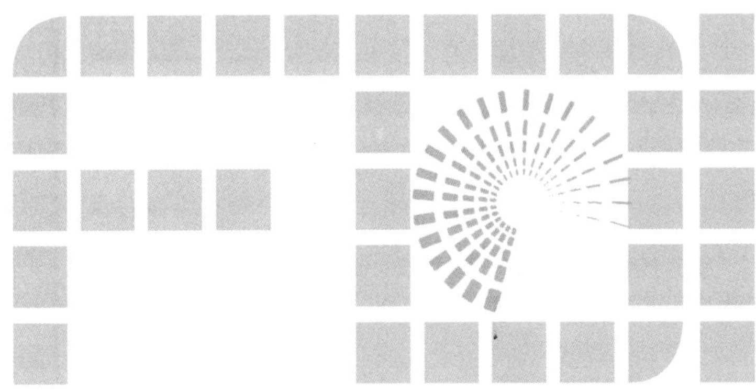

THE INFLUENCE OF FDI SPILLOVER EFFECT AND INDUSTRIAL UPGRADING ON TRADE GROWTH
—FROM THE PERSPECTIVE OF FINANCIAL DEVELOPMENT

FDI溢出效应与产业升级对贸易增长的影响研究

——金融发展的视角

李华敏◎著

图书在版编目（CIP）数据

FDI溢出效应与产业升级对贸易增长的影响研究——金融发展的视角/李华敏著. —北京：经济管理出版社，2017.11
ISBN 978-7-5096-5524-5

Ⅰ. ①F… Ⅱ. ①李… Ⅲ. ①外商直接投资—影响—贸易增长—研究—中国 ②产业结构升级—影响—贸易增长—研究—中国 Ⅳ. ①F720

中国版本图书馆CIP数据核字（2017）第290825号

组稿编辑：梁植睿
责任编辑：梁植睿
责任印制：黄章平
责任校对：董杉珊

出版发行：经济管理出版社
（北京市海淀区北蜂窝8号中雅大厦A座11层 100038）
网　址：www. E-mp. com. cn
电　话：（010）51915602
印　刷：北京玺诚印务有限公司
经　销：新华书店
开　本：720mm×1000mm/16
印　张：15.25
字　数：254千字
版　次：2017年11月第1版 2017年11月第1次印刷
书　号：ISBN 978-7-5096-5524-5
定　价：49.00元

前 言

在金融发展视角下，产业升级、FDI 以及国际贸易与经济增长的关系成为经济学领域研究的热点问题。金融发展对于 FDI 溢出效应促进经济增长的文献逐渐增多，在内生增长理论的基础上，随着 FDI 进入数量增多，引入外资企业获得的技术外溢效应越多，东道国通过 FDI 的技术溢出效应越发增加，本国的贸易增长效用越大。随着“一带一路”倡议的实施，国内外研究 FDI 和经济增长的文献都是从技术溢出角度分析影响关系，在影响变量的因素中并未考虑金融资本因素对 FDI 溢出效应影响东道国经济增长的重要作用。产业升级与金融发展对一国出口贸易的规模和结构也起到了重要的提升作用，在全球经济化背景下，一国外贸规模反映了其在国际贸易中的参与程度，而贸易结构的调整对经济增长的持续性有着明显的作用。优化贸易结构，需要大力发展资本密集型产业，金融发展对贸易的影响能够更显著地体现在出口结构方面，所以，进行金融发展对贸易出口影响的规模效应和结构效应的比较研究具有必要的理论意义。FDI 通过提供技术支持、资本积累途径改善东道国的产业结构，促进东道国贸易增长，随着产业升级，本国经济增长快速发展。但由于东道国的技术转移及扩散能力不足，对 FDI 溢出效应的吸收不明显，形成了 FDI 溢出效应的弱化；吸收的技术溢出效应又在一定程度上抑制了国内投资的发展，容易出现外商直接投资的技术垄断，导致经济发展的不均衡。FDI 与国内产业关联性不高，FDI 溢出效应被弱化成为“孤岛”经济现象。金融发展、技术进步与产业升级三者之间的关系不但是一个学术性问题，更是一个实践性较强的研究课题。以金融发展为切入点，以技术进步和技术创新能力提升为核心渠道，研究金融发展、FDI 溢出与产业升级对贸易增长的影响机理。本书将对上述问题进行理论和实证研究。

本书构建了金融发展、FDI 影响贸易增长的理论框架，力求在前人研究的基础上，归纳出金融发展如何通过 FDI 对贸易增长产生影响的机理体系，并对贸易增长影响因素进行分析，分别建立了金融发展、FDI 对贸易影响的机理与传导模型。在模型分析上，从宏观经济视角运用 VAR 模型对金融发展和 FDI 两个变量、与贸易增长的关系进行分析和协整检验。从地域视角对各区域金融发展的贸易效应进行了实证检验，并分析金融发展规模、效率及金融市场对贸易发展的规模和外贸出口商品结构发展的差异性影响程度。本书从产业结构与升级的视角检验了金融发展对我国贸易影响的传导途径，利用增长理论、规模经济、融资规模对制造业出口结构影响的作用机理，进一步探寻金融发展如何影响我国贸易的增长，通过金融市场的发展带动贸易结构的优化，促进经济增长的可持续性。

本书主要以内生增长理论、金融深化理论等相关理论为研究基础，并结合实证研究方法，探究不同金融发展水平下，FDI 溢出效应、产业结构升级对促进贸易增长、经济增长的影响途径。由于金融发展对 FDI 技术进步的影响不显著，因此需要国家重视贸易政策，加大对贸易的支持力度，促进金融市场的发展和金融结构的完善，增强金融市场的效率，促进 FDI 溢出的技术吸收能力。进一步发展我国金融体系以促进 FDI 的经济溢出效应，增进贸易增长，增强经济增长的可持续性，并提出了相应的政策建议。

本书的主要创新之处在于：

(1) 国内关于 FDI 的研究数量比较多，但从东道国视角研究其对 FDI 溢出效应吸收的文献较少，现有的文献较多地从贸易政策、产业升级与产业关联等方面来研究东道国对 FDI 的吸收能力，而在金融发展视角下，FDI 的技术溢出效应对促进贸易增长起着重要的作用，也为本书的研究提供了新的视角。本书以技术溢出为切入点，探寻金融市场不断完善的情况下，东道国提供内生要素吸引 FDI，利用 FDI 的技术溢出效应进行技术转化，促进贸易的积极增长。

(2) 本书在对国内外相关文献进行整理和研究的基础上，对金融发展在 FDI 促进经济增长带动贸易增长的途径中发挥的作用进行了验证分析。研究表明，完善的金融结构和较高的金融效率有助于增加东道国对 FDI 的吸收能力，而 FDI 的技术溢出效应转化为现实驱动力的可能程度决定了外贸增长的程度。同时，由于东道国金融发展政策如资本积累、就业扩大等会在一定程度上挤压对 FDI 的溢出效应的吸收，因此需要权衡建立完善的金融体系，保障 FDI 对经济和贸易的影响效用。

(3) 本书采用中国的省级面板数据，对金融发展、FDI 溢出效应与贸易增长之间的关系进行了实证研究。得出中国金融发展不同程度对FDI溢出的影响。在VAR检验的基础上，考虑了信贷规模与经济增长之间的长期影响，研究发现金融发展水平较高的东部地区对FDI溢出效应的吸收能力较强，也极大地促进了东部地区经济增长；中西部地区金融市场不够发达，对于FDI溢出效应的技术吸收能力不强，而未能提升经济增长。

目 录

第一章　绪论

国外关于外商直接投资（Foreign Direct Investment，FDI）与经济增长关系的研究开始于20世纪60年代以后。根据内生经济增长的理论，东道国需要具有一定的内生资源才能吸收外商直接投资的溢出效应，促进东道国经济增长。通常情况下，东道国的内生资源主要包括人力资本、知识结构、产业政策、贸易条件等，而且还要有完善的外部要素，如资本市场、融资、证券、股权、信用等。但是，近年来，国内外研究FDI和经济增长的文献都是从技术溢出角度分析影响关系，在影响变量的因素中并未考虑金融资本因素对FDI溢出效应影响东道国经济增长的重要作用。

关于金融发展对FDI及经济增长的影响，国内外的研究主要集中在两者的相关性方面。从理论研究的观点看，无论是从国家、区域、产业视角还是从企业主体的视角来看，FDI溢出效应在推动东道国经济和贸易增长的过程中，金融市场体制扮演着重要角色。金融市场的不完善将阻碍或降低FDI对东道国经济增长的贡献率。金融发展是通过融资市场转化、资本积累、投资工具等方式吸收FDI的溢出效应，带动东道国贸易与经济的增长。

关于产业结构升级对经济增长的研究，经济学者依据不同的增长理论或产业经济理论，从生产要素转移、产业内部变化等方面就产业结构变化对经济增长的影响进行了定性分析及数学模型、计量模型分析。从亚当·斯密和大卫·李嘉图的分工理论到钱纳里的结构主义理论、熊彼特的“创造性破坏”理论、库兹涅茨“U”形曲线理论再到新古典经济增长理论、新增长理论中技术内生化影响经济增长及产业结构变化影响经济增长的理论，研究不断深入，研究领域不断拓展，主要是从产业结构的变化，以及部门之间生产要素转移、各部门的技术进步不同及各部门的资本积累不同等方面，考察产业结构变化对经济增长的影响，进行了理论与实证研究。

金融发展对一国出口贸易的规模和结构起到了重要的提升作用。在全球经济化背景下，一国外贸规模反映了其在国际贸易中的参与程度。贸易结构的调整对经济增长的持续性有着明显的作用。我国的出口商品结构具有很大的不平衡性，主要以劳动密集型产品为主，资本和技术密集型产品较少。在这样的贸易结构下，贸易发展必然不平衡。优化贸易结构，需要大力发展资本密集型产业，金融发展对贸易的影响能够更显著地体现在出口结构方面，所以，进行金融发展对贸易出口影响的规模效应和结构效应的比较研究具有必要的理论意义。

一、问题的提出

西方经济理论界对于外商直接投资影响东道国经济增长的研究成果较多。早期研究的代表观点是钱纳里的“双缺口模型”理论。随后以罗莫、卢卡斯等经济学家为代表的新经济增长宏观理论逐渐成为 FDI 理论的基础，为研究 FDI 与经济增长的关系奠定了理论基础。

几十年来，发展中国家都在积极吸引 FDI 的流入，产生了 FDI 对发展中国家资本积累的形成，有利于技术创新和知识转移水平的提高。FDI 溢出效应对经济增长影响的效果也存在一定差异。FDI 通过提供技术支持、资本积累途径改善东道国的产业结构，促进东道国贸易增长，随着产业升级，本国经济增长快速发展。但由于东道国的技术转移及扩散能力不足，对 FDI 技术溢出效应的吸收不明显，形成了 FDI 溢出效应的弱化；吸收的技术溢出效应又在一定程度上抑制了国内投资的发展，容易出现外商直接投资的技术垄断，导致经济发展不均衡。FDI 与国内产业关联性不高，FDI 溢出效应被弱化成为“孤岛”经济现象。学者们开始深入研究哪些因素造成了东道国在 FDI 溢出效应上具有如此巨大的差异。

把金融发展因素引入 FDI 对东道国经济增长的影响研究是国外学者十分关注的一个课题。我国作为全球引进 FDI 最多的发展中国家，这方面的研究较少。那么，FDI 究竟是如何影响我国经济发展的？FDI 影响我国经济的微观机制是什么？作用如何？金融发展在 FDI 对经济增长的促进过程中发挥了什么作用？本书将对上述问题进行理论和实证研究。

King 和 Levine（1993）指出国家的金融发展水平对经济增长、人力资本积累和经济效率的提高都具有促进作用。该研究结果支持了高度发达的金融系统能够促进经济增长的观点。然而，有一系列问题仍引起了笔者的关注：如伴随着金融市场发展，能否引起贸易的增长？不同地区的金融发展水平是否会带来不同的国际贸易结构的改善和贸易增长速度？贸易增长能否吸引 FDI 的流入？FDI 的溢出效应能否促进国家的经济增长？一般的观点认为，金融中介通过为制造业提供融资渠道来构建规模经济，而规模报酬递增的行业出口商品时，就会实现外贸的增加。因此，金融发展对国际贸易的增长发挥了极大的促进作用。

金融发展是否对贸易增长产生影响？文献研究的观点指出金融市场是一国的重要资源，金融体系通过发挥降低风险和成本、增加储蓄、优化资源配置的功能来增加资本积累、提升技术进步，形成国际贸易的比较优势来影响贸易。

国外代表学者 Beck（2002）、Becker 和 Greenberg（2003）分别从宏观、微观和产业视角对金融发展与贸易增长的关系进行了实证研究。国内学者主要从实证研究方面论证了金融发展对国际贸易增长的影响。王杏涛（2005）通过理论分析论证了金融发展与国际贸易是相互依存、相互促进的关系；梁莉（2005）、沈能（2006）、曲建忠和张战梅（2010）等运用时间序列数据检验金融发展与国际贸易增长之间的相关关系，金融发展与国际贸易增长之间存在较强的相关关系。这些研究一是忽视了金融发展与国际贸易之间关系的理论模型研究，二是忽视了金融发展对国际贸易影响的区域差异性，三是忽视了 FDI 溢出效应与贸易增长的关系，因此有关金融发展、FDI 溢出效应与国际贸易增长的研究仍然处于初步阶段。

因此，通过对前人研究成果的整理和分析，在提出金融发展、FDI 溢出对一国贸易增长有作用的前提假设下，本书试图解释金融发展、FDI 及贸易增长的作用机理及传导机制。具体探究的问题如下：

（1）以金融发展理论、贸易市场理论为基础，选取金融发展、FDI 及贸易指标，结合各指标的统计数据来研究在我国金融发展视角下，金融发展如何影响 FDI 对贸易增长的推动力等。

（2）与其他国家相比，我国的金融发展各指标如何影响贸易发展的各指标，影响的路径、影响的效果如何及可能出现的风险规避方法等。

（3）我国金融发展对不同地域的外贸发展作用有何地区差异性。

（4）在金融发展对 FDI 溢出效应的影响中，是否存在金融抑制及金融滞后。如果存在，它们是否是我国 FDI 溢出效应的主要制约因素，金融支持对 FDI 溢出效应是否影响产业升级，导致贸易政策制定延缓经济增长等。

（5）我国金融发展是促进还是制约了贸易发展的产业效应，金融发展对技术密集型产业的影响如何，影响的路径如何等。

二、研究背景及研究意义

（一）研究背景

在党的十九大报告中，习近平总书记提出了我国经济已由高速增长阶段转向高质量发展阶段，正处在转变发展方式、优化经济结构、转换增长动力的攻关期，建设现代化经济体系是跨越关口的迫切要求和我国发展的战略目标。因此，优化产业结构，提升国内对外商投资技术溢出的吸收能力，完善发展金融市场，通过创新改变经济增长动力也成为了时代研究的热点。2015 年 5 月 27 日，习近平主席在华东七省市党委主要负责同志座谈会上首次阐述了“十三五”规划总体框架，提出了保持经济增长、转变经济发展方式、调整优化产业结构、推动创新驱动发展、加快农业现代化、改革体制机制、推动协调发展、加强生态文明建设、保障和改善民生、推进扶贫开发的“十大目标”。其中，相比“十二五”规划，“调结构”“促创新”被放到更为靠前的位置。“调结构”层面，未来从工业经济向服务产业经济转型将是我国经济发展的一大方向，而工业经济内部同样需要加速制造业升级；在“促创新”中，以互联网为代表的新经济崛起任务艰巨。李克强总理也强调，调整产业结构既是实现经济发展的转变方式、增强可持续发展能力的重要手段和途径，也是拓展发展空间、提升持续发展水平的战略重点。综观历史改革实践，金融资源作为现代经济发展的核心动力，在产业结构调整优化过程中发挥着“地基”作用，产业结构调整和优化升级与经济发展和金融资本的支持有着密不可分的关系。因此发展中国家引进 FDI 具有资本形成效应、技术溢出效应、产业升级效应、贸易创造效应和就业效应，已成为经济发展和持续增长的主要推动力量。

FDI 溢出对产业升级有很强的影响，FDI 的资本和技术效用对一国产业关联的影响，形成了市场结构的不同，制造业间的产业关联效应有较大的差异。产业部门之间通过不同的渠道和路径传递关联溢出效应，FDI 溢出在传导之中起着重要的作用。东道国在引入 FDI 以后，对东道国的投资、技术吸收提高、知识的转移、管理能力提高有着一定的影响。在东道国企业与跨国公司之间强化 FDI 溢出效应对东道国经济的发展都有极大的促进作用。中外研究学者普遍认同 FDI 能对东道国的上游产业产生价值需求，迫使上游企业加快技术进步，满足供应链关联性的这一观点。但是在对发展中国家的实证研究中发现，FDI 对技术进行的影响效应不明显。国际直接投资对技术进步的影响存在不确定性。分析其原因，可能是由于国内长期金融市场配置资本的效率不足，各区域金融发展水平存在较大差异，导致本国资金对贸易资本的需求长期处在低效状态，影响了贸易发展的规模和经济增长的速度。

近年来国内外学者的研究焦点在东道国的“吸收能力”上，对 FDI 技术外溢效应的影响因素及其测度的研究开始引入资本因素。很少对东道国金融发展水平这一衡量吸收能力的核心因素进行研究，更忽略了金融发展与 FDI 技术外溢效应对贸易增长的影响。因此，本书从金融功能对一国贸易与经济增长的作用视角出发，基于内生增长理论，把研究视角细化到金融中介、金融市场等金融发展对 FDI 溢出效应和贸易与经济增长的微观分析上，来探讨金融发展与经济增长的关系。

（二）研究意义

1. 理论意义

首先，中国金融发展 FDI 与国际贸易增长之间关系的研究较为零散，还没有形成完整的体系，但以往的贸易理论研究已经证明了对外贸易开放能够使资源在全球市场上进行配置，从而获得“比较优势”，因此对外开放能够促进本国经济增长。金融发展理论研究也表明金融发展通过影响融资渠道来促进经济增长。金融发展与国际贸易增长之间究竟存在怎样的关系，目前还没有形成系统性的研究，大部分的研究只是从理论和实证上初步论证和验证了金融发展对国际贸易增长的重要影响。因此需要对金融发展、FDI 与贸易理论三者之间的关系进行更加系统化的研究，以便于从金融发展方面着手来提升我国国际贸易方面的竞争力。

其次，中国金融发展对国际贸易增长的区域差异性研究很少，而在现实中却亟须对两者之间的关系进行梳理。由于统筹区域经济发展是我国经济发展过程中需要注意的一项重要原则，从这一原则中，我们无法获取协调区域之间经济增长的方法。古典的经济模型强调国际贸易是影响一国收入水平的重要因素，同样地，它也是影响区域之间收入水平差异性的重要因素，由此可知，研究国际贸易增长有利于寻找协调区域之间经济增长的法宝，但区域之间国际贸易增长水平究竟受何种因素影响，这是每位政策制定者需要迫切回答的问题之一，以往的研究只回答金融发展与国际贸易之间是否存在长短期的均衡关系，而并没有回答金融发展对国际贸易的影响是否存在区域差异性。因此，本书的实用意义就在于从理论的角度来回答金融发展与国际贸易增长之间的关系，从实证的角度来回答金融发展对国际贸易影响的区域差异性，从而为经济决策者进行适当参考。

因此，本书全面分析了金融发展视角下 FDI 溢出效应以及产业结构升级对东道国贸易增长与经济增长的影响，具有较强的理论意义。

2. 现实意义

本书在分析中国金融发展水平的基础上探讨了国外直接投资与中国贸易增长之间的关系，有利于在引进 FDI 的过程中改善资本结构，具有一定的实践意义。

（1）从资本积累视角来研究金融发展影响贸易增长的理论途径：传统金融发展理论认为信息提供、监督质量公司、融资、风险分散、股票债券市场、吸收储蓄是金融市场的六大功能。金融发展的功能是通过资本积累和技术创新等途径来影响对外贸易，本书实证部分依据金融发展的功能，从技术和资本两个要素视角来研究我国的金融发展与贸易增长的关系。

（2）系统研究金融发展与国际贸易增长之间的关系，是对金融理论和贸易理论的进一步阐述和完善。以往学者在对贸易理论的研究中已证明了对外贸易开放程度能够使资源在全球化市场上进行有效配置，从而获得国际贸易的“比较优势”，因此对外开放能够促进本国经济增长。金融发展理论研究也表明金融发展通过影响融资渠道来促进经济增长。但二者之间存在什么关系，作用路径如何还没有系统的研究成果，系统化地研究二者之间的关系也是为明确我国的金融发展与贸易的关系、提高我国国际竞争力提供了新视角。

（3）金融发展对国际贸易增长的区域差异性研究有待发展。由于区域经济发展是我国经济发展过程中的一项重要国策，古典的经济模型强调国际贸易是影响一国收入水平的重要因素，同样地，它也是影响区域之间收入水平差异性的重要因素，由此可知，研究国际贸易增长有利于寻找协调区域之间经济增长的途径，但区域之间国际贸易增长水平究竟受何种因素影响，以往的研究只回答金融发展与国际贸易之间是否存在长短期的一般均衡关系，而并没有回答金融发展对国际贸易的影响是否存在区域差异性的非均衡关系。因此研究实用意义就在于从理论的角度来回答金融发展与国际贸易增长之间的协整关系，从实证的角度来回答金融发展对国际贸易影响的区域差异性相互关系，从而制定国家的贸易政策。

（4）本书明确了金融发展视角下 FDI 促进贸易增长的方向：前人的研究表明，金融发展通过规模效应扩大一国的贸易出口规模，通过产业结构效应促进出口结构的优化。在金融发展视角下，贸易促进效应主要体现在出口结构方面，FDI 的溢出效应对贸易结构的影响决定着国家的贸易政策。因此本书对 FDI 溢出作用做了比较分析，如果我国金融发展对出口的规模效应影响较大，金融市场发展能够促进东道国以较低的成本出口商品，其对出口商品结构调整的效应较大，这是对我国贸易结构优化的很重要的方面，而金融市场效率的改革应考虑贸易政策，可以通过调整金融市场效率政策来达到产业结构和产业升级带动贸易增长的目的，从科技创新上提高 FDI 的溢出效应，为提出切实有效的贸易政策提供更有价值的建议。

三、研究思路及基本内容

本书在整理和研究了前人关于金融发展、FDI 和经济增长的文献基础上，总结提炼出金融发展的视角下 FDI 溢出效应通过金融发展的资本直接效应及技术溢出间接效应路径对贸易增长产生的促进作用，进而促进了东道国经济的增长。还分析了 FDI 溢出影响东道国经济增长的微观机制，结合金融发展在 FDI 影响经济增长方面的作用，研究我国金融发展影响 FDI 资本效应和溢出效应的实际情况。

（1）本书对金融发展、FDI 溢出效应、贸易增长理论进行全面系统的分析和研究，具体操作从三者的作用机理、途径进行理论探究，然后通过实证分析对作用机理作验证，最后根据实证结果提出建议的系统化过程。

①金融发展对贸易增长的作用机理研究。首先定义金融发展、FDI、贸易增长的相关概念，界定其研究内涵。主要是明确金融发展、金融抑制、FDI 溢出效应、贸易增长等变量的内涵及其逻辑关系，并由此探讨金融发展对贸易增长的机理，建立内生模型，阐述二者的传动机制。同时，对国内外研究金融发展与贸易增长的文献进行分类、整理，形成系统的金融发展与贸易增长的理论体系。

②金融发展对贸易增长的传动途径分析。在理论研究的基础上，基于金融发展与对外贸易的作用途径，甄选金融发展的指标体系，运用计量模型，分别从宏观层面、区域层面和产业层面对金融发展的规模水平、发展效率、汇率与贸易结构、贸易规模之间的相互作用进行实证分析。考虑了金融规模、金融市场、金融中介等因素影响我国贸易发展的机理和传动途径，提升贸易竞争力。

（2）在 FDI 溢出效应研究基础上，分析金融市场在 FDI 促进贸易发展的进程中扮演的角色。金融市场的效率对转化先进技术及 FDI 的溢出效应起着重要影响作用，进而影响了对外贸易的增长。即金融市场的效率越高，FDI 的溢出效应越显著，促进经济增长的效应就越大。

本书论述我国金融市场发展程度对 FDI 促进东道国贸易增长、经济增长的不同影响机制在于：一方面，金融市场发展程度越高，对 FDI 技术溢出效应的转化效率就越高，从而促进经济的增长；另一方面，国内金融市场越发达，国内微观企业主体数量就越多，产业集聚规模增大，产业链形成，东道国引进的 FDI 规模增大，国内企业通过模仿输出 FDI 跨国企业的先进技术，参与全球化市场领域，提升产品生产能力和竞争力，放大 FDI 的产出溢出效应，导致东道国经济增长率提高；反之，东道国经济增长率将会降低。

本书研究框架如图 1-1 所示。

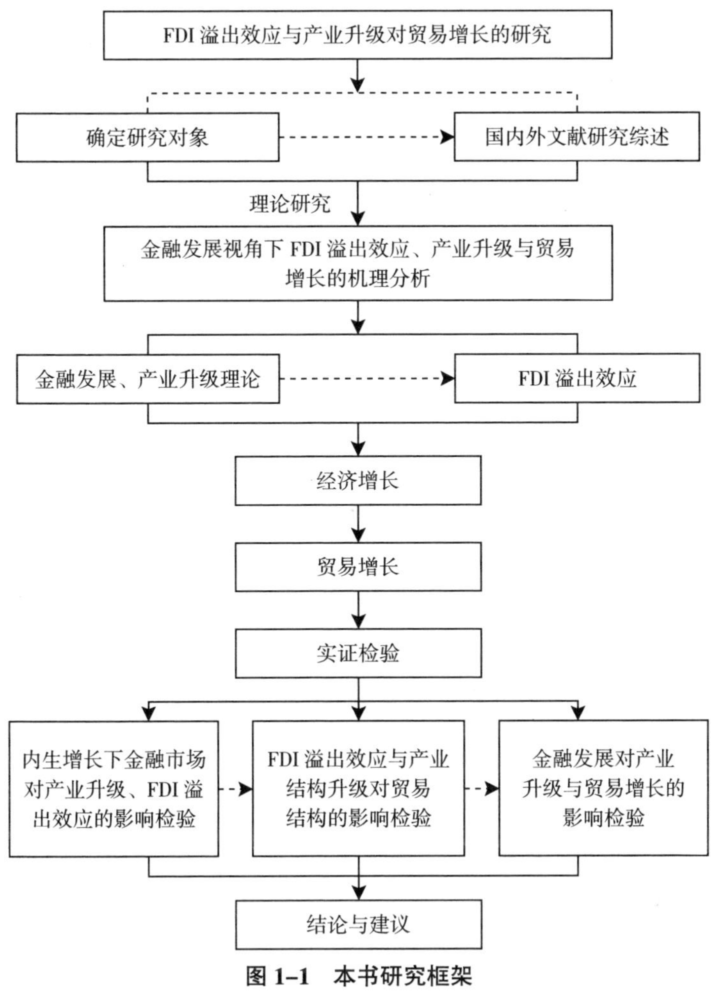

图 1–1　本书研究框架

四、研究途径与方法

本书以逻辑框架为基础，实际采取的研究途径与方法如下：

（1）理论与实证相结合。本书在整理前人金融发展、FDI 与贸易发展的相关理论基础上，针对我国金融和经济、贸易发展的实际情况，试图探究金融发展、FDI 溢出效应对贸易发展、经济增长的作用机理，基于相关理论和机理建模。实证研究中以计量模型和软件为工具，以大量面板数据为基础进行分析，所用的实证方法主要有：

①相关与因果关系检验：本书对金融发展、FDI、贸易发展的各变量进行相关性检验，通过格兰杰因果检验多变量之间的因果关系。

②协整检验：本书对研究变量的时间序列进行协整检验，测试时间序列的平稳性及长期发展趋势，并根据误差修正项建立修正模型。

③面板数据模型：本书结合全国各省、各地区的面板数据分析我国不同地区的金融发展、FDI 及贸易增长之间关系的差异。

④VAR 模型：本书通过建立向量自回归模型，选取金融相关比率、汇率、投资转化率等变量来测算金融规模和金融市场，并通过对相关变量进行单位根检验来研究金融发展与对外贸易之间的关系。

（2）比较分析法。由于我国各区域之间的金融发展水平差较大，本书借助我国中、东、西部的八大经济区域的面板数据，比较不同地区金融水平下的 FDI 对贸易、经济增长的影响路径及影响程度的差异性。

（3）层次分析法。本书选择了国家层面、产业层面和企业层面三个视角，结合金融发展面板数据，分析金融发展对我国劳动密集型、技术密集型产业的企业外贸结构和规模的影响。该研究试图为后续进行金融发展、FDI 与产业经济关系研究提供新思路。

五、主要创新与研究展望

（一）主要创新

本书以内生增长理论为依据，采用省级面板数据对金融发展、FDI 溢出效应与贸易增长之间的关系进行了实证分析，论证了金融发展程度对 FDI 溢出效应的影响、金融发展对贸易增长的影响，以及 FDI 对贸易增长的影响关系。

本书主要创新之处在于：

（1）国内关于 FDI 的研究数量比较多，但从东道国视角研究其对 FDI 溢出效应吸收的文献较少，现有的文献较多地将贸易政策、产业关联等方面来研究东道国对 FDI 的吸收能力，而在金融发展视角下，FDI 的技术溢出效应对促进贸易增长起着重要的作用，也为本书的研究提供了新的视角。本书以技术溢出为切入点，探寻金融市场不断完善的情况下，东道国提供内生要素吸引 FDI，利用 FDI 的技术溢出效应进行技术转化，促进贸易积极增长。

(2) 本书在对国内外相关文献整理和研究的基础上，对金融发展在 FDI 促进经济增长带动贸易增长的途径中发挥的作用进行了深入分析。研究表明了完善的金融结构和较高的金融效率有助于增加东道国对 FDI 的吸收能力，而 FDI 的技术溢出效应转化为现实驱动力的可能程度决定了外贸增长的程度。同时，由于东道国的金融发展政策如资本积累、就业扩大等会在一定程度上挤压对 FDI 溢出效应的吸收，因此需要权衡并建立完善的金融体系保障 FDI 对经济和贸易的影响效用。

(3) 采用中国的省级面板数据，对金融发展、FDI 溢出效应与贸易增长之间的关系进行了实证研究。得出中国金融发展不同程度对 FDI 溢出的影响。在 VAR 检验的基础上，考虑了信贷规模与经济增长之间的长期影响，研究发现金融发展水平较高的东部地区对 FDI 溢出效应的吸收能力较强，也极大地促进了东部地区经济增长；中西部地区金融市场不够发达，对于 FDI 溢出效应的技术吸收能力不强，而未能提升经济增长；从总体而言，我国的金融市场对 FDI 溢出效应促进作用不显著。

(二) 研究展望

尽管本书对金融发展、FDI 溢出效应以及贸易增长之间的关系做了一定的探讨，但研究仍存在以下几点不足：

(1) 本书主要是宏观层面的阶段性探索研究，使用的金融发展指标相对静态，引入更多的指标，从微观层面上收集更具体的案例或数据展开更为深入和透彻的研究将是今后研究的重点。

(2) 由于获取数据较困难，本书使用数据中省略了股票市场的相关数据，造成了整个资本市场数据的不完善，因此权衡中国金融发展与 FDI 溢出之间的关系还需要进一步完善。

第二章　文献综述

一、FDI 溢出效应研究综述

FDI 溢出效应的理论源于跨国公司的形成与发展经济学理论，跨国公司在不同的国家内凭借其专有的知识和技能控制市场需求，使跨国公司在东道国市场上与本地企业的竞争中取得优势。然而，跨国公司与本地企业的频繁接触，导致其专有知识和技能直接转移到东道国的本地企业当中，即发生技术溢出效应。Richard Caves（1974）明确提出了 FDI 的技术外溢问题，开创了 FDI 技术外溢效应研究的先河。Findlay（1978）将“传染理论”和“赶超理论”结合在一起建立了一个分析 FDI 对技术传递影响的模型。

（一）FDI 技术溢出效应的传动路径与作用机制

国内关于 FDI 对国内投资挤入、挤出效应的研究正逐年增加，其研究对象主要为全国范围和东、中、西部地区。但由于数据选取范围、实证方法和前提假设的不同，导致结果存在很大的差异。张倩肖（2004）以新古典经济学理论为基础，采用我国 1978~2001 年的经济数据，证实了外商直接投资会对我国国内投资产生替代效应。王志鹏（2004）通过修正已有 FDI 对国内投资的绝对挤入（挤出）模型的不足，建立了新的模型并采用 1978~2001 年的面板数据分析了 FDI 对我国国内投资的挤入、挤出影响。结果表明，从整体上看，FDI 对我国国内投资的挤入、挤出效应不显著；但是在东部和中部地区分别表现出明显的挤出效应和挤入效应。李志华、王连伟（2005）利用 1985~2002 年我国经济数据，对外商直接投资与我国国内投资的相互关系进行了实证研究，证实了 FDI 与我国国内投资存在长期稳定的比例关系。辛力、邓珊珊（2007）采用 1985~2004 年我国 21 个省、市的面板数据，通过回归分析表明外商直接投资对我国全国民营投资略有“挤入效应”；但是在东部和中部地区分别表现出轻微的挤出效应和明显的挤入效应。方友林、冼国明（2010）利用 2003~2006 年中国八大行业的面板数据实证检验了 FDI 对我国国内投资的影响。结果表明 FDI 对我国国内投资的影响整体上为中性。从区域来看，在东部和中部地区 FDI 对国内投资不存在显著的挤入、挤出效应，但在西部地区存在显著的挤出效应。张望（2009）基于全国与东、中、西部地区分析，采用 1985~2006 年我国经济数据对国内投资的挤入、挤出效应做了重新检验。结果表明全国范围和东部地区挤出效应明显，中部地区挤入效应明显，西部地区则经历了一个由挤出效应到挤入效应的过程。邱立成、张兴（2010）以我国农产品加工业为例，运用 Agosin 和 Mayer（2000）模型，选取 1999~2007 年的行业面板数据，研究了我国农产品加工业 FDI 对国内投资的挤入、挤出效应。朱延福、宋勇超（2012）以技术差异为视角来研究 FDI 对国内投资挤入、挤出效应，采用 1999~2010 年我国高技术产业面板数据进行回归分析，得出结论：我国高技术产业领域内资企业与外资企业技术差距正在逐步缩小。针对现有 FDI 挤入、挤出效应研究普遍忽略的外生性检验，张光南、朱宏佳（2013）采用珠三角地区城市面板数据，对 FDI 与国内投资的关系进行了再检验，结果表明：FDI 对整体国内投资存在显著的挤出效应，并且市场潜力与挤出效应成正比。叶娇、王佳林（2014）利用吸引外资规模最大的省份江苏省 2002~2011 年地区面板数据，对 FDI 对本土技术的创新影响力以及这些影响的区域差异进行经验检验。实证结果表明：外商直接投资对江苏省技术创新存在正溢出效应，经济发展水平、基础设施、人力资本这三个因素给 FDI 溢出效应带来促进作用并且效果显著，经济结构以及企业类型并未对 FDI 溢出效应呈现出促进作用。周云波、陈岑和田柳（2015）在分析 FDI 对东道国内外资企业间工资差距影响的动态过程和理论机制的基础上，利用中国工业企业数据库测算了 FDI 对我国企业间工资差距的影响程度和变化趋势。理论分析显示，FDI 通过劳动力转移效应和技术溢出效应引起的东道国内外资企业间工资差距，呈现先增大后缩小的倒“U”形特征。实证分析显示，在考察期内，FDI 对我国企业间工资差距的影响显著，其贡献率在 10%以上。王惠、王树桥（2016）使用 DEA-Malmquist 指数法测算

2004~2013 年江苏省 28 个行业的全要素生产率（TFP），面板数据回归结果表示，FDI 技术溢出效应以及吸收能力在行业间存在明显不同，技术密集型行业和劳动密集型行业存在“积聚效应”。

（二）FDI 技术溢出与东道国吸收能力

Cohen 和 Levinthal 在 1989 年分析企业研发作用时首次提出了“吸收能力”的概念，认为企业研发成果会直接促进技术进步，或者通过增强企业对外来技术的学习、吸收、模仿能力从而间接地促进技术进步。国内外相关学者一致认为东道国的技术吸收能力[①]是影响 FDI 溢出效应的关键指标。

在技术吸收能力的归类中，按照技术吸收能力的层次，衡量指标可分为不同的类型：第一，在获取技术学习与模仿的机会上，衡量指标为贸易开放度（包括各类形式的贸易壁垒）和产业关联度。第二，在技术学习能力上，衡量指标为微观企业的技术能力、研发水平、东道国人力资本存量、人力资本积累。第三，在用新技术的社会、经济激励因素上，衡量指标为金融市场效率、知识产权保护（法律体系）、东道国市场竞争程度、政府政策、腐败程度、市场体制。

Torre 和 Barrios（2000）选取“R&D 支出”的高低这一指标来衡量当地企业的吸收能力，采用 1991~1994 年西班牙的企业数据进行实证分析。结果表明存在正向溢出，而且这种效应取决于当地企业的吸收能力。Kugler（2001）运用 1995~1998 年捷克制造业的企业面板数据，分析了吸收能力对溢出效应的影响，发现 FDI 的正向溢出主要发生在东道国 R&D 密集的行业里。Girma 等（2005）运用英国的企业数据进行实证分析，发现吸收能力对于溢出效应的影响呈“U”形。Marin 等（2006）运用 1992~1996 年阿根廷的行业数据进行分析发现，外资企业行为本身会对外溢效应的大小产生影响。黄凌云、范艳霞和刘夏明（2007）采用面板数据分析方法对 FDI 的技术溢出效应与东道国吸收能力之间的关系进行实证分析。研究结果表明东道国技术水平的提高对 FDI 的技术溢出有明显的促进作用。但当东道国技术吸收能力达到一定程度后，外商直接投资的溢出效应则开

① 包括东道国或企业的技术实力、R&D 水平以及出口倾向等。各国自身的技术吸收能力决定了其最终能否通过对外界的技术模仿和吸收而成功带动本国技术进步，而技术吸收能力又会受到人力资本投资、基础设施、金融市场效率、研发投入等因素的影响。在 FDI 对东道国技术溢出的作用机理中，东道国的吸收能力影响着东道国国内企业能够在多大程度上吸收 FDI 的技术外溢效果。

始降低，也就是说吸收能力与溢出效应间存在非线性关系。张宇（2010）利用中国省际面板数据模型对 FDI 流入在不同地区所引发的技术外溢效应进行了检验。结果验证了 FDI 技术外溢效应在我国不同地区之间具有相当的差异性。陈岩（2011）采用 2003~2010 年中国省级 FDI 面板数据，分析了无特定优势中国跨国公司对外投资是否产生逆向溢出效应。研究发现对外投资的逆向溢出效应取决于跨国公司所在省市的吸收能力。何兴强、欧燕、史卫和刘阳（2014）采用非参数 DEA 方法测算全要素生产率，并运用门槛回归模型分析 FDI 技术溢出在中国经济发展水平、外贸依存度、基础设施建设、人力资本水平四个吸收能力因素的门槛效应。研究发现 FDI 技术溢出在上述四个因素中都存在非线性门槛效应。经济发展水平越高、基础设施越完善、人力资本水平越高，FDI 的技术溢出越显著。适度的外贸依存度有助于促进 FDI 的技术溢出，外贸依存度过低或过高时，FDI 都不存在显著的技术溢出。陈建丽、孟令杰和王琴（2015）以中国高技术产业 13 个细分行业 1997~2011 年的面板数据为研究样本，对 FDI 研发活动对内资企业生产率增长的影响，以及内资企业技术吸收能力在 FDI 技术溢出过程中的门槛特征进行分析。结果显示：FDI 研发活动对内资企业存在正向技术溢出效应；内资企业研发资金强度和研发人员强度对 FDI 技术溢出有非线性影响，并存在显著的单门限效应，当超过各自的门限值时，FDI 的技术溢出效应均有显著提高。上官绪明（2016）利用我国 1998~2013 年的省际面板数据，采用工具变量法（IV）证实了技术溢出和吸收能力对我国省际技术进步都产生了显著的正向影响效应。进一步分析指出，人力资本对 FDI 渠道溢出的技术吸收效应比对进口渠道显著，而 R&D 存量对进口渠道溢出的技术吸收效应比对 FDI 渠道显著。

（三）FDI 技术溢出与产业效用分析

FDI 技术溢出在产业层次可以划分为产业间溢出和产业内溢出。[①] 国内外学者主要利用产业或企业数据来检验 FDI 的技术溢出效应。小岛清（1978）提出了边际产业扩张论，他认为外商直接投资属于边际产业，且技术溢出效应与东道国技术水平差距成反比。Cantwell 和 Tolentino（1990）提出了技术创新产业升级理论，

---

① 产业间溢出：一个产业中的外商直接投资对其他产业的技术发展产生的影响；产业内溢出：外商直接投资对同一产业内其他企业的技术发展的影响。

该理论包括两个基本命题，[①] 认为技术能力的大小是发展中国家的跨国公司对外投资的决定因素。Haddad M.，Harrison A.（1993）采用摩洛哥 1985~1989 年制造业的企业数据，检验了贸易和投资保护政策对溢出的影响。

Arora、Fosfuri 和 Gambardella（2001）以 19 世纪 80 年代 38 个国家的 136 项化学工艺技术为例，依赖于关键投入品可贸易这一强假设，检验了国际直接投资的技术溢出以及上下游产业的技术垂直溢出。

张立军（2005）以我国 1974~2002 年的时间序列数据为基础，实证研究我国金融发展与产业结构变动之间的关系，发现金融发展显著促进了产业结构的优化与升级，能够促进经济的长期可持续增长。曾国平、王燕飞（2007）采用中国的时间序列数据进行实证研究，发现金融发展对我国第三产业的发展影响较大。马智利、周翔宇（2010）以 1978~2006 年我国金融发展和产业结构升级的指标数据为研究对象，利用非平稳时间序列分析方法分析了中国的金融发展与产业结构升级的关系问题。马少康（2010）通过理论与实证分析相结合的方法，从金融的产业需求视角出发，来研究我国的金融发展与产业结构之间的关系问题，研究挤入发展与产业结构的关系发现：产业结构变动是金融发展的正格兰杰原因。蓝大威（2010）利用多种理论模型研究了 FDI 对我国出口商品结构与贸易条件的影响，研究得出结论，FDI 对我国出口商品结构优化有很大的促进作用，但是出口商品结构的优化并没有改善我国的贸易条件。杨建明（2011）以吸收外资最多的我国东部地区为对象，运用面板数据实证检验了 FDI 对我国东部地区产业结构变化的影响。研究表明：FDI 促进了我国东部地区产业结构高级化，同时也在一定程度上带来了负向的技术外溢。孙浦阳、韩帅和靳舒晶（2012）采用我国 288 个城市 2003~2008 年的面板数据进行实证分析。研究发现，城市服务业集聚有利于吸引 FDI，而制造业集聚和外资集聚则不利于吸引 FDI，其中，生产性和公共性服务业集聚对 FDI 流入的促进作用较为明显，相邻城市之间的产业集聚在吸引 FDI 方面存在竞争关系。杨安（2013）从关联效应、传导机制等方面分析了 FDI 影响东道国产业结构优化升级的机理，认为 FDI 的引入和其带动的市场竞争以及政府引导规范可以分别从高度化、高效化、合理化三个方面来提升产业结构。贾妮莎、

① 第一，发展中国家企业技术能力的提高是一个不断积累的结果，技术能力的稳步提高推动了发展中国家产业结构的升级；第二，发展中国家企业技术能力的提高是与它们对外直接投资的增长直接相关的。

韩永辉和邹建华（2014）剖析双向 FDI 的产业结构升级效应的理论机制，结合 1982~2012 年中国时间序列数据，利用协整、误差修正和脉冲响应模型，实证检验中国双向 FDI 与产业升级的关系。结果显示：在短期，IFDI 对产业结构升级的贡献更为突出；在长期，中国双向 FDI 对产业结构升级均有促进作用，但 IFDI 对产业结构高度化的促进作用更显著，OFDI 则对产业结构合理化的促进作用更显著；从动态冲击看，双向 FDI 都会将自身所受外部冲击传递至产业结构合理化和高度化。于文超（2015）基于 2003~2010 年城市面板数据，运用面板数据固定效应模型，研究发现：FDI 流入与环境管制水平的提升都有助于促进产业升级，且两者存在互补效应。张林（2016）利用 2003~2014 年中国 31 个省份的面板数据，构建动态面板模型，实证研究了双向 FDI 产业结构优化的总体效应与区域差异，研究结果表明，双向 FDI 均对产业结构合理化和高级化具有显著的正向促进作用，但二者的交互作用却因为不协调而产生一定程度的阻碍作用。

二、金融市场、FDI 溢出效应与产业升级对经济增长的文献综述

（一）内生经济增长理论下金融发展对经济增长的影响综述

外国学者熊彼特开创了金融发展与经济增长的关系，此后国内外学者们对二者的关系进行了深入研究，研究的焦点集中在两个问题上：一是金融发展与经济增长的关系及作用机制，二是金融体制和经济增长的关系。

（1）金融发展与经济增长的因果关系。学者们对金融发展和经济增长关系的实证研究角度差别很大。代表观点有“供给引导型”，主要是经济依靠金融带动；“需求跟随型”，主要是经济带动金融的发展；“双向因果型”，主要是指金融与经济互相带动发展。

（2）金融机制与经济增长的关系。这方面的研究主要是进行了宏、微观传导机制的实证研究。宏观方面的牛凯龙（2005）研究认为金融发展主要通过改变宏观经济变量来促进经济增长；在微观方面，从企业的角度研究金融发展能否降低

外部融资约束。Romer（1996）、Lucas（1988）通过资本积累影响经济增长，Romer（1990）通过技术创新率来影响经济的增长等；内生增长理论下，Levine（1997）说明了金融发展通过风险管理、交换、公司治理等功能促进物质资本积累和技术进步来带动经济增长。同时我国学者姚耀军（2009）运用区域宏观经济数据在新古典经济增长理论框架下对金融发展的经济增长效应进行实证研究，发现非正规金融发展的区域差异对经济增长的区域差异具有显著的解释力。段进等（2011）在对湖南的长沙、株洲和湘潭三个地区金融发展与经济增长的关系研究中发现金融与经济互为因果关系。潘辉、冉光和、张冰和李军（2013）基于2002~2011 年中国 31 个省份的面板数据，研究了全国以及东、中、西部三大区域金融集聚与实体经济增长的关系，并对不同区域金融集聚的经济效应进行了比较分析。结果显示，金融集聚显著地促进了实体经济增长，且东部地区金融集聚的经济效应远大于中部和西部地区。杨有才（2014）通过对中国 1987~2009 年省级面板数据的分析和检验基础上，以金融发展水平作为门槛变量对我国金融发展与经济增长的非线性关系进行了考察。研究发现：在不同的金融发展水平下，中国的金融发展对经济增长的作用是不一样的，表现为门槛效应和边际效率递减的非线性特征。李苗苗、肖洪钧和赵爽（2015）基于 2000~2001 年中国 31 个省份的面板数据，依次运用面板数据的单位根检验、协整检验和因果有向无环图（DAG）等分析方法，研究结果表明：金融发展、技术创新与经济增长两两之间存在长期均衡的协整关系。刘金全、龙威（2016）指出我国金融发展与经济增长之间存在显著的金融发展门限效应，当金融发展水平位于门限值以下时，金融发展对经济增长具有显著的正向影响；反之，当金融发展水平位于门限值以上时，金融发展对经济增长的拉动效应并不显著。从前人的文献中可以看出，关于金融发展的微观层次的研究较多，但研究的角度过于分散，对金融发展与经济增长的关系机制研究不够，研究理论更缺乏系统性。因此探讨中国的金融发展和企业经济增长相联系，具有较强的必要性和可探讨性。

（二）金融市场下 FDI 溢出效应对经济增长的作用机制

东道国的金融发展程度和金融市场很大程度上通过两个方面决定和影响 FDI 溢出效应。一是本国金融发展制约着外部融资的需要，而融资方便与否对本地企业利用新技术至关重要，直接影响了 FDI 的技术溢出效应；二是欠发达的金融市场阻碍了关联市场的潜力，影响了跨国公司的后向溢出效应。

Jeannine N. Bailliu（2000）以 AK 模型为基础进行研究，认为 FDI 通过金融市场流向东道国，而完善的金融体系有利于投资效率的提高。Laura Alfaro、Areen-dam Chanda、Sebnem Kalemli-Ozcan 和 Selin Sayek Niels（2003）利用计量方法分析了衡量金融发展的每一个指标、FDI、经济增长之间的关系，提出完善和发达金融体系国家的 FDI 利用效率更高。Hermes 和 Robert Lensink（2003）的研究指出金融部门的发展直接决定了 FDI 对经济增长的促进效应。Niels Hermes 和 Robert Lensink（2003）以 67 个国家的数据为基础，构建了银行指标 CREDP，表示金融发展水平，实证表明只有在金融发展水平指标较高的情况下，FDI 对经济增长才有正效应。

国内学者李建伟（2007）选择 1963~2004 年全国数据和 1994~2004 年各省份数据组成的面板数据从技术进步和产业关联两个方面对金融发展在 FDI 促进经济增长中的作用进行实证分析，研究结果表明，金融市场资源配置效率、金融规模与 FDI 对经济增长的促进作用呈正相关关系。刘舜佳（2007）以我国 29 个省份的数据为基础，分析表明了基于金融市场吸收力的 FDI 对经济增长的负效应、基于金融市场功能的正效应且加入“国内投资变量”这一变量后，仅后者成立。王永齐（2006）经实证研究表明了 FDI 与信贷市场联合，对经济增长产生正影响；与股票市场联合，对经济增长的作用不显著。罗长远（2006）用 1987~2001 年的省际面板数据进行了分析，得出的结论是金融支持较弱的容易发生 FDI 的“挤出效应”，反之则发生 FDI 的“挤入效应”。朱承亮、岳宏志（2009）以我国各省的面板数据为基础进行实证研究，结果表明金融发展对经济增长具有促进作用，但我国金融机构的存贷款业务一定程度上抑制了经济增长。曾慧（2010）的研究结论证明由于我国金融市场不发达，导致了 FDI 通过资本积累对我国经济增长的促进作用不显著。FDI 主要通过资本积累的增加来促进我国经济发展。邓萍、黄晓莉（2011）将 FDI 对我国经济增长的影响分中、东、西部三个地区研究，结论表明我国区域金融发展的不平衡性影响了企业融资能力、进而影响 FDI 对资本和技术的促进效应，最终影响 FDI 对经济增长的促进作用。林季红、郭志芳（2013）运用我国 28 个省份的面板数据进行实证分析，研究结果表明，当前我国金融市场发展不平衡，金融市场影响 FDI 促进经济增长以及其作用渠道在我国东、中、西部地区各有不同。在完善的金融市场支撑下，FDI 外溢效应得以释放，FDI 通过提高 TFP 推动经济增长。李媛、崔思（2015）以中国 1998~2009 年的面板数据为例，探究金融发展在 FDI 影响经济增长中所起的作用。研究结果表明：在中国东部、中部以及西部地区，尽管 FDI 对经济增长的影响不显著，但 FDI 与金融发展的交叉作用却是显著的，即金融发展增强了 FDI 的溢出效应。

（三）金融发展视角下产业升级对经济增长的影响综述

产业结构的优化升级不仅直接促进了我国国内生产总值的增加，更为重要的是产业机构的优化升级为经济增长方式由粗放型向集约型转变起到了重要作用。一方面，产业结构升级可以通过自发演化和政府推动的途径实现经济增长方式转变；另一方面，产业结构升级可以通过引发技术进步和带动生产要素转移使经济增长方式从粗放型向集约型转变。下面从这三个方面分别分析产业结构优化升级对经济增长的影响。

1. 产业结构优化升级对 GDP 的影响

优化产业结构和提高资源利用率是目前我国促进经济增长的主要方式。通过产业结构和单位 GDP 能耗之间的关系分析，能够形成一种产业结构定量分析系统，以便对单位 GDP 能耗和产业结构变化之间的关系做进一步了解，明确产业结构和现阶段存在的问题，从而大大提高了积极作用。对于降低单位 GDP 能耗，产业结构具有非常重要的意义。

就三大产业的发展情况可以得出以下结论：在中国，第二、第三产业发展迅速，第一产业的发展是相对稳定的，我国产业结构趋于优化，尤其是第三产业的发展迅速，促进了我国整体经济的快速发展。农业是第一产业，是国家和人民的根本，是国民经济的基础和进一步发展的后盾。第二产业通常占有主导地位，它决定着一国的实力和现代化发展水平，为国民经济的各个部门提供材料和技术设备，生产大量的原材料并进行资本积累，为人们提供基本消费品。第三产业主要以服务业为主，促进物质生产的发展，更好地满足人民生活的需要。第三产业的充分发展，也是解决就业问题的基本途径。在今天，一个国家或地区的第三产业发展水平反映的是生产力发展水平。

2. 产业结构优化升级对经济增长方式的直接影响

从产业结构看自发演进路径，产业结构的升级是一个自发演进的过程。农业在历史上是人类发展的第一产业。农业生产作为人类活动表现为人与土地和其他自然资源之间的过程，其发展水平取决于在使用过程中的工具。这个工具即最早的生产制造业，就是第二产业。然而，在很长一段时间里，第二产业仅用于为第一产业服务。由于约束生产的主要因素是第一产业，它的发展将受到农业发展的限制。然而，人类逐渐超越生存的需要，并上升为追求更高的需求，第二产业不仅是为第一产业服务，也逐渐成为了一个独立的产业，以满足人们的需求。这使第二产业的发展前景十分广阔，第二产业发展条件能充分满足，将超过第一产业成为主导产业结构。第二产业的发展将产生更多的服务，当然，第一产业有这样的需求，这项服务就被称为第三产业。由此可知，产业结构的优化升级可以说是一种自发演进的过程。自发演进的产业结构升级，是伴随着生产活动依赖于自然资源的相对下降。从生产过程的三个基本因素来看，产业结构升级的过程在逐渐下降。对劳动力和原材料的依赖性较强，但也表现出下降的趋势，而人力资源和人力资本的需求上升。这种趋势反映了经济增长必然是从粗放型向集约型转变。

从政府推动的路径看，产业结构的升级不是一个自然的进化，而是在政府的推动下完成的升级。对落后的国家或地区来说，产业结构的升级在发达国家已经出现，产业结构升级的影响已被理论和实践证明。由于存在三次一个或两个生产要素的产业结构升级及产业梯次转移，因此在产业间转移的生产要素必须需要一种动力，在自然演化过程中，驱动力是市场，而在其他条件下，其驱动力是政府。到目前为止，这个由政府推动产业结构升级的路径影响经济增长方式转变进行得不顺利。产业结构的升级不能没有政府，经济增长方式的转变，也会受到政府的影响。因此，要使政府促进影响经济增长方式转型的顺利实现，产业结构升级的路径需要进行不断的努力探索。

3. 产业结构优化升级对经济增长方式的间接影响

通过促进技术进步进而引起的产业结构升级，对于经济增长逐步摆脱对自然资源的依赖，特别是不可再生的自然资源的依赖，转而越来越依靠科技进步和提高自然资源的利用效率，实现经济增长。从而粗放型的增长模式逐步被集约型的增长模式所取代。这就是产业结构升级引起经济增长方式转变的一个完整的机制。不过，这种产业结构升级带动经济增长方式转变的机制还有一些特殊的表现，这集中体现在那些相对落后的国家或地区。因此，粗放型的增长方式逐步被集约型增长模式所取代。这是一个完整的机制的变化所造成的经济增长方式转变。然而，推进经济增长方式转变的机制具有一些特殊的功能，这反映在相对落后的国家或地区。

对技术进步有较明显影响的产业结构升级使生产对自然资源的依赖性越来越弱，对由先进技术引起的资源利用率提高的依赖越来越明显。作为第一产业，在很大程度上依赖于土地和其他自然资源，而第二产业对自然资源的依赖相对于第一产业越来越间接，特别是一些高技术含量的第二产业对资源的依赖性明显下降，第三产业虽然不能没有一定自然资源的支持，但它依赖于自然资源大大下降，而对人力资源来说，人力资本的依赖性在很大程度上提高了。不同产业对自然资源的利用程度的不同可以说明一个道理，产业之间的效率差异是明显存在的。相对于第一产业，第二产业的效率大大提高；第三产业也有了长足的效率提高。因此，将第一产业的资源和生产要素升级到第二产业，然后转移到第三产业，并引领行业从第一产业再向第二产业转移，生产效率将大大提高。

三、金融发展与贸易增长的关系研究综述

（一）金融发展视角下 FDI 溢出效应对外贸增长的影响研究

1. 相对要素禀赋的理论视角

Mundell（1957）提出“投资替代贸易关系论”，是指投资可以取代国际间的贸易。该理论的基本假设有三个：①两国的资源富裕程度存在差异；②产品分属资源密集型和劳动密集型两类；③资本和劳动的配置比率决定了二者的边际生产率。他还考察了与自由贸易环境相比，存在贸易壁垒条件下，FDI 能够在相对最佳效率和最低成本上，实现对商品出口贸易的完全替代。即限制资本流动可以促进贸易，但该模型忽略了 FDI 的增加会引发替代成本的增加，还受到市场结构效应的影响。

2. 跨国公司理论视角

（1）垄断优势理论。Kindleberg（1969）和 Hymer（1976）认为外部经济、信息成本和贸易障碍导致企业存在技术、资金、规模经济优势以及垄断优势，增加了企业的 FDI，跨国公司通过 FDI 能更好地绕过东道国关税壁垒，获得技术资产

的全部收益。

（2）内部化理论（Internalization）。Buckley 和 Casson（1976）、Horst（1972）提出企业倾向于向生产成本低的国家投资，向生产成本高的国家出口；另外市场成本受到关税的影响，也是吸引企业对外直接投资的因素。Adler 和 Stevens（1974）认为 FDI 对产品销售的替代作用取决于产品是否为完全替代品，当产品是完全替代品且存在不变规模报酬时，FDI 对产品销售产生完全替代效应；反之，产品需求会影响 FDI 对不完全替代产品的替代效应。

（3）国际生产折衷理论（OIL 理论）。Dunning（1980）解释了 FDI 对东道国进出口的替代取决于所有权优势、内部化优势和区位优势三种要素。FDI 对出口的替代效应是这三种要素共同作用的结果。具体来说，跨国公司通过利用三种优势的 FDI 代替了对东道国的出口和进口。

3. FDI 与东道国国际贸易互补（含创造）关系的理论视角

（1）基于比较优势的理论。Kiyoshii Kojima（1978）在其著作的《对外直接投资论》中写道：日本海外直接投资模式创立了“小岛清理论”。该理论以比较成本为基础，用经济资源（资源、技术、经济管理和人力资源等）代替资本，比较了顺贸易导向性（劣势产业向优势产业投资）和逆贸易导向性对外直接投资（优势产业向劣势产业投资）。

（2）产品生命周期理论。美国经济学家 Vernon（1966）研究发现 FDI 的增长与直接投资的增长与产品生命周期密切相关，Knickerbocker（1973）等将新产品中投入的技术分为初试、稳定和标准三阶段，产品处于不同的技术阶段，直接决定了该阶段的贸易政策和格局。

（3）基于新贸易的理论。新贸易理论考虑了不完全市场如中间、最终、消费市场的不同情况，但采取一般均衡模型对不同情况下的 FDI 和贸易之间的关系进行研究，则发现二者之间存在互补关系。

第一，垂直型跨国公司的一般均衡模型。Helpman（1985）以多产品企业模型为例，研究表明跨国公司规模报酬的递增和产品的差异化导致了产业内贸易的发生。

第二，水平型跨国公司的一般均衡模型。Horstman 和 Markusen（1987）分析表明不完全竞争市场会引发水平型跨国公司减少产业间的贸易，增加产业内贸易。

第三，OLI 框架下的一般均衡模型。Ethier（1986）分析了 2×2×2 模型下，产品的多样化是影响 FDI 与贸易之间关系的主要因素。

第四，邻近跨国公司的一般均衡模型。Brainard（1993、1997）分析发现当两个国家存在要素差异，则投资和贸易的相对力量决定了产业间的贸易；在相同要素禀赋情况下，成本和关税会影响两国的产业内贸易。

（4）“双缺口”理论及其扩展理论。20 世纪 60 年代，国际直接投资大量流向拉丁美洲国家弥补其外汇的不足，改善了国际收支平衡，对此传统的理论无法做出解释。美国经济学家钱纳里和斯特劳特于 1966 年提出“双缺口”理论。该模型认为发展中国家受“储蓄约束”“外汇约束”和“吸收能力约束”影响，存在“储蓄缺口”和“贸易缺口”（或“外汇缺口”），国家可以通过利用外资来增加储蓄和投资，弥补双缺口，刺激经济增长。“双缺口”模型为发展中国家引进外资提供了重要的理论基础。在“双缺口”理论的基础上，Baldwin（1981）等经济学家结合经济发展过程中的技术、管理和企业家因素提出了“三缺口”模型，即对发展中国家来说，除储蓄和外汇两个缺口外还存在着第三个缺口，即技术、管理和企业家方面的缺口。在“三缺口”理论的基础上，Paul Streeten（1974）结合税收因素提出“四缺口”理论，即“税收缺口”。外资的流入除了给发展中国家带来先进的技术和管理经验外，还对外商投资企业征税增加政府税收。“四缺口”模型将焦点定位在企业等微观主体的缺失，为发展中国家提供了贸易的重要依据。

（5）Markuson 与 Svensson 的互补关系理论。Persson 和 Svensson（1984）提出“互补关系论”。① Markuson 和 Svensson 认为贸易和非贸易的合作关系决定了商品贸易和要素流动直接的替代和互补关系。合作即为互补关系，而不合作即为替代关系。

4. 不确定性的理论视角

（1）不确定性关系理论。A. Patrie（1994）提出了“不确定性关系论”，按照投资动机的差异将国际直接投资划分为市场导向型、生产导向型、贸易导向型三

---

① 该理论的基本假设条件是：①在要素流动之前两国所拥有的要素禀赋的数量完全相同；②在所有情况下两国之间的要素价格存在差异，至少在一个国家完全从事专业化生产之前是如此；③两国的需求偏好完全相同，并可以用相似的社会无差异曲线来表示。

类，而激发直接投资的动机不同，贸易与投资的关系也不同。Anderson 和 Neary（1995）以美国、日本为例，指出由于土地对资本收益的影响依赖收入和替代效应，相对大小决定了资本收益，这就是 FDI 与外贸的关系不确定的原因。

（2）补偿投资理论。Bhagwati（1992）等首先提出补偿投资理论，该理论在存在贸易壁垒的情况下，贸易和投资的替代互补关系由相关利益集团的博弈力量决定。一般来说前期投资的损失可以在后期得以改善，因而这种投资称为补偿投资。

5. 支持替代性关系的研究

国外学者 Blonigen（2001）在产业层面研究中发现 FDI 和贸易之间的替代互补关系，替代效应在短期内会发生较大的变化。Gopinath、Pick 和 Vasavada（1999）研究了美国食品加工行业的 FDI 与出口之间存在弱负相关关系。

我国学者王洪亮、徐霞（2003）对中国与日本双边贸易和投资关系进行研究，结果表明中日贸易间存在着长期的互补关系，同时 FDI 和进口贸易在短期存在替代效应。王剑（2005）以 1983~2001 年的数据为样本对在华 FDI 与对外贸易的联系进行了分析，证明由于中国政府对外商投资企业有出口外销规定，无论是长期还是短期在华 FDI 与中国的出口都是互补关系；同时在短期在华 FDI 与中国的进口存在互补关系，而在长期则是替代关系。这是因为投资初期外资需要从国外市场进口相关中间产品，随着对中国市场熟悉转而从东道国市场采购。陈菊华（2012）经研究发现我国的 FDI 溢出效应具有区域差异性，尤其是与东道国和我国的贸易结构紧密相关，而且政府支持对外直接投资会拉动贸易的增长。林鸾飞（2012）以小岛清“投资与贸易互补”观点为理论基础，从地域分割的视角来审视我国东部长三角、珠三角两地的 FDI 对出口贸易影响的对比分析。既验证了国际直接投资与国际贸易之间存在的互补关系，也得出了两地在外资结构以及出口贸易结构上存在明显的差异性，得出珠三角 FDI 对于出口结构的优化作用更为明显。吴骏、王舒鸿（2013）选取 2002~2010 年的数据，统计分析了我国 FDI 对出口贸易方式的影响，研究表明，外资促进了中国出口贸易，使得中国高技术产品出口增长迅速，并带动内资出口；随着中国这样的新兴经济体国际地位提升，外资更加注重研发投入，促进我国附加值更高的一般贸易出口，并带动我国内资自主创新。姜巍、傅玉玢（2014）用协整分析和误差修正模型方法对 1982~2012 年中国双向 FDI 的贸易效应进行实证检验。结果显示：IFDI 的长期出口弹性和 IF-

DI 滞后 2 期的短期出口弹性均为正，且长期弹性小于短期弹性；OFDI 的长期出口弹性和 OFDI 滞后 2 期的短期出口弹性均为正，且长期弹性大于短期弹性；IFDI 与 OFDI 的长期进口弹性均为负。陈宁（2015）采用几何分布滞后模型（Koyck 法）与多项式分布滞后模型法（Almon）实证检验了 1985~2012 年我国 FDI、进出口贸易对经济增长的短期与长期影响，研究认为：FDI 对经济增长的长期贡献系数在 0.8819~0.8878，国际贸易对经济增长的长期贡献系数在 0.7789~0.794；FDI、国际贸易对经济增长的作用均存在较强的时滞效应，完全发挥作用效力达到长期一半的时间长度分别为 9.523 年和 2.24 年。陈丁、卢山冰（2016）在 FDI 与双边贸易理论基础上，通过分析近年来中泰 FDI 和双边贸易的发展现状与趋势，结合两国业已形成的多个行业的直接投资与贸易特点，提出中泰 FDI 对双边贸易的影响机制，据此建议中国应进一步突出 FDI 对双边贸易“促进”与“创造”的影响作用，大力推动对泰国的直接投资，逐步优化中泰 FDI 结构，充分释放 FDI 促进双边经济发展的潜能。

（二）金融发展与贸易增长的关系研究

金融发展与国际贸易之间存在着密切联系。从比较优势理论到金融深化理论，特别是自由贸易主义的出现，推动了国家采取不同的金融政策和贸易政策。

1. 初期金融发展与贸易增长关系理论

14~16 世纪，关于金融发展与外贸关系的理论初步形成，众多学者指出货币不足值、经营资金的不足不利于贸易活动的开展，会阻碍贸易与金融活动的正常进行；17 世纪的大卫·李嘉图等提出了货币产生贸易、贸易增加货币的贸易差额论，这些理论观点都是把金融理论融合于贸易理论中进行阐述。20 世纪后，金融理论趋于完善对贸易政策的制定起到了重要的影响作用，代表理论有贸易乘数理论、国际短期资本流动理论等。

2. 金融发展理论形成以来的研究

自金融深化理论的形成与发展以来，金融发展和贸易增长的相关研究划分为三个阶段：

第一阶段（1873 年以前）：主要观点是从金融功能（媒介、信用、储蓄投资、分散风险等）的不同视角来解释金融对贸易增长的作用机制。代表人物有亚当·斯密等。

第二阶段（19 世纪 70 年代至 20 世纪 80 年代）：在该阶段学者提出了金融发展理论（麦金农）、金融深化理论（爱德华·肖）和金融抑制理论（麦金农）。麦金农的研究表明金融市场和贸易政策的自由化会促进经济有效增长，但会造成资源配置效率的低下。该理论对一个国家贸易发展和金融市场的完善来说具有重要的意义。

第三阶段（20 世纪 90 年代以来）：该阶段由于受到信息经济、投资经济的影响，逐步开始关注金融市场中微观贸易主体经济增长的内生问题。

根据研究的角度和重点不同，国外关于金融发展与贸易增长的理论可以归结为以下几个方面：①H-O 模型的角度。Kletzer 和 Bardhan（1987）研究了资金配置功能在对贸易模式中的决定作用，研究表明金融发展水平和资源禀赋、技术以及规模经济一样，决定了一国的比较优势进而影响一国的贸易政策。Svaleryd 和 Machos（2001）实证回归分析表明金融发展水平更能引发比较优势。②资本积累和技术创新的角度。Carlin 和 Mayer（2000）经实证研究证实了金融发展外在地支持了技术创新和技术进步。Rajan 和 Zingal（2003）、Beck（2002）都认为金融发展概念了贸易结构，劳动和技术作为贸易结构的两种要素，技术密集型行业比劳动密集型行业更依赖金融部门的发展。③货币成本限制金融发展对贸易的影响。Roberts 和 Tybout（1997）研究认为沉没成本影响了一国的贸易；Beeker 和 Greenberg（2003）研究指出固定成本越大，金融发展对出口的边际效应越高。④新贸易理论下的异质性企业角度。该模型论述了金融发展能够提高企业融资可获性而促进出口。⑤金融体系分散风险的功能角度。Baldwin 等（1999）设定了一个衡量产品—要素的模型，该模型表明在金融市场完善的条件下企业可以较好地分散风险，降低成本。我国学者对金融发展和贸易增长关系的研究起步较晚，代表观点有：齐俊妍（2005）以 AK 模型为基础，分析说明了金融发展通过资本积累和技术进步来影响贸易发展。秦丽（2008）指出外部融资支持是提高企业在行业内的比较优势的有效途径。徐建军、汪浩瀚（2009）指出金融发展主要通过金融制度、技术创新、资源配置、分散风险和汇率调整等途径来影响国际贸易；经验分析表明经济货币化、经济金融化、汇率贬值因素都对我国外贸发展起到了重要的促进作用。施炳展、齐俊妍（2011）基于异质性企业理论，从微观层面重新解读了金融发展与贸易收支的关系，结论认为金融发展对贸易收支具有非线性影响。曾璐璐（2015）基于 2001~2012 年中国 29 个省份的面板数据，指出银行信贷和外商直接投资作为中国金融市场的主要融资渠道，对经济增长和对外贸易具有明显的互动关系，外商直接投资可以放大对外贸易对经济增长的推动作用。综合以上学者的观点可以看出，从制度角度来分析金融发展对对外贸易的影响并不系统，仍需进一步深度分析其对对外贸易的影响。另外，学者们将传统贸易理论和新贸易理论结合，重点讨论金融发展为企业提供外部融资途径方面的作用及其对一国外贸的影响。

（三）金融发展与贸易增长关系的实证研究综述

综合现有的相关文献，国内外学者主要从以下几个方面对金融发展与贸易增长关系作了实证研究。

1. 金融功能、制度因素、规模经济方面的研究

Svalery 和 Vlachos（2002）通过实证研究发现国家金融部门的发展会引起对外贸易的比较优势。Bin Xu（2001）利用 2×2×2 模型研究发现不完全市场的金融发展有利于促进国际贸易。Beck（2002）以 1966~1995 年 65 个国家的面板数据作为样本，从金融发展的资本配置功能对国际贸易的影响和规模经济角度出发证明了金融发展水平高的国家将生产并出口更多的制成品。Demetriades（2007）运用动态面板数据模型和广义矩阵估计（GMM）方法分析了开放、制度与金融发展之间的关系，指出对外开放和金融制度是影响金融发展的重要潜在因素。孙兆斌（2004）采用 1978~2002 年的时间序列数据，运用协整检验和格兰杰因果检验，证明金融发展与出口商品结构之间存在协整关系，而且金融发展是出口商品优化的原因。白党伟（2006）采用 1978~2001 年的时间序列数据、协整检验和 VAR 模型，证明中国金融发展与国际贸易之间不存在长期关系。史龙祥、马宇（2008）采用 23 个行业的截面数据，运用回归分析证实了金融发展通过外部融资提高额来增加企业在行业中的竞争优势。盛雯雯（2014）在赫克歇尔—俄林模型基础上，将微观层面的企业投资行为与宏观层面的国家资本结构相联系，提出并论证了金融发展影响国际贸易比较优势的作用机制。结果表明：融资成本的下降将导致企业投资偏好呈现先提高后降低的过程，因此一国在资本密集型行业的比较优势随着金融发展，也将呈现先提升后下降的倒“U”型过程。

刘兴凯（2011）从竞争和溢出视角提炼出了金融业中，FDI 通过直接和间接来影响经济增长的两类机制。吴俊（2013）选取中国 2002~2010 年的 FDI 和出口

贸易的数据，统计分析 FDI 对我国出口贸易方式的影响。结果表明，外资促进了中国出口贸易，使得中国高技术产品出口增长迅速，并带动内资出口，随着中国这样的新兴经济体的国际地位提升，外资更加注重研发投入，促进我国附加值更高的一般贸易出口，并带动我国内资自主创新。袁冬（2013）采用 1995~2010 年全国 16 年面板数据进行实证研究，表明全国范围内的 FDI 提高了金融市场的整体效率。FDI 对东、中、西部三个地区的金融市场效率提高的影响具有较大的差异性。刘钻石、张娟华（2016）利用外部金融依赖度、有形资产率两个与金融市场相关的指标对金融发展水平与贸易结构的关系进行了实证分析。通过把贸易行业 SITC 4 位分类数据转换成工业行业 ISIC 3 位分类数据后，利用多国行业面板数据，对出口贸易结构进行了回归。6 个金融发展水平指标的回归系数都表明，金融发展会促进外部金融依赖度高的行业出口，形成比较优势，但是金融发展不利于有形资产率高的行业出口并且会降低其比较优势。

2. 汇率体制选择与国际贸易

全球各国在金融发展背景下选择稳定的汇率，一是能较低贸易成本，二是能为本国市场的金融资产提供保值的基础。关于汇率波动与国际贸易的理论联系，Clark（1973）认为汇率波动引发贸易收入不确定性，尤其是汇率波动加剧会导致风险厌恶型企业降低贸易规模。其他学者则集中在贸易流量和贸易平衡角度来研究汇率对贸易的影响。浮动汇率制的诞生（1970 年后）引发了产业和商品生产贸易结构的调整。如 Hooper 和 Kohlhagen（1978）研究汇率对进出口市场的影响，发现汇率的变动对贸易额影响不大。Kenen 和 Rodrik（1986）、Peree 与 Steinherr（1989）通过实证研究发现汇率变动在短期内对工业化国家对贸易具有负向影响。

关于汇率变动对贸易的影响问题，国内学者从不同角度进行了众多研究，代表观点有：唐海燕（1995）等认为人民币汇率变动对我国进出口贸易的影响不显著；谷克鉴（2000）从实际汇率变动的角度阐述了汇率机制对贸易机构后升级以及进出口活动的影响；李建伟、余明（2003）通过计量模型实证研究发现我国人民币比值的变动，尤其是升值对出口影响较大，进口影响不显著。卢向前、戴国强（2005）运用 VAR 方法研究显示人民币实际汇率波动对我国进出口存在 J 曲线效应的显著影响。魏巍贤（2006）建立 CGE 模型，研究表明人民币升值导致进口增加、出口下降，尤其是劳动密集型产业受到更大的冲击。孙刚、焦克

(2013) 研究了人民币实际有效汇率波动与国际贸易之间的关系，研究结果发现，人民币实际有效汇率促进了出口，阻碍了进口，但促进阻碍相抵消后，总体来说，人民币升值对我国贸易产生正向的驱动作用。

崔岩（2013）用计量经济模型实证研究发现汇率的变动却不能引起贸易收支的改变；由此可以得出结论：面对国际间的贸易收支的失衡，货币的升值并不是解决问题的有效工具，扭转失衡的根本途径在于本国内减少过度消费以及增加技术密集型产品的出口。苏海峰、陈浪南（2014）采用函数化系数半参数估计模型，实证研究了人民币汇率变动对中国贸易出口、进口以及净出口的时变性影响。实证结果表明，汇率变动对贸易收支的影响机制在 2002 年中国加入世界贸易组织和 2005 年人民币汇率形成机制改革后有较为明显的变化。2002 年前，汇率变动对出口的负向影响不断加强，而在 2002~2005 年，这种负向影响达到最大，且相对稳定。杨凯文、臧日宏（2015）考察了我国与 11 个主要国际贸易伙伴的进出口贸易情况，使用 GARCH 模型测算人民币汇率波动，应用 ARDL 协整方法研究在现行汇率制度下人民币汇率波动对我国国际贸易的传导效应，得出如下结论：一是总体上，人民币汇率波动对我国国际贸易具有负面的传导效应，国际贸易尤其是出口贸易会受到人民币汇率波动的影响；二是贸易伙伴经济发展对我国国际贸易有促进作用；三是我国国际贸易不易受到进出口产品相对价格变动的冲击。谭余夏、潘明清和张典（2016）以双边随机边界模型为基础构建了国际货币博弈视角的人民币汇率变动模型，对人民币汇率的变动进行实证分析，并对双方博弈能力进行测度。认为我国博弈能力较弱的原因是人民币而不是国际货币，提高我国国际货币博弈能力的重要途径是加快人民币国际化的步伐，短期内实现人民币区域化，降低我国货币博弈能力低的不利影响。

总体来说，汇率变动是汇率政策的反映，也是衡量国际贸易活动的综合指标，对一国的贸易政策、贸易额、贸易结构都具有深远的影响。

3. 金融发展、国际收入与贸易水平

金融发展还可以通过影响国际收支收入水平来影响这个国家的贸易水平。Tse 和 Leung（2002）认为，进入国际市场借贷需要支付一定的费用。主要原因在于信息不对称导致厂商难以找到合适的贸易伙伴，因此贷款人难以对他们的投资实施监控。只有金融中介服务中心有助于匹配贸易双方，同时代表顾客对他们的投资实施监控。因此贷款人就委托金融服务中心把资金贷给他们，金融服务中心的介入使得借贷成本提高。由此金融发展对国际贸易的影响可以从另一个角度进行理解，在国际市场上，收入水平较低的国家没有机会进入国际市场并获得借款，因为它们不具备国际市场上借贷资金时必须支付借贷费用的条件。高收入国家却恰恰相反，它们通过借贷的资金推动了本国贸易的发展，由此这些国家又获得了高收入。因此从这个层面来讲，金融发展与国际贸易具有重要的联系。

4. 金融发展与贸易风险的研究

许多研究者的研究还集中在“金融发展降低贸易风险”这一问题上。还对金融发展能够化解国际贸易过程中所遇到的风险这一议题作了大量研究。在国际贸易自由发展过程中，由于国际贸易中的竞争、技术、中间产品和最终产品的价格会随着要素禀赋以及社会制度的变迁而发生不确定性的变化，这些不确定性的价格变化会引发自由贸易过程中巨大的风险，如果这种风险不能得到良好的化解，那么自由的国际贸易过程就会受到很大的障碍。Keltzer Bandhan（1987）以两个国家的产品要素模型为依据，分析了国际市场风险对国际贸易的影响，结果表明：在国际信贷市场上信贷声誉较好和国内合同执行成本较低的国家会在需要更多信贷资金部门（资本密集型部门）具有比较优势。Rodrik（1989）通过对100多个国家的样本数据进行实证检验，研究表明，贸易开放度越高会引发母国面临更大的贸易风险。因此需要政府对贸易进行适当的干预，确保风险回避者从中受益，金融市场等化解风险的制度发展能够减少贸易过程中的障碍，从而促进国际贸易的发展。长期以来，适当的贸易干预成为一种贸易保护政策，并且它被认为是化解贸易风险的一种有效机制。

第三章 金融发展与产业升级相关理论及作用机理

一、金融发展与产业升级的相关理论

（一）金融发展相关理论

最早对“金融发展”这一概念作定义的是戈德史密斯（Goldsmith，1969），其观点为“金融发展是指金融结构的变化”。并提出金融发展的指标可以用“金融相关比率”（Financial Interrelations Ratio，FIR）来衡量。戈德史密斯是从金融结构来研究金融发展的，因此该定义也体现了金融结构。

麦金农和肖（1973）提出了金融深化战略，根本是为了解决发展中国家的金融抑制现象，以达到自由化的金融市场的目的。他的观点是金融市场主体的自由化和金融工具的多元化即金融发展引起了金融深化。现代研究金融发展理论的领军人物列文（Ross Levine，1997，2004）作为现代金融发展理论的代表人物，他指出金融发展包括整个金融体系的发展，强调金融发展是金融整体部门功能的发展。金融发展具有五个方面的作用：风险的分散和共担、资源信息提供、公司治理监督、吸收储蓄和商品交换。金融抑制是指一国阻碍金融市场发展，导致金融市场效率低下的一系列政策限制。相对应的金融深化是指金融市场与金融体系相互促进经济发展的均衡状态的措施和过程。

我国学者基本是通过经济增长来解释金融发展，大多数观点认为金融结构的完善、金融规模的增长代表了金融发展。后来金融功能为研究金融发展提供了视角，戴相龙、黄达（1998）提出了金融规模扩大和产业高度化带来的金融效率的稳定和提高就是金融发展。金融相关比率的提高则是金融发展的一般规律。彭兴韵（2002）认为金融发展是指金融功能的完善促进经济增长的动态过程。韩曙平（2004）认为金融资产、结构、效率的提高都是金融发展的表现。李宏明（2007）整合前人观点，归纳出金融发展表现为金融工具和结构数量增多、金融效率不断提高。方圆（2013）认为金融发展是金融规模、金融结构和金融效率的综合，是金融工具的种类、数量和先进程度以及金融机构的种类、数量和效率等的综合过程。周丽丽、杨刚强、江洪（2014）建立“干中学”理论模型说明在金融发展与经济增长制衡关系基础上，通过β收敛模型对中国区域经济增长速度和区域金融发展速度进行经验比较分析。实证结果表明，中国金融发展收敛速度远大于经济增长收敛速度，中国经济增长差异每降低1%，其金融发展差异缩小8.79%。黄宪、范薇（2016）从金融业和实业互动博弈的视角，分析了贸易和资本流动同时开放时，市场经济体系中金融业与实业之间互动所形成的合成动力推动一国金融发展的机理，结果显示：随着贸易和资本流动开放度的提高，金融业和实业的互动会通过影响一国对金融服务和发展的需求变化产生合成动力，进而推动金融发展，对于金融发展程度较高的国家，这种影响机制更为明显。本书参考和借鉴以往学者的观点，提出金融发展是指金融部门功能的完善带动金融效率的提高的过程。本书以金融发展的功能为出发点，研究金融发展对我国对外贸易的影响机理和传导途径。

早期学者通过对金融发展进行研究认为，金融发展的内涵体现为综合性概念为主，表现为金融结构的优化、金融总量扩张和金融效率提高。其中代表性的学者观点有：戈德史密斯通过分析认为金融发展实质上体现为金融结构的优化；肖（Shaw）和格利（Gurley）通过分析认为金融发展是各种金融机构、金融资产等数量和种类的增多。其中金融结构的优化和金融总量的扩张是金融发展最重要的表现形式，因此，也成为提高金融效率的前提。有关金融发展理论研究的核心问题主要包含经济发展和金融发展之间的关系。总的来看，现有研究主要体现为以下三种具有代表性的理论。

1. 金融结构理论

经济学家戈德史密斯于1969年出版了《金融结构与金融发展》一书，他在书中通过对35个典型的国家进行比较研究和统计分析，找出了一国影响金融发展的关键作用机制及经济因素。

所有的金融发展现象被戈德史密斯归结为金融结构、金融机构和金融工具三方面。金融结构综合了金融机构与金融工具，即它们的形式、规模和性质等。他认为金融结构的变化体现了金融发展，因此金融发展的差异可以通过研究各国金融结构被发现。为了更好地定量分析各国的金融结构，他选取了相关的一系列计量指标并进行了定义，其中最著名的就是金融相关比率（FIR，指的是反映一国金融结构的最基本的指标，它是一国金融资产总额与 GDP 的比值，可以从一定程度上反映出一国的金融发展水平。

通过分析研究 35 个国家近百年的金融历史，他认为各国金融发展道路的差别主要由于各国金融机构国有化程度等方面的不同，但从发展的一般趋势来看都类似，不管是发展中国家还是发达国家，最终的发展道路都是一样的，从长期发展趋势来看，各国的经济发展与金融发展之间保持着一种基本平行的关系，即在结构水平和规模水平程度方面，呈现出几乎同步的变动趋势，只是各国所在的金融发展与经济发展阶段不同而已。

目前一种简单的方法也被应用于分析金融结构，其主要标准是把金融结构划分为资本主导型和银行主导型两种，前者以资本市场为主要形式，后者以银行等金融中介为主要形式。这种分析也是一种比较常用的分析方法，因此这种方法也被称作二分法。

2. 金融深化理论

1973 年，有两位经济学家试图分析各种发展阶段的国家，期望从中找到有关金融发展的一般规律，他们是美国发展金融学家麦金农和肖，他们出版的《经济发展中的金融深化》《经济发展中的货币与资本》提出了有关金融深化的理论。

他们通过研究发现，发展中国家存在极不完全的市场，缺乏完善的金融市场，在各个方面都被严重扭曲。严格管制在大多数发展中国家都是政府采取的行为，其工具主要包括针对存贷款利率实行严格的上下限规定，基于这一点出发，两人分别从“金融深化”和“金融抑制”两个不同的角度，建立了金融深化相关模型，其中他们将利率的管制作为研究的核心问题进行讨论。通过研究他们发现，在 20 世纪 70 年代以前传统的金融货币理论在发展中国家并不适用，体现为发展中国家利率管制的金融政策没能促进经济的增长。他们认为发展中国家的首要任务是逐步放松对各类金融机构的管制，逐渐形成市场化利率，逐步实行金融自由化政策，减少干预，平衡储蓄率和投资率，从而促进自身经济增长。

麦金农和肖的金融深化理论克服了传统金融发展理论对相关金融变量忽视的缺陷，弥补了一般货币理论对发展中国家的忽略不足，强调了金融因素对经济发展中的重要作用，实行金融自由化是其核心思想，他们建议发展中国家放松利率管控，实现市场化利率，促进经济增长。发展中国家在制定金融政策，推进金融改革发展等方面可以以该理论作为重要的理论依据。

3. 金融约束理论

从20世纪90年代开始，社会各个领域开始逐渐应用信息经济学的相关成果，在这种背景下，以斯蒂格利茨、默尔多克、赫尔曼为代表的经济学家以麦金农和肖的金融深化理论为基础作了更深入的研究，并提出了金融约束理论，而该理论的提出介于金融抑制与金融自由化之间。

本质上金融约束并非强制性约束，而是一种选择性干预政策，由于市场信息不对称等因素的约束，金融危机可能会因金融自由化而出现，发展中国家在经济转型过程中市场存在着严重的市场失灵信息、外部性、不对称等问题，金融约束就是针对这些问题。在必要的时候，发挥政府的控制力，保证经济的正常运行和金融政策的安全实施。从这一点看，金融约束的实质就是在民间部门创造出租金机会，而这些机会的出现则是政府通过一系列的干预性金融政策实施的，而不是在民间采取直接补贴的方式。这里的租金指的是金融机构获得的超出在竞争性市场中所能产生的收益，这些收益的产生都是政府通过一系列干预性政策实现的。拿利率来打比方，存贷款利率只要被政府控制，就可以实现将存款利率控制在一个较低的水平，而将贷款利率控制在一个较高的水平，这样做银行等金融机构的成本就会大大降低，从而获得高额的回报，租金的出现可以为金融机构创造诸多的政策性价值，促使它们的经营更加有序，减少金融机构可能的道德风险，使得他们的业务发展更加健康。

以上三种金融发展理论可以代表现有研究以来的主流研究成果，金融发展理论逐渐进入以内生增长模型为中心的研究阶段，它们发生在20世纪90年代，在对金融与经济增长间相关关系的问题研究上，这些理论强调将金融因素作为经济发展特别是产业结构调整的重要推动力和必要手段。以格林·伍德、史密斯、本斯文加等为代表人物的第二代麦金农、肖学派逐渐出现，这一时期的有关金融发展的相关理论研究，引入诸如不对称信息、不确定性和监督成本等与完全竞争相悖的因素，从效用函数入手，建立了体现各种具有基础的实证模型，进行比较研究，以此为基础，这些理论对金融市场、金融机构的形成做出了比较规范性的解释。

（二）产业升级理论

产业升级是产业经济学的基础性概念和理论，其重要度毋庸置疑，但其内涵和概念迄今依然难以统一。Ernst（1998）强调，产业升级概念较为复杂，涵盖广义的创新活动，且不同产业与国家的产业升级往往呈现不同的特点。在现实经济活动实践中，人们对产业升级现象的认识可追溯至 17 世纪。1691 年，威廉·配第在考察英国当时的经济发展现状后发现，工业获取的利润比农业高、商业的利润比工业高，进而他认为伴随经济发展，产业发展的重心将从有形财物的生产转向无形服务的生产，以获取高经济利润。此外，魁奈、亚当·斯密、阿·费希尔、霍夫曼、科林·克拉克、西蒙·库兹涅茨以及钱纳里等的拓展无疑更加丰富和完善了产业经济理论。

揣摩经典不难凝练出，“产业”是指具有某些相似属性的企业集合体，是国民经济依照一定标准划分的部分，也是连接微观经济的企业与宏观经济单位的“集合概念”，而且存在各种不同的分类方法（如标准产业分类法、三次产业分类法等）。通常来讲，学术界主要从宏观和微观层面对其内涵进行解析：宏观视野考察的主要是产业部类和产业层次结构的变动；微观层面则从企业与产品内分工的视野来研究产业升级。本书将重点从这两个视角来阐述产业升级。

从宏观视角看，产业升级是指，随着国民经济的发展，一国三次产业间的比例及产业内逐步走向集约化，主要体现在：①三次产业及内部结构的比例不断升级，产业结构按照第一、第二、第三的次序演进与工业化的逐步推进，例如，重工业化、技术集约化等；②三次产业及内部要素结构的升级，即由劳动密集型到资本密集型再到知识或技术密集型产业的演进；③三次产业及内部技术进步驱动集约化。从微观视角看，产业升级主要是指企业生产能力的逐步提升以及产品附加值的增高。主要体现在：①企业生产流程的升级，即通过生产系统重组再造或者引进先进生产技术等，以促进生产效率的大幅提升；②企业产品的升级，即通过引进新生产线、新技术以及新工艺等，以增加产品的附加值并提升产品的质量水平。

综合相关研究，笔者认为产业升级应从产业的经典定义层面来推定，而不能局限于某个具体的产业，即产业升级应内含两个不同升级方向的且相互并列的产业发展内容：产业结构升级与产业深化发展。前者体现国民经济内部异质性产业的时空布局，后者则揭示同质性产业在不同时空条件下的存在状态。其内涵包括两种不同的资源配置形态：一是在等量投入获取等量利润回报条件下，资源在各产业间的流动；二是在竞争驱动条件下，资源在产业内部由低效率部门或企业流向高效率部门或企业。在此过程中，企业是推进产业升级的主体，在利润最大化动力的驱使下，企业通过自主研发、技术引进以及改进经营管理等手段，根据市场需求变化来组织生产，可以说企业在推动产业升级进程中发挥着主导作用。当然，政府在推进产业升级过程中则发挥了关键性作用。企业的自主调节与政府的宏观调控相互结合、相得益彰，共同促进并完成产业升级目标。同时，还需要特别强调的是，产业升级必须与经济社会的发展水平相适应，超前或滞后都将对经济社会的发展速度与质量产生不同程度的负面影响。结合选题，本书所探讨的产业升级主要是指产业结构升级，对于产业深化发展问题这里暂不讨论。产业升级的基本内涵如下：

（1）微观视角再认识。产业升级为经济学和管理学等交叉议题。本书主要从经济学与管理学的视角对产业升级内涵进行微观界定。

1）经济学视野的产业升级。从经济学视野看产业升级微观内涵，主要是从生产要素转移效应来探索产业升级，指出技术密集型和资本密集型产业发展驱动了产业升级。例如，波特（1990）经观测发现，产业升级是依托产业内各企业间要素的不断输出和转移，让资本以及技术密集型产业获得丰裕资源，进而凭借资源优势提升综合竞争优势和利润空间的过程。Poon（1999，2004）在对制造业进行分析后认为，产业升级实质上是制造业厂商经济角色的演变过程，企业从劳动密集型与低附加值产品生产向以资本或技术密集型与高附加值产品生产的过渡。事实上，这一过程也包含了资源在产业间的流动，以及在产业内效率不同企业间的转移。有学者指出，由产业内的技术创新所诱发的对新产品的社会需求，将驱使生产要素快速流向该产业，进而推动产业发展和转型升级，即由创新驱动要素流动，带来生产规模的压缩与扩张，进而推动产业升级（丁焕峰，2006）。该视野下促进产业升级的关键要素有技术提升、技术创新以及配置资源能力提高等指标。技术进步带来企业生产效率的提升是推动产业升级的核心动力（坎特威尔，

1990）。同样，技术创新通过降低企业生产成本，推动企业生产效率提高，以促进产业升级。此外，企业还通过科学化配置资源，来促进资源协同使用，增加企业生产效率，使产业发展趋向合理化。丁焕峰认为创新驱动要素在产业间的流动带来了企业生产规模的压缩与扩张，进而推动产业升级。孔曙光等（2010）则更精辟地指出产业升级在微观层面的三种表现：一是技术进步推动生产工艺、设备以及流程等的更替，这是产业升级的基础；二是技术进步提高了劳动者素质，加速了新经济形态的演变；三是技术进步推动产品升级，新产业逐步形成。

2）管理学视野的产业升级。从管理学视野看产业升级微观内涵，主要是源于价值链的思考，结合企业的生产能力和综合竞争力来分析产业升级问题。价值链理论最早由波特提出，他认为企业的生产大致可划分为基础活动及辅助活动，但这两类活动所对应的价值环节不同，竞争优势正是来源于企业内价值链的优化。之后，很多学者基于价值链思想解读企业竞争优势。认为产业升级是企业生产由低附加值（劳动密集型）向高附加值（资本和技术密集型）转变的过程。此外，对该过程中企业产品网络与贸易地位的变化也有说明。

20世纪90年代以来，部分学者对价值链理论进行了丰富和拓展，提出全球商品链理论，如Gereffi（1999）借助全球商品链考察产业升级的动因，他认为产业升级是指，一个国家或地区企业和产业整体价值链或不同价值链间的跨越，这不仅表现为产业结构的演变，关键是要实现价值增值，以及企业附加值的提升（如产品特性提升、自有品牌创造以及精细化生产等）。具体来讲，产业升级可细化为四个层次：一是产品层次，产品生产从简单到复杂、从便宜到昂贵以及规模由小变大的过程；二是网络层次，产品批量生产从标准化转向差异化的过程；三是产业层次，产品生产向营销和服务方向演变，如贴牌生产（OEM）—自主品牌生产（OBM）—自主设计生产（ODM）的过程；四是产业间层次，企业生产从劳动密集型低附加价值转向资本和技术密集型高附加价值的过程。在此基础上，Humphrey和Sehmitz（2002）从价值链视角给出产业升级的四种模式。当然，产业升级也需要强有力的支撑，如企业需具备良好的声誉、较高的生产效率、稳定的发展潜力以及专业化的生产能力和个性化服务等。

（2）宏观视角再判断。当下，产业结构的调整和优化是国民经济发展中的一项重大任务。从宏观视角分析产业升级，是基于对社会整体产业结构变化的认识。该层次的探索和研究成果丰硕，相关分析多以产品特征或要素密集度对产业进行划分，进一步通过观测产业比重变动情况来判断产业升级与否。

1）经济学视野的产业升级。1931 年，霍夫曼在其《工业化阶段和类型》中剖析工业结构演化的规律时提出霍夫曼定理。他认为，各国工业化无论初始条件如何，在发展过程中都存在趋同性，即伴随工业化进展，消费品部门和资本品部门净产值之比将趋于下降。不久，费歇尔（1935）在《安全与进步的冲突》中首创三次产业分类法。所谓三次产业分类法，就是将全部经济活动分成第一产业、第二产业以及第三产业。第一产业的属性是其生产物源于自然，第二产业是加工自然的生产物，第三产业是繁衍于有形物质财富生产之上的无形财富的生产部门，但费歇尔没有在此基础上归纳总结三次产业变化与经济发展之间的关系。借助三次产业分类的思想，克拉克（1957）在《经济进步的条件》中将产业分为三大类，即农业、加工生产自然产物的产业以及创造无形财物的部门。同时，克拉克通过大量实证检验，总结出三次产业结构变动规律及其对经济发展的影响，被誉为“现代产业结构论的研究先驱”。库兹涅茨（1971）则继承了配第—克拉克的思想，提出三类产业划分法，即农业、工业和服务业，并进一步指出伴随人均收入变化，三次产业总产值和劳动力分布都将随之变动。依据三次产业分类思想，联合国（1971）颁布了《全部经济活动的国际标准产业分类索引》（ISIC），之后又经历四次修改，将全部经济活动划分为十个大项，可重组为三大类，即农业、工业以及服务业。自 1984 年我国开始制定国民经济行业分类标准以来，经过反复调整，于 2003 年在《三次产业划分规定》中新修订了三次产业范围：第一产业是指农、林、牧、渔业；第二产业是指煤矿业，制造业，电力、热力、燃气以及水的生产与供应业，建筑业；第三产业为服务业，是指剔除第一、第二产业之外的其余行业。

“生产要素密集度法”最早由斯密（1776）在《国富论》一书中提及，根据不同产业在生产过程中的依赖度，可将产业大致划分为四类，即资源密集型产业、劳动密集型产业、资本密集型产业以及技术密集型产业或知识密集型产业。这种产业分类的特点是，强调各产业生产过程中投入要素组合的差异，以及不同投入要速的强度，以便对产业进行比较，是一种相对分类。之后，有学者尝试依据要素比例、技术条件、个性化服务等特点提出可将工业分成三类的方法。部分学者还借助量化指标测算产业要素密集度，如利用资本与劳动力或资本与产出的比重等测度劳动密集度等。从生产要素密集度视角看产业升级，可视为各要素密集度的逐次转移，即劳动密集型产业占比下降，而资本、技术或知识密集型产业占比上升的梯度式演进过程，国内学者如刘志彪（2003）等也持相似观点。

在宏观面对产业升级实现机制的解析时，主要聚焦供给和需求因素的影响。从供给层面看，学术界强调技术创新以及技术扩散因子的作用。如波特（1990）认为产业升级是指，要素从劳动密集型产业转向资本或技术密集型产业，使资本或技术密集型产业获取更丰裕的资源，取得比较优势而发展的过程。坎特维尔等（1990）亦指出，发展中国家技术能力不断积累和提升的过程，也是产业升级的过程。周振华（2003）强调，推动产业升级的主要因素有需求结构状况、企业的创新能力以及协调资源有效配置的能力。从需求层面看，克拉克指出，就业结构的变动与人均收入紧密相关，主要包括效率水平和需求因素。库兹涅茨在研究影响社会产业结构变动因素后认为，产业间比较劳动率的差异对产业结构调整作用更显著，大致包括技术能力、国内需求层次以及对外贸易结构等因子。部分学者还综合供给和需求等因素以考察其对产业结构变动的作用，如丙明杰（2005）不仅综合了供给因素和需求因素，还把环境因素纳入分析框架来探索对产业结构变动的作用。此外，他将需求划分成个人消费需求、中间产品需求、最终产品需求以及消费和积累的比例，将供给划分成自然资源初始享赋、人力资本状况、资本和技术供给状况，将环境细分成产业政策、对外投资以及国际贸易等。此外，部分学者还从贸易或投资的视角研究产业升级问题。如 Gereffi（1999）将贸易因素引入以解析产业升级问题，他认为产业升级是企业或者经济体向盈利能力更高的资本与技术密集度经济区域转移的过程。

2）管理学视角的产业升级。从管理学角度分析产业升级，主要聚焦于价值链理论的发展和演化。20 世纪 90 年代，格里芬等提出全球商品链概念，用以分析各价值增值环节的商品链的结构关系。后来，又不断建立及完善全球价值链理论和研究框架，以拓宽全球商品链的适用范围，指出价值链条上各环节实现价值创造与价值获得的重大意义。从全球价值链理论探索产业升级，是指单个企业或经济体在全球价值链上顺价值阶梯逐渐攀升的过程，并呈现出产业集群式特征。

学术界对价值链治理模式和价值链升级关系也作了探讨，这一探索主要围绕产业价值链的网络型、准层级型与市场型治理模式展开。Gereffi 指出，部分制造业厂商一旦跨入全球价值链的准层级后，能够推进产品升级和流程升级，甚至能够带动产品功能升级。后来，Kaplinsky（2000）归纳了价值链升级的四大模式，也即流程升级、产品升级、功能升级以及链条升级，能不断提升功能升级的空间；网络型价值链的升级条件为最佳，对企业竞争力水平的要求也比较高，发展中国家的制造企业很难嵌入该价值链。

上述分析主要从微观和宏观层面对产业升级现象作了阐释，大体上对产业升级存在以下认识：一是企业内部通过采取技术创新、技术提升以及生产重组等举措，逐步提高企业生产效率，进而创造出更大价值。二是企业通过努力向资本和技术密集型产业转型，实施差异化产品生产战略。借助资源集约化、生产高效化以及产品高附加值化，逐渐凝聚出企业竞争优势。三是社会产业结构依托资本和技术、供需调整、投资以及贸易等因素推动，逐步实现从第一产业向第二、第三产业过渡的升级态势。

通过梳理不难发现，当前国内关于产业升级的理论研究主要存在“结构升级”和“价值链升级”两大思路。相比较而言，两种思路各有优势：第一，价值链更国际化，而结构思路在国内的应用时间长且范围广。其主要原因在于：①当前国内在这一领域中的学术研究还没有完全同国际接轨。②国内经济发展的客观条件所决定。从计划经济演变过来的政府干预特征，采取与日本相似的赶超产业政策，以便加快产业结构转型升级。③便于政府宏观管理，结构思路更加直观且容易操作。第二，价值链思路更全面，结构思路更宏观。第三，价值链思路的内核是“内生性”的，而结构思路是“外生性”的，所以比较直观且更容易测度，第四，基于价值链的产业升级难度较大。对于国内企业来讲，要彻底改变过去粗放式的发展模式难度很大。但通过政策鼓励、空白多、起点低以及劳动力成本优势等因素推进产业结构升级相对容易。价值链理论为创新国内产业升级路径提供了思路。

从实际需要来看，产业升级是中国经济发展要解决的核心课题，但当前的理论研究还难以满足现实需求。对于产业结构变动等问题，尽管国内很多教科书给出了部分解释，但多是对西方理论的引用借鉴，针对中国产业升级实际的研究不多，主要还停留在现状分析、趋势判断等层面，如产业结构从“一二三”到“三二一”的转变，没有深入到实际问题中去。在具体研究过程中存在很多不足，如相关概念混淆、忽略产业组织升级等问题。正如江小涓所描述的，从整体上看国内学术界对产业经济理论的探究，其还处在低层次的“重复引进”及“重复生产”阶段。针对国情、能容纳客观事实、合乎逻辑且经得起实践考验的产业升级理论还不多见。此外，在理论研究层面淡化甚至严重忽视了马克思的劳动价值理论。同时，还需要注意的是，西方产业升级演进理论是在工业化阶段论基础上发展形成的，而工业化理论所提供的基本经验有其特殊性，如英国工业化的理论，主要源自英格兰及威尔士的经验。如果将这种理论当作真理引述并用来解决中国现实问题，出现问题是在所难免的。综观目前国内在产业升级理论层面的现有研究和探索，还远远无法满足现实需求，甚至部分引述和运用等还存在严重问题。因此，要真正推动并实现国内产业升级，提高我国经济国际竞争力，还需要学者们在深入调查研究的基础上，结合国情提出适合中国实际的产业理论和产业政策。

（三）产业升级的影响因素

产业升级是诸多因素共同促成的结果，但一般都是借助需求和供给发生作用的，如资源是典型的供给要素，其丰裕度直接关系到经济增长与产业结构变动。但归纳起来，不外乎是需求和供给条件、国际市场条件以及经济政策等变化，共同决定并影响着产业升级的路径。在封闭经济环境下，影响产业升级的核心因素有需求、供给、制度以及产业政策等。生产最终是为了满足人们多层次需求，有效需求是促进经济可持续增长的关键引擎。影响产业升级的需求因素很多，但主要是需求总量、需求结构和收入结构。需求总量是促进产业发展的前提。一般地，总量越大，所要求提供的产品与服务就越多，进而产业规模也就越大。此外，需求总量扩大能够有效地降低企业生产成本，并产生规模经济效应，这为产业升级带来了动力。需求结构决定了产业结构的变动趋向。首先是消费与积累结构。消费决定生产，消费结构的变化不断引导着产业结构的调整，以与这种变化相适应。消费结构变化受制于经济水平、收入状况、人口结构、消费偏好以及国际消费趋势等因素影响。积累是服务生产性的投资量，消费是家庭对最终产品的需求。当投资比例增加时，相关的资本资料产业将赢得快速的发展，产业升级将出现。其次是投资结构，表示资金在不同产业投入中所产生投资配置量的比例，即全部经济总投资在各个产业间的比例及分配关系。投资可以多层面地影响产业变化，如在各产业间的分部和比例关系，会影响产业发展的速度，进而推动产业结构变动；投资作为资产增量能够引起产业资产存量的增加，造成产业间规模比例的变化。再次是个人消费结构，即个体用于衣、食、住、行等层面的消费支出比重。该比重将直接影响到消费资料产业部门的发展，对向消费资料工业提供生产原料的部门也有间接影响，进而促进产业转型升级。接着是中间需求与最终需求。中间需求是对中间产品（原材料、零部件等）的需求，而最终需求是对最终产品的需求。中间产品需求结构决定了生产中间产品产业的内部结构。最终产品需求结构决定了生产最终产品的产业内部结构。最后是收入结构。人的需求是多样性的和无止境的，有效需求必须与一定的收入水平相适应，而收入水平的变化与产业升级紧密相关。

供给方面的因素，一般是指作为生产要素的劳动力、技术、资本、自然资源以及相应供给价格间的构成等。它们的供给程度与相应收益如何，都关系到该产业的发展。以下从自然资源、人力资源、资金供给以及生产技术变动来考察对产业升级的影响。自然资源通常分成待开发资源和已开发、正在利用的资源两类。前者将是今后产业形成以及发展的前提，后者的供给则直接决定和影响着产业结构；人力资源是指具有生产劳动技能的劳动者的供给量。一般来讲，低质量劳动力势必会约束产业结构向高级阶段发展；相反，具有先进技术及文化素养的高质量劳动力，将有助于产业结构向高级化演进。资金供给表示可供投资的资金量及使用成本的状况，并受收入水平以及储蓄率等限制。不考虑外资引进情况，一般地，可供投资的资金不充足，就会限制产业发展，特别是资本密集型产业的发展；相反，资金丰裕，其使用成本下降更有助于资金流向技术和资本密集型产业，进而推动产业结构演化升级。科学技术是推动产业升级的关键力量。从技术进步的角度看，产业升级体现为一国和地区的生产技术结构。生产技术结构的进步和演变会引起产业结构的调整。技术进步促进新生产工具、新材料、新产品、新市场以及新产业的形成和发展。在市场经济中相对低成本的产业，将会凝聚更强大的竞争优势，从而推进产业结构的调整和升级。

事实上，制度和产业等政策对产业升级也发挥着显著作用。制度经济学家瑞恩指出，制度层面的变革为产业变革扫平了道路，即市场规模的扩大诱发了专业化与劳动分工，进而增加了交易费用。交易成本提升导致经济的运行效率下降，特别是产业经济系统的运行效率下降，表明现存的经济组织和制度出现了不适应。通过迫使经济组织发生变革，调低技术变革成本，进而加速产业发展和经济增长。如日本产业政策成功发展就得益于制度变迁。产业政策是国家干预经济的主要手段之一，根据政府中长期发展规划，在市场调控的基础上，利用经济手段如货币、财政以及税收等政策，通过调节供给和需求、投资和贸易结构等影响产业升级的速度和轨迹。此外，伴随产业经济学朝纵深方向发展，产业集群以及市场竞争等因素对产业结构升级的作用日益凸显。值得说明的是，产业集群通过产业凝聚以及技术外溢等效应，促进企业间信息共享，强化了集群内厂商的战略合作。公平、有序和有效的市场竞争条件，对促进生产要素自由流动，进而对带动产业升级也至关重要。

在开放经济环境下，除以上影响因素外，贸易和投资的变化也会促进产业结构和升级。建立在比较优势基础上的对外贸易对产业升级的影响主要体现在两个方面：一是进出口贸易结构变化。这是来自外部需求和供给的影响。一般地，伴随经济发展和企业竞争力的提升，各国生产的相对优势会发生变动，进而带来各国进出口商品结构的变化，对产业升级发挥推动作用。按照生命周期论，新产品在创新国研制，首先在国内销售，当达到市场饱和后开始向后发国家输出，先发国家逐渐沦为进口国，此时原产品的生产资源开始流向其他新产品的研发和生产，先发国家的产业得以调整和升级。后发国家一般先借助“进口替代”战略，通过进口开拓国内市场，进而诱发产业成长。二是借助国际技术转移，即生产技术、技术诀窍以及生产流水线等的转让和引进，不仅让进口国相关产业的技术水平得以提升，而且可促进其幼稚产业的成长，从而带来产业结构变迁。国际直接投资对产业升级的影响可能存在两个方向：一是外商直接投资对国内产业升级的作用，二是本国对外直接投资对母国产业升级的作用。前者所携带的“一揽子”综合优势（如资本供给、现代技术、先进管理以及信息等），不仅改变了东道国的产品数量及结构，也对其中间产品生产结构和最后产品销售结构产生影响，进而对东道国的产业结构调整及其升级产生影响。

二、金融发展促进产业升级的路径分析

库兹涅茨（1949）、钱纳里（1995）等的研究指出，伴随着经济发展，由于各产业生产率差异导致的收益率不同，资源和生产要素大规模地由初级产品生产部门向制造部门转移，再向服务部门转移。产业结构的变化主要表现在要素结

构、收入水平、产业技术和贸易结构等方面，受到技术溢出效应、劳动供给效应、生产率效应和相对价格四种机制的影响。齐讴歌、王满仓（2014）从金融支持技术创新机制、金融支持中小企业成长机制、金融支持产业融合机制、金融支持产业空间集聚机制几个方面分析金融对产业结构的作用机制。本书主要从产业结构优化、固定资产投资、进出口贸易几个方面分析产业结构的调整路径并研究金融如何通过对这些要素的影响而影响产业结构的调整。

（一）产业结构优化

产业结构优化是指通过产业调整使各产业间实现协调发展。许多研究从产业合理化角度研究产业结构优化，本书认为产业结构优化体现在各产业生产效率的提高（技术进步）和各产业间的协调发展上。金融通过技术创新促进产业结构升级，金融的发展为技术创新提供了资金支持，同时金融的资源配置功能为技术转移和人力资本的流动提供了便利。不断发展的技术提出了创新的需求，因此为信息产业、高新技术产业以及其他新兴产业的发展提供了条件。熊彼特认为，创新引发现有的生产成本发生变化，进而改变不同产业的获利水平，引导资源的流动，使得产业结构发生变化。创新使得企业能够在竞争中处于优势地位，在某一领域的优先发展使企业在销售上获得优势，获得垄断利润，使得企业能够在经济市场中更好地生存和发展，而伴随着科技和创新的发展，往往是企业产品结构的变化和产业链的发展。金融通过产业间的协调发展促进产业结构升级，利润差异产生了资本流动的动力，金融便利了资本流动，因此金融通过产业间的协调发展促进产业结构升级。

（二）固定资产投资

投资需求属于“引致需求”，也称作间接需求，厂商购买生产要素不是为了自己的直接需求，而是为了生产和出售商品以获得收益，引致需求的特点就是在增加需求的同时也将形成产品的供给，所形成的供给由进一步的投资、消费、出口所吸收，如果增加的供给没有相应的消费、出口加以吸收将会导致产能过剩，从而制约经济的进一步发展。投资、投资结构与产业结构密不可分。许多学者研究了投资结构与产业结构之间的关系。在投资产业结构方面，熊杨、葛建军采用时间序列计量经济模型，对投资的产业结构与经济增长的关系进行分析，得出第二产业增加值的增长是影响经济增长的主要因素。常玲利用线性回归函数对黄山市产业结构与经济增长、产业投资结构与产业结构的关系进行分析，结论是第三产业对经济增长贡献最大，但是存在自我发展能力不足问题。利率是金融深化的政策工具，同时也是资本的价格，利率能影响投资水平和投资结构，进一步影响资本、技术和劳动的要素构成，因此会影响不同产业的发展。

（三）进出口贸易

M. O. Kyzym 等研究了乌克兰加入世界贸易组织后高新技术产品市场的具体特点和变化，分析了世界高技术产品出口的数量和比重的动态变化，以及世界出口和进口的高技术产品结构，得到的结论是为了发展高科技产品市场乌克兰需要发展对外贸易。Fei Wang 等利用 SDA 模型分析了各部门产出的变化，通过分解论证了最终产品需求结构、生产技术、进口替代影响产业结构。郝思军（2014）认为对外贸易发展推动产业结构升级，为产业发展提供了资金、技术和管理支持，为更好地促进对外贸易和产业发展，建议适度增加资本密集型产品进口、加大高技术产品的出口、调整引资结构等。

汇率波动对产业结构具有调整作用。汇率对进出口企业，对劳动密集型、资本密集型、知识密集型不同类型企业会产生不同的影响，在进出口过程中通过调整贸易结构调整国内的产业结构。

三、金融发展支持产业升级的作用机理

金融资源的配置以及金融发展对微观企业的发展以及宏观经济的运行都有着重要的影响，在中观层面上对产业结构的调整与升级也同样具有重要的作用，产业结构的升级、转型、调整、优化都离不开金融的支持。基于此，本书认为金融发展如何影响产业结构的调整与升级是首先要研究的内容。

（一）金融发展影响产业结构的过程

金融影响产业结构的过程可以从供给导向和需求导向两个方面刻画：金融首

先通过信贷市场和资本市场影响储蓄和投资，具体而言，消费贷款和生产贷款体现为对金融资源的需求，一、二级市场体现为对金融资源的供给，进而影响资金的流量结构，接下来影响实体经济中生产要素的分配结构，并导致资金存量的变化，最后影响产业结构的调整。

其中，需求导向是指对金融资源的需求变化，是由产业结构升级调整引起的。供给导向是指对金融发展提出的新的金融资源运作导向，是由金融资源配置的变化引起的。我们对整个过程做如下解释：金融通过金融政策等手段在金融资源配置过程中影响资本市场以及信贷市场，一般而言，通过运用市场利率等工具在信贷市场调节生产贷款和消费贷款，从而达到影响金融需求的目标；为了达到影响资金供给的目标则需要分别通过一级市场进行增量调节，通过二级市场进行存量调节。进而资金的流量和流向会受到资金需求和供给的影响而改变，从而使金融资源在市场上的配置情况得以改变。随后产业结构将通过金融的资本形成、产融结合、信息揭示、资本导向、信用催化、防范与分散风险等作用机制来获得调整和变化，最终实现产业结构优化升级的目的。

（二）金融发展支持产业结构升级的作用机理

产业结构优化升级离不开金融的支持，产业结构优化升级在获得金融资源供给支持的同时，也相继提出更多、更高的金融需求，这需要金融工具的创新以适应产业结构优化升级的金融需求，金融需求与金融供给的动态平衡状态就是产业结构调整与金融发展相适应的状态。具体来讲，金融是通过发挥其资本形成、产融结合、信息揭示、资本导向、信用催化、防范与分散风险六项机制来改变资金的配置与供给，进一步推动产业结构的优化和升级。

1. 资本形成机制

资本关键的生产投入要素，也是产业结构调整的核心问题。形成产业资本主要有如下两个步骤：首先是通过劳动形成经济主体的国民储蓄，即货币资本。其次是实物资本的形成，即由国民储蓄从货币资本转化得到。其中产业资本形成以货币资本为前提，实物资本的规模受到货币资本积累的影响，同时也会影响到产业结构升级。在理想状态下，完善的金融体系更有利于货币资本的形成和积累。政府、企业或个人在经济、金融落后的国家或地区中其储蓄意愿及能力都较低，从而货币资本的积累较少；反之，政府、企业或个人在金融较发达的国家或地区，由于其间接金融和直接金融都比较完善，其投资选择较多，货币资本积累就较为迅速。此外，资金需求者与资金供给者的联系渠道也更为畅通和多元化，市场信息的披露和传递更加完善和及时，减少了交易成本和搜索成本，促进了较为高效的投融资。如此一来，社会上闲散资金在市场化程度高的金融体系中就更容易转换为长期资本、生产资本，良好的资本形成机制是产业结构优化升级的保证。

2. 资本导向机制

社会的发展和经济的前进过程伴随着各个阶段的主导产业的交替和升级，这意味着不同产业、不同部门的发展存在差异。资本的转移也要适应产业的调整和升级，在这一过程中，从生产效率低的产业向生产效率高的产业逐步转移，从而促进技术进步，实现规模经济。从本质上看，这就是金融资源在产业间和产业内配置的优化。

资产存量的调整和投资结构的合理化是产业结构升级的主要方式。前者通过对现有资产存量的重新配置，在扩大规模的基础上实现调整产业结构的目的；后者可以按照经济发展的要求，调整产业间的投资比例关系，优化投资结构者表现为金融资本在各产业部门之间的配置、流动和重新组合。在金融资本配置过程中，经济的金融化、货币化程度越来越高，金融资本与产业资本结合更加紧密，虽然与产业实际资本的价格形成机制不同，金融资产的价格可以准确、真实地反映资本的稀缺程度和供求关系以及产业的实际发展潜力和经营状况，从而促进产业资本的市场化运作和流动配置。

3. 信用催化机制

市场竞争的日益激烈倒逼产业结构升级的趋势越来越明显，这使得产业结构升级的频率和速度也越来越快，产业发展越来越重视规模经济效应。为实现新技术的应用、新产品的开发乃至产业结构升级，要求资本在各地区、企业、产业之间迅速流动合理配置。金融资本的信用催化机制加速资本的形成及流动主要是通过其信用创造功能。高效的信用催化机制可以使资源从传统主导产业群向新型主导产业群转移，速度和配置效率得以提升。

在市场经济越来越完善的今天，金融发展与经济发展密不可分，金融发展程度也与产业结构的优化升级息息相关。金融不仅通过金融供给作用于产业结构升级，还能通过信用创造功能，实现主动渗透到产业的调整及发展壮大中，并发挥重要的作用。资产证券化、融资证券化等各种金融工具都是建立在信用关系基础上的金融产品创新，这些新的金融工具在优化投资、动员储蓄的同时，也起到了防范和分散市场风险的能力，并加快了金融资本在产业中流动配置速度，有效地推动了产业结构升级。

4. 信息揭示机制

金融的信息揭示机制在金融促进产业结构优化升级、优化资源流动配置中的作用同样显著。所谓信息揭示机制是指发现具有投资价值的产业和企业，并有效地甄别和评估产业投资项目。金融机构与单个投资者的不同之处在于在信息处理和收集方面的规模效应和专业优势，金融机构可以利用一切手段满足行业特点要求，收集和处理市场信息，从而改善资本配置效率并降低信息成本。此外，以股票市场为代表的证券市场更是信息传播的重要载体，各行业的发展状况，上市企业财务及经营等最新消息都有相应的披露机制，同时这些信息的获取成本不高，且比较及时，可以有效地帮助投资者把握投资方向选择投资热点，从而提高了整个市场资本配置效率，促进产业结构的调整和优化升级。

5. 防范和分散风险机制

分散风险和金融防范是其除上述基本功能之外金融市场的另一重要功能。金融中介充当的角色既包括了资金中介又包括了风险中介，通过将风险转移、交易、聚集等手段，在全社会范围内重新配置风险，使得高风险、高效率的技术能够通过风险投资的方式获得足够资本投入需求，研究发现风险投资的这一职能可能显著地促进技术进步并推动产业结构升级，中国的互联网产业、移动终端服务业就是最好的代表。

6. 产融结合机制

产融结合对资本配置有如下三个方面的作用：一是金融发展可以推动企业向国际化、集团化方向发展，企业可以通过集团提供连接纽带，组建自身财务公司。同时高效的金融运行机制，打破了行业、地区甚至国家的限制，为产业、企业的成长提供了完善的重组机制和金融资源配置。二是使劳动力市场、商品市场以及技术市场与金融市场一起形成较为完善的市场体系。金融市场带动了劳动力、技术和商品等资源的区域转移，冲破了区域对资源的限制，同时也促进了资本在不同区域间、不同产业间的配置和流动，为产业结构升级特别是技术传播提供了更加便利的条件。三是金融资本可加速资本积累，通过渗透至产业资本，提升其规模经济效益及市场竞争力，引导资金等资源向优势产业聚集。

四、金融发展与产业结构升级关系的实证分析

（一）选取指标与数据说明

综合考虑我国金融市场的发展情况，全部数据的样本区间选定为 1994~2015 年的年度数据，数据来源于历年《中国统计年鉴》《中国金融年鉴》《新中国五十年统计资料》以及中国人民银行网站。涉及的指标分为两方面：产业结构升级和金融发展。产业结构升级选取了两个指标：产业结构合理化和技术进步。金融发展共选取三个指标：金融规模、金融结构和金融效率。各指标具体设定如下：

1. 产业结构合理化（RIS）

根据配第—克拉克定理可知，随着国民经济发展和人均国民收入水平的提高，第一产业国民收入和劳动力的相对比重逐渐下降，第二产业国民收入和劳动力的相对比重上升，劳动力由第一产业向第二产业转移，然后随着经济进一步发展，第三产业国民收入和劳动力的相对比重也开始上升，即向第三产业转移的演进趋势。所以，产业结构合理化表现为占据优势地位的主导产业的有序更替，第三产业所占比重最终将超过第二产业。为体现产业结构由低形态向高形态转变，本书选取第三产业增加值与第二产业增加值之比作为衡量产业结构升级过程中产业结构合理化的指标。

RIS = 第三产业增加值/第二产业增加值

2. 技术进步（TP）

根据现有文献，国内学者衡量产业结构升级的指标比较单一，以考察第二、第三产业增加值的变动或者以第二、第三产业增加值加总与 GDP 的比值为主，如姚华和宋建、范方志和张立军、曾国平和王燕飞等。本书认为产业结构转型升级不仅包括占据优势地位产业的更迭，也表现在产业结构水平提升，即产业结构高级化方面，体现为持续的技术进步和劳动者素质的提高，从而实现由劳动密集型产业向资本密集型、技术密集型产业的逐步转变。为了更全面地衡量产业结构升级，我们采用全要素生产率增长率来测度以技术创新水平和劳动者素质提高为

标识的产业结构高级化程度。本书采用索罗残差法估测中国的全要素生产率。考虑柯布—道格拉斯生产函数：

$$Y_t = AK_t^{\alpha}L_t^{\beta} \tag{3-1}$$

其中，Y 是工业总产值，A 是综合技术水平，L 是投入的劳动力数（单位是万人或人），K 是投入的资本，一般指固定资产净值，α 是资本产出的弹性系数，β 是劳动产出的弹性系数，假定规模报酬不变，即 α + β = 1。

对式（3–1）两边同时取对数后进行变换，得到方程如下：

$$\ln\left(\frac{Y_t}{L_t}\right) = \ln A + \alpha \ln K_t + \beta \ln\left(\frac{K_t}{L_t}\right) + \varepsilon_t \tag{3-2}$$

其中 ε_t 表示随机误差项。

定义全要素生产率为：

$$TFP_t = \frac{Y_t}{\alpha K_t \beta L_t} \tag{3-3}$$

则相应的全要素生产率增长率为：

$$TPG = \left(\frac{TFP_t}{TP_t - 1}\right) - 1 \tag{3-4}$$

利用实际资本存量数据、GDP 和就业人员数据，通过回归方程估计出 α、β 数值，则可继续测算出全要素生产率增长率 TP。

3. 金融发展规模指标——金融相关率（FIR）

又称“戈氏指标”，用来反映金融发展总量，定义为全部金融资产价值占 GDP 的比重，较好地衡量了一国的金融总量。随着我国金融市场稳步发展，证券市场和保险市场日臻完善，非货币金融资产占比逐年增加，本书将证券市场和保险市场纳入考察金融资产的范围，其中债券包括国家债券、金融债券等。以全部金融资产价值与国内生产总值的比值衡量金融发展的规模。

FIR =（M2 + 股票市值 + 债券发行额 + 保费收入）/GDP

4. 金融发展结构指标（FSR）

金融发展主要通过资金的供给结构影响产业发展，因此金融结构的指标可由融资结构来体现。融资活动分为直接融资和间接融资两种，本书采用间接融资与直接融资的比例来衡量金融结构。我国间接融资体现为金融机构贷款，以金融机构贷款增加额来计量；直接融资体现为股票市场与债券市场的筹资额，考虑债券市场特殊性，直接融资中仅计入企业债券发行额：

FSR = 间接融资额/直接融资额

其中间接融资额等于金融机构贷款增加额，直接融资额等于股票筹资额与企业债券发行额的加总。

5. 金融发展效率指标（FER）

本书用金融中介机构的存贷比指标来衡量我国金融发展效率。一方面，存贷比可以反映金融机构的竞争程度和金融资源配置的效率；另一方面，存贷比也反映了我国金融监管的水平，稳定的、较低的存贷比是良好的金融风险控制水平的象征，也意味着较高的金融效率。

FER = 金融机构贷款余额/金融机构存款余额

（二）金融发展与产业结构协整分析

VAR 模型要求各个数据序列平稳，因此选取 ADF 方法对数据序列进行平稳性检验。运用 EViews 6.0 分析软件对数据进行单位根检验，发现 ISU、TFPG、FIR、FER 和 FSR 均为非平稳序列，但对所有变量取一阶差分后，检验结果均拒绝了具有单位根的假设，即所有变量在 5%的显著性水平下达到平稳，为一阶单整，结果如表 3–1 所示。

表 3–1　单位根检验

变量	检验类型（C，T，P）	ADF 统计量	5%临界值	P 值	结论
RIS	（C，0，0）	–0.1461	–3.0207	0.9301	不平稳
ΔRIS	（C，0，0）	–3.6354	–3.0300	0.0147	平稳
TP	（C，0，0）	–2.0541	–3.8090	0.2639	不平稳
ΔTP	（C，0，0）	–4.3774	–3.8090	0.0035	平稳
FIR	（C，0，2）	–1.2053	–3.0400	0.6481	不平稳
ΔFIR	（C，0，1）	–5.1570	–3.0400	0.0007	平稳
FER	（C，0，0）	–2.9976	–3.0210	0.0523	不平稳
ΔFER	（C，0，0）	–3.2208	–3.0300	0.0345	平稳
FSR	（C，0，0）	–1.6657	–3.0210	0.4323	不平稳
ΔFSR	（C，0，3）	–3.6373	–3.0610	0.0172	平稳

注：（C，T，P）中的 C 和 T 分别表示单位根检验方程中的常数项和时间趋势项，P 为滞后阶数；Δ 表示对数据序列进行一阶差分处理。

由于变量都是一阶单整的，符合协整分析条件，因此可以利用 Johansen 协整检验来探索变量之间的长期稳定关系。首先看 RIS 与三个金融发展指标的协整分析。按照 AIC、SC 准则，从 FPE、HQ 指标来看，ΔRIS、ΔFIR、ΔFER 和 ΔFSR 滞后三阶的 VAR 模型是最优的；而且被估计的 VAR 模型所有特征根均小于 1，位于单位圆之内，表明 VAR(3) 结构稳定。在此基础上进行的 Johansen 协整检验结果如表 3–2 所示。

表 3–2 RIS 与金融发展的协整检验

零假设协整方程数目	特征值	迹统计量	5%临界值	P 值
无	0.8362	71.7117	47.8561	0.0001
最多 1 个	0.6707	40.9339	29.7971	0.0016
最多 2 个	0.6109	22.0826	15.4947	0.0041
最多 3 个	0.2744	5.2878	3.8415	0.0215

协整检验结果显示，在 5%的显著性水平下，数据序列均通过了 Johansen 协整检验，即 RIS 与三个金融发展指标之间存在长期的稳定关系。将协整关系的方程整理如下：

$$RIS = 0.3965FIR + 0.4921FER + 0.0103FSR \tag{3–5}$$

上述协整方程表明，在 1994~2014 年，FER、FIR 系数均为正，表明金融深化、金融体系资源配置效率的提高，有利于产业结构合理化。

FSR 系数为正，表明扩大我国间接融资的规模对产业结构合理化具有正向作用，但效果并不明显。其次看 TP 与三个金融发展指标的协整分析。按照 AIC、SC 准则，从 LR、FPE、HQ 指标来看，ΔTP、ΔFIR、ΔFER 和 ΔFSR 滞后二阶的 VAR 模型是最优的；而且被估计的 VAR 模型所有特征根均小于 1，位于单位圆之内，表明 VAR(2) 结构稳定。Johansen 协整检验结果如表 3–3 所示。

表 3–3 TP 与金融发展指标的协整检验

零假设协整方程数目	特征值	迹统计量	5%临界值	P 值
无	0.9175	90.9514	47.8561	0.0001
最多 1 个	0.7596	43.5995	29.7971	0.0007
最多 2 个	0.419	16.5165	15.4947	0.0305
最多 3 个	0.2874	6.1988	3.8415	0.0127

协整检验结果显示，在5%显著性水平下，数据序列均通过了Johansen协整检验，即TP与三个金融发展指标之间存在长期的稳定关系。将协整关系的方程整理如下：

$$TPG = 6.1084FIR + 35.8689FER - 0.0601FSR \quad (3-6)$$

上述协整方程表明，在1994~2014年，FIR、FER系数均为正，表明金融深化、金融体系资源配置效率的提高能够促进技术进步以及劳动者素质的提高，对产业结构高级化有积极作用；FSR系数为负，表明扩大我国直接融资的规模能够促进产业结构高级化，但效果不明显。

（三）实证结果分析

由上述实证结果可知，两个协整检验结果均表明，提高金融发展的效率能够促进我国产业结构的升级，我国金融发展处于"供给引导"的地位。从整体的实证结果来看，我国金融发展与产业结构升级之间虽然存在长期稳定的关系，但二者并未形成良性的互动，金融规模和结构的发展仅对产业结构合理化具有单向促进作用。相反，产业结构转型升级并没有对金融服务产生引致需求。我国金融系统的发展领先于产业结构升级对金融中介和金融工具的需求，金融发展通过向现代部门配置资源、引致企业的创新型投资、动员储蓄和减少交易成本等方面的积极作用，促进了我国产业结构的升级。可以说我国金融发展在相当程度上是"供给引导"的。

综上，针对上述结果，我国应该构建多元化金融服务体系，优化金融结构。为了适应我国产业层次的不断提升，实现经济发展模式由资源消耗、投资拉动向依靠创新能力提高、技术进步和效率提高转变，需要构建多元化的金融服务体系，优化金融结构，改善投融资过于依赖银行体系的情况。金融发展要以继续构建直接融资市场为基础，补充间接融资方式的不足，释放市场投融资压力。以完善股票市场为中心，加快风险投资基金建设，搭建产权交易平台，鼓励创业板市场、企业股权融资市场，形成多层次的资本市场。注重协调金融体系内部结构，针对不同的产业结构升级阶段与对象，有侧重地发挥各个金融机构和金融工具的作用，以多元化、全覆盖的金融体系为基础，创新资源配置方式，盘活货币信贷存量，提高资金效率，让金融切实、高效服务于实体经济与产业结构转型升级。

第四章　金融发展对国际贸易影响机理的理论分析

金融发展的内生性表明，金融结构的效率、金融市场中介功能的发展可以调整储蓄向投资转化，资本配置效率优化，增强资本积累；贸易规模和贸易结构还受到贸易地位、资本要素、技术要素、劳动要素增加的影响。本章讨论从内生理论的角度出发，把金融发展的要素引入增长模型，对资本积累产生影响导致产业结构变动进行分析，系统分析金融发展对贸易出口的作用机制，引发贸易结构效应和规模效应，促进贸易增长。

一、金融发展对国际贸易影响方式

金融发展利用金融市场结构效率、金融中介、资本要素配置、交易便利、风险控制、信息提示等功能促进了一国贸易增长。影响贸易增长的主要方式为：

1. 金融发展—资本配置—发展贸易方式

动员储蓄是金融发展的基本功能，能够将分散的资金聚集在一起，通过金融部门的信息决策将分散资金投入规模效率更高的企业。如果将资金投入资本密集型产业，就会使企业进行高新技术引进，生产技术含量高的产品并出口，如果将资金投入劳动密集型产业，可以加快劳动密集型产业结构进行产业深化，通过金融资本与人力资本的结合向技术、资本密集型产业转移和调整。

2. 金融发展—技术创新—贸易发展方式

技术进步、科技成果转化为生产力需要经济、金融、法律等各种制度作保证，从金融发展视角来看，技术创新是企业实施产业升级的战略决策，高新技术的引进需要大量的金融资本，资本筹措与运用是技术创新的前提，技术进步的本质就是使金融资本增值的过程。金融市场为技术创新企业获取大规模融资资本，为企业持续性技术创新行为提供物质保障。金融发展对技术进步的作用也就在于高生产率的结果导致企业竞争力的提升。

3. 金融发展—风险规避—贸易发展方式

产业发展的目标是追求利益最大化和风险最小化。在贸易经济活动中，存在贸易过程的商业信誉、资金汇兑、贸易票据、国际运输、货物保险以及政府管制等方面的风险，由于金融体制中对资本的风险管制和监管预警有着比较完善的风险控制体系，可以通过风险规避的手段和办法，为国际贸易增长提供必要保障措施。

4. 金融发展—汇率—贸易发展方式

影响进出口规模的重要因素是汇率变化。如果本币实际汇率升值，贸易商品的价格竞争力降低，出口会下降；相反，如果本币贬值，将会提升贸易商品的竞争力，有利于本国商品的出口。金融政策的变化会影响汇率水平。汇率可以调整进出口商品的价格。金融发展水平越高，汇率对国际贸易的收支平衡影响就越大。

5. 金融发展—制度优势—贸易发展方式

国家之间的比较优势往往只存在于技术或资源禀赋的静态差异上，或者在于规模经济和技术学习效应的差异。在信贷制度金融市场中，金融制度的完善使得企业通过比较优势获得成本优势，贸易交换的优势促进贸易增长的规模。完善的金融制度形成比较优势，从而影响着国际分工和全球化贸易。

6. 基于古典学派的金融发展对贸易的作用机理

著名古典政治经济学家大卫·休谟（David Hume，1742）在分析金融与贸易关系的问题上，提出了货币数量论。汇率变动对贸易进出口起到调节作用，只要世界各国保持贸易往来，可以依靠汇率变化，通过价格传导机制，实现对贸易收支的调节，因而会使一国对外贸易的货币收支余额自动调节。同时，金融活动也同样影响着产业发展和贸易的发展。

许多经济学家受19世纪末20世纪初瑞典经济学家Wicksell货币经济理论的启发，如Mises（1912）、Hayek（1929）、Keynes（1930）、Lindahl（1930）、Myrdal（1931）、Ohlin（1934，1937）先后提出各自的观点，解释货币金融活动是如何通过什么样的方式与路径影响经济活动的，特别在对一国对外贸易的影响中表明了货币因素对贸易活动的调整和制约。

著名经济学家马歇尔（1919，1923）把实体贸易作为研究主体，通过劳务流动、国际间资本流动、资本利息和利润的流动等因素来分析实体贸易差额的影响。还提出了信用波动对商品进出口的影响，在实体贸易活动中，企业信用会调整贸易双方的贸易愿望和声誉，影响着进出口商品的价格形成，从而反映出商品进出口的规模和数量。英国经济学家 Keynes（1932）着重研究揭示了对外投资的双重效应，运用对外贸易乘数理论，解释贸易增长对国民经济成倍增长的原因，边际储蓄的提高，产生边际出口倾向的提高，增加国民收入和就业数量。储蓄增加的路径表现为外资的引入。他提出随着对外投资的增加，贸易条件会发生变化，出口贸易促进了经济增长。

勒纳（1934）通过对生产要素配置的研究，提出要素的价格等于边际产品价值时，国际生产要素流动的资源才能最优配置。

总之，古典经济学派认为金融对贸易的促进作用是通过货币与信用表现出来的，具体如图 4-1 所示。

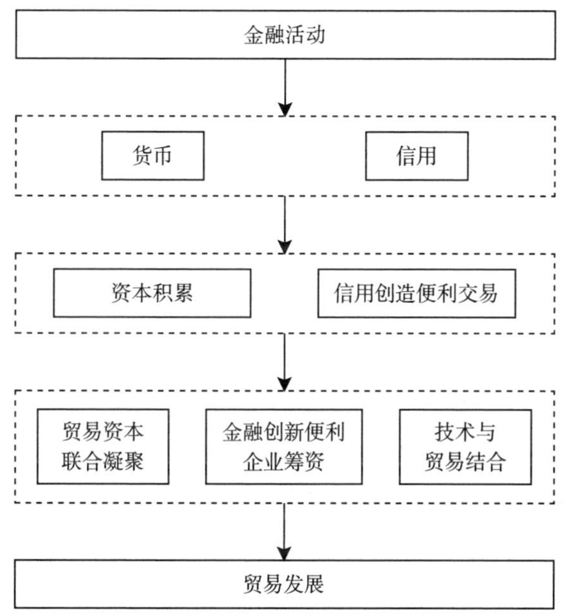

图 4-1 基于古典学派的金融发展贸易增长作用机理的框架

二、基于内生增长下金融发展对贸易的作用机理分析——AK 模型的扩展

(一) 金融发展水平与资本积累——比较优势

从内生增长理论来看，资本投入是金融发展促进经济增长的基本途径，为了阐明金融发展促进资本积累的途径，借鉴道格拉斯生产函数建立 AK 内生增长模型。

从罗莫的观点来看，资本投资的副产品是技术，投资的增加通过“干中学”来反映资本效应，提高了技术水平，通过技术效用增加产量，减低生产费用，可以弥补资本边际产出的递减，保持资本边际报酬不变，从而实现了经济的内生增长。①

AK 生产函数可表示为：

$$Y_t = A(F)K_t \tag{4-1}$$

其中，A 为资本边际生产率，Y 定义为生产产出水平，K 定义为资本存量，F 定义为金融发展水平。金融市场理论认为，金融发展能够通过金融市场功能改善资本配置效率，提高资本边际产出水平，从而$\frac{\partial A}{\partial F} > C$。那么总投资 I_t 可表示为：

$$I_t = K_{t+1} - (1 - \delta)K_t \tag{4-2}$$

假设在没有政府部门的经济体制下，当总储蓄等于总投资时资本市场达到均衡。由于存在信息不对称，资本市场未必能将全部储蓄配置到最有效的投资里。金融机构可以实现储蓄转化为投资，转化比率取决于金融部门的效率。假设储蓄转化为投资的效率为 $\theta(0 < \theta < 1)$，则储蓄投资转化效率在金融部门中流失了，所以有：

---

① Romer P. M.. Increasing Returns and Long-run Growth [J]. Journal of Political Economy, 1986 (94): 1002-1037.

$$\theta(F)S_t = I_t \tag{4-3}$$

其中，S_t 表示总储蓄，θ 表示储蓄投资转化率。

那么储蓄函数可表示为：

$$S_t = s(F)Y_t \tag{4-4}$$

其中，s 为储蓄率。

联立式（4–2）与式（4–3），得到：

$$K_{t+1} = (1 - \delta)K_t + \theta(F)S_t \tag{4-5}$$

稳态经济增长率 g 可表示为：

$$g = \frac{Y_{t+1}}{Y_t} - 1 \tag{4-6}$$

将以上等式代入式（4–6），可得：

$$g = A(F)\theta(F)s(F) - \delta \tag{4-7}$$

其结果可知，金融市场促进资本积累和经济增长的主要路径为改善资本配置效率 A，提高储蓄转化为投资比率 θ 和改变储蓄率 s。

（二）金融市场功能提高储蓄转化为投资的效率 θ

影响储蓄向投资转化的速度、效率和规模的一个重要因素是金融市场。由于金融市场存在交易成本和信息不对称，具有减少交易成本功能，降低由于信息不对称所导致的逆向选择和道德风险的选择，吸收储蓄转化投资，增大生产领域投资。[①]

式（4–7）显示，有两个方面决定着一国的资本存量：原始的资本存量 K_t 和金融发展水平 $\theta(F)S_t$。金融发展水平和市场效率越高，就可以进行大范围的扩大动员储蓄能力，储蓄向投资转化的效率随之增大，因此 $\theta(F)S_t$ 的值增高。式（4–7）同样表明，由于金融市场差异，即使两国原始的资本存量相同，两国 t + 1 期的资本存量差别也存在，由金融市场导致增加资本要素的结果，极大地影响了一国出口贸易的贸易规模和贸易结构。

---

① 齐俊妍. 金融发展与贸易结构——基于 H–O 模型的扩展分析［J］. 国际贸易问题，2005（7）：15–19.

（三）金融市场功能提高资本边际生产率 A

提高资本的边际生产率主要是依靠金融市场的资本配置效率，金融市场可以通过提高资本的配置效率，通常依赖的途径为：一是金融部门能够通过对企业的监督管理，促使企业不断完善法人治理机制，依照融资要求提高资本的配置效率；二是金融市场中介促使资本从生产率较低的流向发生改变，向生产率较高的行业转移，由此提高新增资本的投资效率；三是金融部门通过识别优秀的企业家，为提高技术创新的水平，向研发成功的投资项目提供资金支持；四是金融市场具有的便利交易的功能使交易成本大大降低，为了专业化生产资本需求的保障需要，从而提高资本边际生产率，通过便利交易的功能来降低交易过程资本成本。因此，金融发展水平越高，该国的 θ 和 A 值增大时就被表明，一国的资本存量增加了，金融发展具有较高投资效益。

（四）充足的资本积累促进贸易出口

提高一国资本要素禀赋的有效途径仍然是通过资本积累。资本积累是如何通过规模效应和结构效应来影响出口贸易结构的。

1. 资本要素禀赋的提高会扩大贸易出口规模的形态

（1）完全中性增长。

这种情形是指生产要素的增长率完全相同，即资本、劳动力等要素都增加，各国原来要素结构都保持不变。

生产要素的完全中性增长对贸易的影响是因为各国没有发生差异性增长，要素结构的比例关系对等，生产要素同比例增长。发生变化的只是贸易规模和数量的差异。它使得贸易增加只由要素增长的速度决定，从而不影响贸易结构。在金融发展背景下，各国经济增长很难发生完全中性增长。对贸易规模效应影响较小。资本要素与劳动要素之间不同差异表现为各国的实际情况不同。

（2）资本是倾向出口的生产要素的情形。

生产要素的增长率表现为偏向出口要素的增长和偏向进口要素的增长。资本要素出口规模增加的国家，要素供给增加的条件是要偏向出口的生产要素，而且该国要是资本密集型产品出口的“贸易小国”，即该国资本密集型产品出口量发生变动，产生的比较成本优势在价格上不会对全球资本密集型产品产生影响。

2. 增加资本要素调整出口商品结构

一国最初资源稀缺的要素增加大于丰裕要素被定义为偏向进口的生产要素增长。资本本是一国的稀缺要素，在经济中往往当作发展经济的主要动力，本国资本的稀缺就需要向另一国偏向进口，金融发展恰恰满足了丰裕资本国家向稀缺国的准备转移，带来的资本积累增加，稀缺资本增加大于丰裕资源劳动要素，导致对贸易出口结构的改善产生影响，产业效率提升。

（五）金融发展水平与人力资本积累

金融发展对人力资本形成产生影响，人力资本的效应可以通过劳动力追加资本投入提升劳动者的知识积累，职业技能的掌握，进行有效的知识转移和技术进步。同时，实现人力资本积累的外部效应方式也是通过大量职业培训、技能训练、社会实践等提升。也可以与科研机构、大中专高等院系合作进行正式的学历教育，完成企业定向的专业技术人员，金融系统可以通过为教育和资本投资融资的方式，带动知识转移，促进贸易发展。增加人力资本的教育投资、提高人力资本生产效率是金融发展促进人力资本积累最为重要的途径。

（六）金融发展水平与技术进步

金融发展对技术进步的影响主要指运用新的知识、新的技能、发明创造促进经济活动效率的提高。技术进步的差异性是产生国际贸易的另一原因。金融水平对技术创新影响表现为影响贸易两国的技术转移的成本，金融市场为技术创新可以吸收大规模、有效的动员社会闲散资金，为先进的技术转移提供便利，金融发展降低了经营成本和筹资成本。对技术进步的资本支持越强，在技术外溢中效应就越大，该国资本技术密集型产品输出加大，进而扩大贸易规模。伴随技术输出，资本输出的结果引发了贸易结构的改善。

基于内生经济增长理论 AK 模型的金融发展对贸易增长的作用机理分析框架如图 4–2 所示。

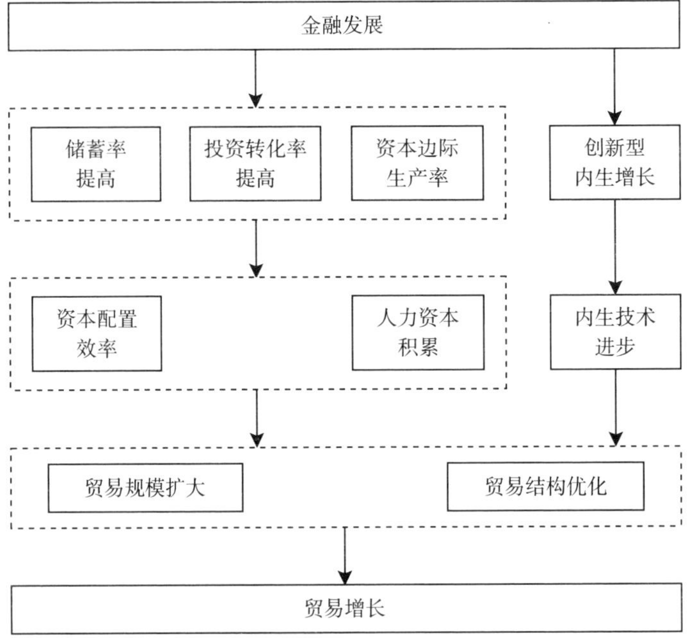

图 4-2　基于 AK 模型的金融发展贸易增长的作用机理分析框架

三、基于新贸易理论的金融发展对贸易作用的机理分析

（一）金融发展、规模经济与产业内贸易的理论分析

产业内贸易理论的出现，使得大量的国际贸易发生在要素禀赋相近的国家之间，国家间进行贸易是由于各国生产比较优势的产品，存在资源和技术上差别导致贸易利益的趋向不同，规模经济（或边际收益递增）只能使每个国家的生产的优势体现在少数产品上。当单位产品成本取决于行业规模而非单个厂商的规模时，便出现了外部规模经济；当单位产品成本取决于单个厂商的规模而不是其所在的行业规模时，便属于内部规模经济。国内金融市场的发展对具有规模经济的行业利益更大。金融发展就为这些行业利用规模经济扩大行业内贸

易起到了关键作用。金融市场的融资功能对规模经济行业的支持越大，产业内贸易发展规模就越大。金融发展能通过规模经济影响一国的国际贸易模式如图4–3所示。

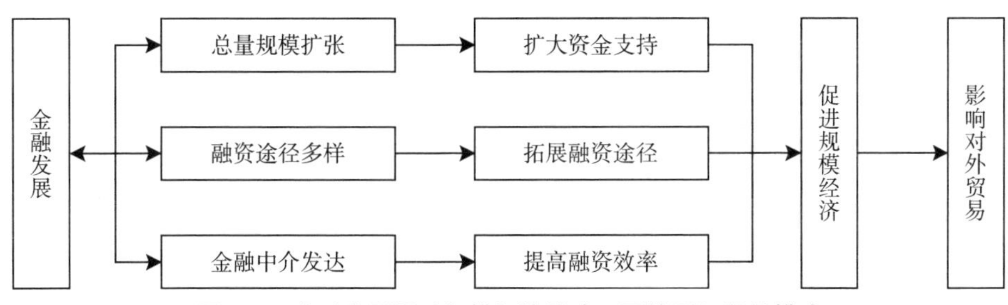

图4–3　金融发展通过规模经济影响一国的国际贸易模式

（二）金融发展、短板原理与外部融资约束差异

贸易"短板理论"的主要内容是指资本所有者受到利率驱动而不愿意向外部提供资金。外部融资约束就变成紧约束——成为短板上那块最短的木板，因而金融体制的制度约束会增加对金融部门依赖较高的企业投入量，但这样的企业数量不多，大量资本留在银行，造成金融市场效率低下。

如果金融发展水平相对于资本禀赋的水平较低，资本所有者不满意给定的利率为企业提供融资，外部金融约束就会增强，金融发展水平将会影响该国的生产方式和贸易增长，资本禀赋就是决定生产方式和贸易增长的决定因素。其分析的结论如图4–4和图4–5所示。

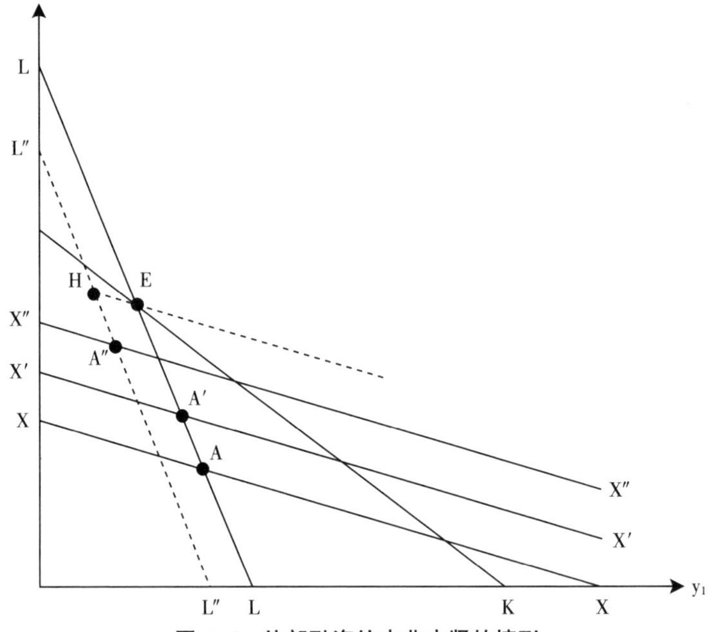

图 4-4 外部融资约束非束紧的情形

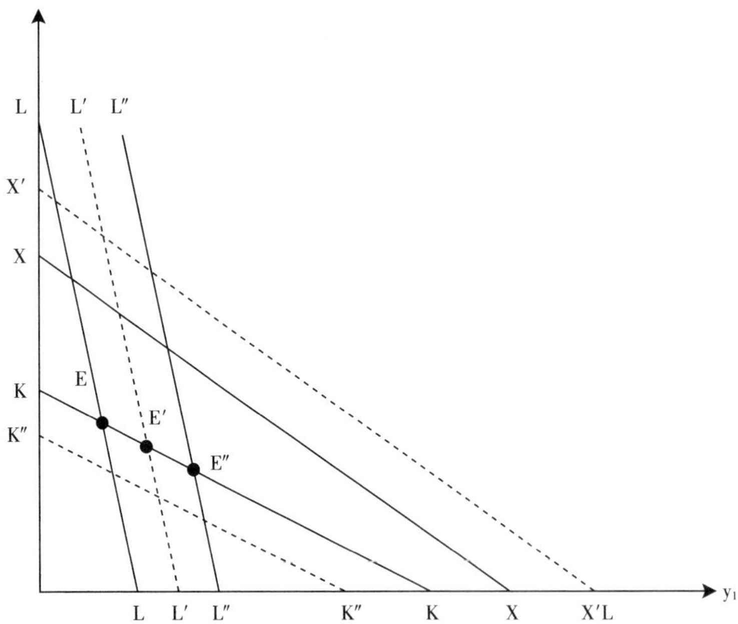

图 4-5 外部金融约束束紧（资本密集型产业高度依存于外部融资的情形）

四、基于金融发展功能论的金融发展对贸易传动分析

为了深入研究金融发展对国际贸易的传动作用机制，更好地分析和把握金融发展对贸易增长的影响作用于传动机制。

（一）从比较优势视角看：金融发展促进国际贸易的传动机制

金融发展的功能作用产生了比较优势依赖于金融要素的理论。国家之间比较优势是由技术或要素禀赋的静态差异、学习效应的动态差异产生的。不同国引入资金的成本和规模的差异不同，进而对国际贸易模式和结构产生影响。将外部融资需求纳入分析模式中，充分阐述金融发展通过外部融资支持形成比较优势，进而影响国际贸易的机制。

1. 外部融资需求引发企业生产比较优势

企业融资成本的高低直接决定着产品成本。如果融资成本较高，则会导致该企业的产品成本较高，企业定价也就越高。生产企业的融资方式有两种，一种是通过 FDI 输入和金融部门的外部融资，另一种是通过企业积累的内部融资。内部融资的规模由内部储蓄决定。外部融资主要来源于金融机构与金融市场。外部融资已经成为企业发展的主要融资方式。

2. 金融发展影响外部融资效率进而导致比较优势

企业通过金融中介机构或金融市场能够获得外部融资，解决了资金的流动性约束问题。企业也可以通过银行或信托机构发行企业债券，或直接通过民间资本市场筹资，来获得外部融资。但是，在民间融资市场上，存在着严重的信息不对称、道德风险和逆向选择等问题。这造成融资规模和效率低下。金融机构的效率就表现为能够有效解决民间融资市场上信息不对称、道德风险和逆向选择等问题，提高生产领域的融资效率与融资水平。提供更多的融资支持，就成为比较优势的源泉之一。

随着金融功能进一步促进资本积累，外部融资依赖性越强，行业发展规模就

会提高，资本和技术密集型行业比较优势就能充分显示。金融发展对贸易增长的比较分析如图 4-6 所示。

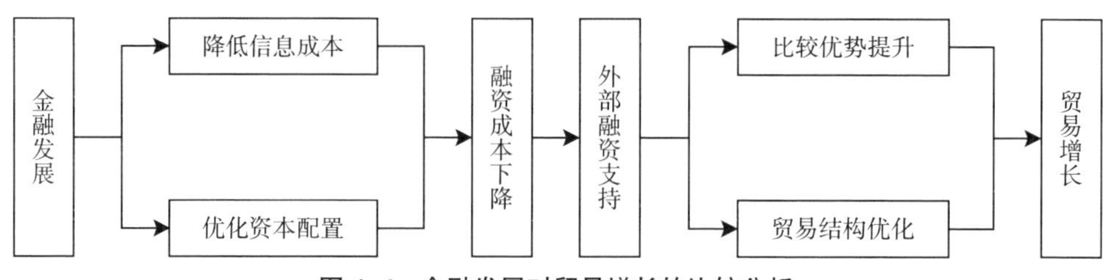

图 4-6　金融发展对贸易增长的比较分析

（二）从规模经济视角看：金融发展促进国际贸易的传动机理

规模经济导致产业内贸易发生，把它作为研究金融发展与国际贸易关系主要机制来分析主要是因为产业内贸易的原动力问题。金融发展的资本积累和动员储蓄功能给贸易资本输入国的外部融资支持形成规模经济，对本国产业结构升级和规模发展起到了关键性的作用。规模经济对产业结构的调整和升级引发贸易规模的增加，技术进步的结果导致贸易结构的改善，形成了产业的比较优势。所以，金融发展通过规模经济效应和外部融资需求，进一步改变国际贸易的规模和结构，影响一国贸易发展水平（见图 4-7）。

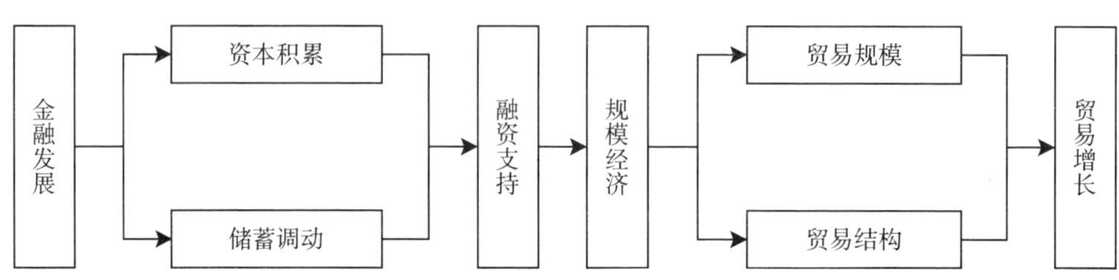

图 4-7　金融发展通过规模经济效应和外部融资需求影响一国贸易发展水平

（三）从分散风险视角看：金融发展促进国际贸易发展的传动机制

风险分散功能是金融系统的主要功能之一。金融机构通过风险监管的功能，预控贸易交换中的商业风险，规范贸易活动中的商业票据，形成国际贸易惯例，提高贸易增长的发展。金融机构为分散国际贸易风险提供的金融服务主要包括：贸易出口的融资工具（如打包贷款、出口信用证押汇和出口托收押汇、国家商业银行或专业银行提供优惠贷款的出口信贷、福费廷、出口保理）、出口信用保险类（短期出口信用保险、中长期出口信用保险、海外投资保险、汇率保险）、出口信用担保类以及政府和国际货币组织为国际贸易活动提供金融工具服务。

（四）从金融制度视角看：金融发展促进国际贸易发展的传动机制

比较优势之一的另一因素是完善的金融制度，金融制度更多地体现在运用经济手段对市场行为进行规范，通过制定的约束性与法律规则的结合对贸易分工产生的比较优势进行相应的规范，解释比较优势形成过程的贸易合同、贸易专利，知识产权、技术转移的行为规范等优势会对国际贸易分工产生重要影响。

（五）从汇率变动的视角看：金融发展对国际贸易传动机制

在金融发展与贸易增长的交互关系中汇率的变化对国际贸易产生影响。这些变化反映在汇率制度上和汇率波动的程度上。汇率结构反映出本国货币与外币之间的兑换比例，汇率变化的基础也是依据本国货币的升值空间，贸易大国对国际贸易中硬货币的汇率调整直接影响到国际贸易，会影响国际竞争力、贸易规模和贸易结构。金融发展促进贸易增长传动机制如图 4-8 所示。

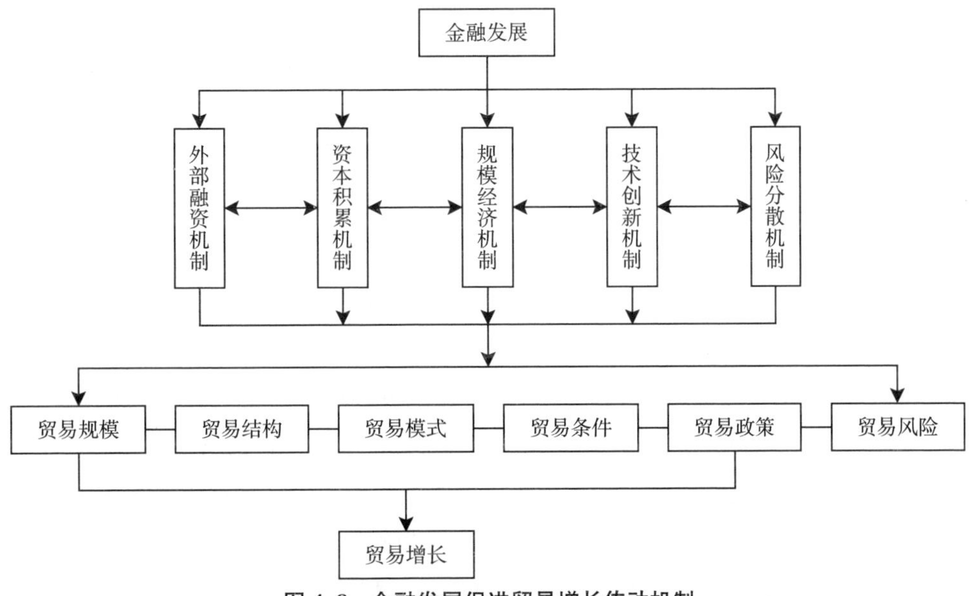

图 4-8　金融发展促进贸易增长传动机制

第五章　金融市场对 FDI 溢出效应的影响机理及分析

一、金融发展影响 FDI 溢出效应微观机制

（一）FDI 溢出效应（Spillover）

外商直接投资是指母国以其资本对其他国家生产进行投资并对他国企业具有一定的控制权的投资行为。

FDI 溢出效应，是指一项经济活动给其他成员带来了影响，而该活动的生产者或者消费者本身无法达到或者需要承担该影响的利益或成本。在经济增长理论领域，Lucas（1988）的增长模型强调了人力资本溢出效应，认为人力资本效应高的人会影响他人生产效率的提高，但自己并未获得实在的利益；Romer（1986）通过技术进步内生增长模型则强调了知识溢出效应能提高全社会生产率；在 FDI 领域，MacDougal（1960）首次考察了 FDI 对东道国经济影响溢出效应，Blomstrom 和 Kokko（1992）、Blomstrom 和 Kokko（1998）提出了跨国公司通过引发东道国的技术进步而产生 FDI 技术溢出效应。FDI 进入引发东道国企业的新垄断等就是其负向的溢出效应。尽管如此，国内外学者的研究仍集中在对其正效应方面，这也为发展中国家积极吸引 FDI 提供了依据。Javorcik（2004）提出了两种 FDI 溢出的主要方式：一是主动溢出，表现为外资企业主动转移生产技术以获得高品质的中间投入；二是被动溢出，主要表现为相似产品的生产企业以追求更有竞争力的外资部门的技术和管理方式，更有效地利用企业现有资源的溢出方式，

主要途径是通过人力资本进行溢出。马宇浩（2013）认为，FDI 本身对东道国的经济影响并非一定通过金融市场，“东道国的吸收能力”才是推动 FDI 促进经济发展的必要条件。

FDI 的技术溢出不仅包括技术转移，也包括示范、竞争、人员培训和关联效应等促进东道国受益。如 Blomstron 和 Kokko（1998）将 FDI 溢出效应的研究划分为三类：行业内、行业间以及人力资本溢出效应。

综合众多学者的观点，所谓 FDI 技术外溢效应就是指发达国家和地区对在发展中国家进行直接投资，通过各种渠道和途径将其先进的技术、经营理念、管理方法转移到当地企业，从而引发和刺激东道国的技术进步和经济增长的效应。在这一过程中外企会抑制和影响溢出效应和内资企业对溢出效应的吸收。

（二）FDI 溢出影响因素

随着 FDI 在发展中国家日益凸显，发展中国家已出现了经济结构调整的趋势，这就需要有相应的理论来进行政策评价和政策调整，这些政策是否会导致 FDI 正向溢出效应的产生？有哪些因素会影响 FDI 的溢出效应？

1. 技术的吸收能力

东道国企业 R&D 投入不仅直接提高了企业自身的技术，而且也进一步增强了企业学习外来技术和经验的能力。新经济增长理论正是从东道国自身的角度阐述技术进步如何内生 FDI 技术溢出效应。

2. 人力资本

人力资本对东道国经济增长率的影响途径有两种：一是人力资本直接促进技术创新，二是影响对国外技术的学习能力。在人力资本与吸收能力的研究中，企业培训也会影响东道国对技术的吸收能力。人力资本决定了其吸收跨国公司技术转移的能力，对于发展中国家来说，充足的人力资本有利于更好地接收和应用跨国公司的先进技术。

3. 贸易开放度

从理论上讲，贸易开放程度越大，FDI 的流入就越容易，从而使得当地市场经济越活跃。但是 FDI 在现有贸易开放度之下是否能够促进东道国经济的增长？部分学者对此持肯定态度。Grossman 和 Helpman（1991）发现贸易开放能够促进国内资源的优化配置，进而促进经济增长；相比发达国家而言，发展中国家从中获利更多。同时，贸易开放迫使东道国企业不得不通过投入更多的研发力量在竞争激烈的环境中立足。

4. 金融市场效率

在关于金融市场是否推动 FDI 技术溢出的观点上，现代经济学与传统的经济理论不同。后者认为 FDI 作为一种融资，其本身并不需要通过金融市场的作用；前者却得出相反的结论。东道国金融体系效率决定技术溢出的内在机制，东道国企业可以通过模仿、吸收和学习外资企业生产技术来改良自身技术能力和自主创业，而金融市场效率决定着在此过程中东道国支付的成本（如关键技术及设备引进的费用、管理费用、学习成本等）。随着金融市场开放程度提高，金融风险分散机制使得 FDI 企业更青睐于投资具有较高资产回报率的项目，由此带来高储蓄投资转换率以及高经济增长率。

5. 技术创新能力

东道国的技术创新能力通常是以 R&D 为替代指标进行说明的。新经济增长理论认为，在国际贸易过程中，技术外溢效应因不同国家的技术水平而异。由于发展中国家与发达国家之间存在较大的技术差距，因而技术落后国家完全有可能利用 FDI 国家的技术外溢效应实现技术赶超。对 FDI 技术溢出的实证检验却并不支持这一观点。Liu 等（2000）发现在英国制造业存在明显的 FDI 正溢出效应，同时在技术差距比较小的行业里溢出效应更加明显。Girma 和 Wakelin（2001）发现竞争程度越高的行业，其技术溢出效应越明显，同时，当地企业与跨国公司之间的技术差距越大，技术溢出越小。Jabbour 和 Mucchielli（2007）认为，技术差距对 FDI 后向技术溢出效应有负向影响，技术差距越大，FDI 后向技术溢出效应越小。研发投入不仅能够直接带来新的技术成果，更重要的是增强了本国对外来技术的模仿和学习能力。

6. 其他因素

经济市场体制、政府宏观政策、区域地理环境、产业关联、东道国经济发展水平、市场竞争程度、技术差距等因素都从一定程度上影响着 FDI 技术溢出效应。

（三）FDI 的资本效应的机理

FDI 的资本效应主要是指外商直接投资对东道国利用的国内资本积累形成的影响。FDI 的资本效应又可分为两个方面：一方面，FDI 本身就能够直接增加东道国的资本存量；另一方面，FDI 的流入会对东道国国内投资产生挤入效应或挤出效应，由此促进或阻碍国内资本的形成。

FDI 对国内投资的挤入效应是指 FDI 的输入能够增加国内资本总量，实现的途径有四种：①扩大外资与内资的关联度对东道国国内投资所产生的挤入效应。如果外资与内资的关联度较强，那么 FDI 企业的进入可以使众多东道国企业展开与外资企业的合作，为外资提供配套资金和生产资源，参与到跨国公司的全球化经营战略体系中，形成区域的产业网结构。如果 FDI 的进入可以促进内资产业集群的形成，达到增强产业结构的升级作用。同时，通过 FDI 带来的金融、技术、设备等资本可以促进东道国企业的发展和技术升级，也改善了国内基础设施（如机场、港口、铁路、高速公路等）的建设投资环境。②扩大产业关联效应。FDI 企业在东道国的日常运营都会带动相关产业的发展，通过这些产业关联带来的技术外溢能够促进这些相关行业的经济增长。③推进人力资本流动。人力资本流动可产生技术与管理溢出效应：FDI 带来东道国劳动力市场的竞争加剧，推动着劳动力水平的不断提高，并且在人力资本的流动过程中还会伴随着外资技术、管理的溢出。FDI 企业在招聘东道国雇员的时候，通常会开展技术、管理上的培训，提高了人力资本的水平，这对本土经济的发展能够产生积极的外溢和促进作用。④加剧竞争。FDI 的进入会产生竞争压力或示范效应，迫使国内同类企业尽可能采用更为先进的生产技术和管理方式，提高企业自身竞争力。上游供应商作为 FDI 企业的中间产品提供者，必须不断学习新技术、改进固有的生产经验、提高生产效率，才能满足 FDI 对产品的要求；下游企业在使用了外资企业供应的高质量、低成本的中间产品后，提高了自身效率，降低了生产成本，从而也获得了竞争优势。

在国内市场上，FDI 企业与国内企业大多是直接竞争的形式。FDI 企业从四个方面获得竞争优势：一是产品质量优势；二是成本优势，FDI 企业在东道国市场上能获得廉价的劳动力和原材料，同时还独具技术、管理及资本实力优势；三是转移定价优势，FDI 企业利用海外和东道国两个市场的价格差异可以实行转移定价，以此降低成本，进而在东道国的市场竞争中进行低价倾销，这是国内企业所不具有的优势；四是资本运作优势，FDI 企业拥有雄厚的资本实力，因而可以对潜在供应商或客户等进行并购或收购，以便对原材料供应渠道、市场营销渠道等进行有效控制，从而将国内企业挤出市场。

（四）FDI 溢出效应的途径

FDI 溢出效应的内在机制揭示了 FDI 对东道国溢出的过程及内在的关联机制，是研究 FDI 溢出效应的核心问题。我们从六个层次解释 FDI 溢出效应的发生途径：

1. 企业内部溢出效应

FDI 企业在东道国的经营过程中，必然会向其在东道国的分支机构进行技术转移，由此会对东道国产生经济的外部性。这种外部性会侵蚀掉技术转移带来的一部分收益，因而也是一种转移成本。因此，FDI 母公司必须权衡技术转移带来的利弊，考虑其经济性和合理性。FDI 母公司为将这种转移成本降到最低，常常会将更新的技术转移到其设在东道国的独资企业，而落后的技术则会转向合资企业。

2. 产业内溢出效应

FDI 企业给东道国企业带来的好处是，FDI 企业在与同产业内的企业进行竞争的同时，其先进技术也会扩散到整个产业，这种溢出效应主要通过三大途径实现：

（1）技术示范效应。鉴于 FDI 企业与东道国本地企业之间的技术差距，东道国企业可以对 FDI 企业的技术示范进行学习和模仿，掌握其先进技术和管理经验等，以提高自身技术和生产力水平，不断改善其生产工艺和方法，提高劳动生产率。示范效应只能够扩大东道国企业的技术选择范围，而东道国企业能否从示范效应中实现技术升级取决于东道国企业自身的技术实力和人力资本水平。

（2）行业竞争效应。FDI 企业的进入给东道国企业带来了前所未有的冲击和压力，促使当地企业积极提升自身的生产技术水平，加大人力资本的投资力度，提高企业的生产效率，在激烈的竞争中获得竞争优势。

（3）产业结构升级效应。在发展中国家的产业结构中所占比重较大的是传统行业，而高技术含量、高附加值的产业所占比重较小。FDI 技术溢出效应带来了产业结构的调整，优化了产品品质，提升了技术水平。这种结构上的调整将有助于发展中国家的产业升级和优化。

3. 产业间溢出效应

FDI 进入发展中国家的某一产业后，会在相关产业之间溢出技术。FDI 的技术溢出效应能够使得东道国上下游企业从中获益，因而对自身技术进行改良。产业间溢出效应可以分成后向关联溢出效应和前向关联溢出效应。前者指 FDI 向东道国的上游企业（如原材料、中间产品供应商）进行的技术扩散，而后者是指 FDI 向东道国的下游企业（如装配、销售、维修商）进行的技术扩散。随着产业间关联度的提高，东道国企业利用 FDI 企业溢出的先进技术改进自身生产工艺、提高最终产品质量，因而，FDI 的进入是其使用新技术和技术创新的基础。

4. 人力资本的流动与培训溢出效应

FDI 企业进入东道国市场后，通常会向当地雇员提供职业培训，如果雇员退出该 FDI 企业并向本地企业流动，或者选择自主创业，那么他们所接受培训或担任职务时习得的技术、知识、经验等都会外溢。这种溢出效应还包括当地企业为应对激烈的 FDI 企业竞争而不得不对员工进行更多的培训。

人力资本流动分为“有形”和“无形”两种转移方式。跨国公司对东道国公司的人员进行技术、产品、工艺上的培训，而当雇员离开跨国公司流向其他企业或自创企业时，其在跨国公司所学的各种管理经验和技术知识就会随之外流，发生溢出效应。

5. 观念更新效应

观念落后是发展中国家普遍存在的历史问题，自利行为、自然经济等落后思想观念的存在，是导致发展中国家落后的重要根源。FDI 的利用必然会带来资金、技术以外的新市场经济理论和观念、方法论等无形资源的传播与扩散。

6. 贸易出口效应

出口是企业获取 FDI 技术溢出的重要途径之一。因为出口等贸易活动需要涉及建立渠道和运输设施、对国际市场消费需求与偏好调研等产生的成本，外商投资企业有能力也有动力去支付这些高额支出。通过跟随外资企业的出口路径，国内企业能够降低外国市场的进入成本，而从中得到的利益有利于提高国内企业的生产效率。

二、金融市场效率、FDI 吸收能力与内生经济增长的机理

发展中国家的经济开放政策可以提高本国的经济增长，扩大对外交流，提供技术交流的渠道，但是各国能否通过对外商技术的吸收获取来达到提高 FDI 吸收能力的目的，就取决于各个国家自身的技术吸收水平。技术吸收能力的影响因素又包括很多，如人力资本积累投资、基础设施投资和金融市场效率等。

（一）金融发展与 FDI 技术溢出效应——内生经济增长模型分析

在本章的模型中，基于开放式经济条件下，我们把经济部门分为三个：研发部、中间产品部和最终产品部。首先，研发部的产出要取决于人力投入、知识技能对 FDI 的技术溢出效应。这种外溢水平取决于本国企业的技术吸收能力。其次，中间产品的提供者有两种：一种是国内中间产品生产商，另一种是国外中间产品生产商。最后，最终产品部门提供最终产品，每个最终产品部门只提供一种最终产品，产量用 Y 表示。人力资本投资总量用 H 表示，其中，对生产最终产品投入的人力资本为 H_Y，对研发投入的人力资本为 H_N，那么有 $H = H_Y + H_N$。

基于上文，总结出整个经济运行体系如下：首先，研发部的人员（对研发部投入的人力资本 H_N）进行基础性的知识技术研究，研究出的是中间产品的设计方案（数量为 N），然后将其卖给中间产品生产商；中间产品生产商就根据设计方案生产出新的中间产品（x），并将其卖给最终产品生产商；最终产品生产部的人员（H_Y）利用购买的新的中间产品，生产出最终产品（Y）。

最终产品部的生产总量函数：

$$Y = AH_Y^{\alpha}\left[\int_0^N x_{i*}^{*\beta} di*\right]\alpha,\ \beta > 0,\ \alpha + \beta = 1 \tag{5-1}$$

式（5-1）中，Y 表示最终产品的生产总量，A 表示技术水平参数，H_Y 表示对生产最终产品投入的人力资本，X_i 表示第 i 种国内中间产品的数量，$x_{i*}^{*\beta}$表示第 i* 种国外中间产品的数量，N 表示中间产品数量，并且每个中间产品生产商只生

产一种中间产品。所以，在［0，N］上分布着无数个中间产品生产商，而且这些中间产品生产商之间是相互独立的。我们假设生产一单位的中间产品需要一单位的最终产品，即生产函数是线性的：

$$x_i = Y_i \tag{5-2}$$

如果用 K 表示物质资本存量，则

$$\int_{i-0}^{N} x_i di = K$$

研发部的产出要取决于三个因素：本国企业对研发部的人力资本投入，本国企业自身的知识技能，以及国外企业的技术外溢，而这种外溢水平取决于本国企业的技术吸收能力。因此，研发部门的生产函数为：

$$N = \delta H_N \lfloor N + G(D,\ H,\ \gamma,\ F_t)N^* \rfloor \tag{5-3}$$

式（5-3）中，N 表示为中间产品数总量，N* 表示国外中间产品数量，δ 表示研发部门的生产力参数，H_N 表示研发部投入的人力资本总量，G 表示本国研发部的技术吸收能力，D 表示贸易开放度，H 表示人力资本总量，γ 表示国外的知识产权保护强度，F_t 表示金融市场配置资金的效率。其中贸易开放度 $D\in(0,\ +\infty)$，D 趋近于 0 表示经济完全开放，D 趋近于+∞ 表示经济完全封闭。知识产权保护强度 $\gamma\in(0,\ 1)$，γ 趋近于 0 表示知识产权保护越严格，γ 趋近于 1 表示知识产权保护越宽松。F_t 越大代表金融市场对资金的配置效率越高。具体函数形式为 $F_t = a - be - (1 + \lambda_t)t$，$-1 \leqslant \lambda_t \leqslant 1$，$0 < b < a$，其中，a 和 b 为常数，$\lambda_t$ 表示随时间变化而变化的金融深化程度。由于 $\frac{\partial F_T}{\partial \lambda_t} = -be^{-(1+\lambda_t)}\ (-t) = bte^{-(1+\lambda_t)t} > 0$，所以 F_t 随 λ_t 的增加而增加，也就是说，金融深化程度越高，金融市场对资金的配置效率就越高。

代表家庭在无限时域上有一个标准的固定弹性效用函数为：

$$U(C)=\begin{cases}\int_0^{\infty} \frac{C^{1-\sigma}-1}{1-\sigma} e^{-\rho t} d_t,\ \sigma,\ \rho > 0,\ \sigma \neq 1 \\ \int_0^{\infty} \ln C e^{-\rho t} d_t,\ \rho > 0,\ \rho = 1\end{cases} \tag{5-4}$$

（二）完全竞争条件下市场均衡分析

1. 基本假设

假设最终产品市场和劳动力市场都是完全竞争的，那么，对中间产品市场可以作两个假设：一个是中间产品可在市场上自由进出，另一个是每当研发部开发出一个新设计方案，就会有中间产品生产购买，并进行垄断性生产。假设最终产品 Y 的价格为 1，即 PY = 1。p_{x_i}、$P^*_{x_i}$ 分别表示国内中间产品的价格和国外中间产品的价格，r 表示市场利率，W_{H_N} 表示研发部的人力资本回报率，W_{H_Y} 表示最终产品部的人力资本回报率。

2. 各代理人的行为

（1）最终产品生产部。最终产品生产部通过控制投入的人力资本数量 H_Y，以及选择本国中间产品或者外国中间产品的数量，使自己的利润最大化：

$$\max_{H_Y, x_i, x_{i^*}} \pi = Y\{H_Y, x_i, x^*_{i*}\} - W_{H_Y} H_Y^{\alpha} - \int_0^N x_i^{\beta} d_i - \int_0^{N^*} x_{i*}^{*\beta} d_i * \tag{5-5}$$

由式（5-5）可得最终产品生产部利润最大化的条件：

$$W_{H_T} = \frac{\alpha Y}{H_Y} \tag{5-6}$$

$$x_i = H_Y\left[\frac{A\beta}{P_{x_i}}\right]^{\frac{1}{\alpha}} \qquad P_x = A\beta H_Y^{\alpha} x^{-\alpha} \tag{5-7}$$

$$x^*_{i*} = H_Y\left[\frac{A\beta}{P^*_{x^*_{i*}}}\right]^{\frac{1}{\alpha}} \qquad P^*_x = A\beta H_Y^{\alpha} x^{*-\alpha} \tag{5-8}$$

（2）中间产品生产部。根据假设，生产一单位中间产品需要一单位的最终产品，其中最终产品 Y 的价格 PY = 1，所以生产 x_i 单位的中间产品的总可变成本为 1 × x，总收入为 $P_x \times x$，因此国内中间产品生产商的决策规划为：

$$\max_{P_X} \pi_m = P_x \times x - 1 \times x \tag{5-9}$$

将式（5-7）代入式（5-9），由一阶最优条件得到中间产品部门的垄断定价：

$$P_{X_I} = P_x = \frac{1}{\beta} \tag{5-10}$$

类似地，考虑国外企业中间产品生产商的决策规划：

$$\max_{P_x^*} \pi'_m = P_x^* \times x^* - 1 \times x^* \quad (5-11)$$

同理可得，$P_{x_{i*}^*} = P_x^*$

如上所述，考虑到本国经济开放程度 D 对进口贸易的影响因素，假设进口 x 单位的国外中间产品，则本国实际获得的有效中间产品数量为 x^*e^{-D}，由此，可得

$$P_{x_{i*}^*} = P_x^* = \frac{e^D}{\beta} \quad (5-12)$$

将式（5–10）和式（5–12）代入式（5–7）和式（5–10），有

$$x_i = \bar{x} = A^{\frac{1}{\alpha}} \beta^{\frac{2}{\alpha}} H_Y \quad (5-13)$$

$$x_{i*}^* = \bar{x}^* = A^{\frac{1}{\alpha}} \beta^{\frac{2}{\alpha}} H_Y \lambda^{-\frac{D}{\alpha}} \quad (5-14)$$

由式（5–1）、式（5–13）与式（5–14），可得最终产品生产部的总产出为：

$$Y = AH_Y^{\alpha}\left[N\bar{x}^{\beta} + N^*\bar{x}^{*\bar{\beta}}\right] = AH_Y^{\alpha}\left[N\left(A^{\frac{1}{\alpha}}\beta^{\frac{2}{\alpha}}H_Y e^{-\frac{D}{\alpha}}\right)^{\bar{\beta}}\right] = A^{\frac{1}{\alpha}} H_Y \beta^{\frac{2\beta}{\alpha}}\left[N + F(D)N^*\right] \quad (5-15)$$

其中，$F(D) = e^{-\frac{D\beta}{\alpha}}$，$F(-\infty) = 0$，$F(1) = 1$ 且 $\frac{\partial F}{\partial D} < 0$

（3）研发部。中间产品的设计方案价格为 P_N，人力资本回报为 W_{H_N}，则研发部的总收入为：

$$TR = P_N N = P_N \delta H_N \lfloor N + G(D, H, r, F_T)N^* \rfloor \quad (5-16)$$

总成本为：

$$TC = W_{H_N} H_N \quad (5-17)$$

人力资本报酬 W_{H_N} 为：

$$W_{H_N} = \delta P_N\left[N + G(D, H, r, F_t)N^*\right] \quad (5-18)$$

由假设可知，中间产品部门是可以自由进出的，所以，中间产品设计方案的价格应该等于垄断生产者所能获得的利润的贴现值，即非套利条件：

$$P_N = V(t) \int^{\infty} \pi_m(s) e^{-\bar{r}(s, t)(s-t)} ds \quad (5-19)$$

其中，r(s，t) 代表时刻 t 与 s 之间的平均利率，即

$$\bar{r}(s, t)=\frac{1}{s-t}\int_{-t}^{s} r(w)dw$$

如果r不随时间变化，则式（5–19）变为：

$$P_N=V(t)=\frac{1}{r}\pi_m(t)=\frac{1}{r}(P_X-1)\bar{x}=\frac{1}{r}(\frac{\alpha}{\beta})\bar{x} \tag{5–20}$$

由式（5–4）代表家庭最优化得出消费增长率的一般表达式：

$$g_e=\frac{\dot{C}}{C}=\frac{1}{\sigma}(r-\rho) \tag{5–21}$$

假设人力资本可以在最终产品部和研发部自由流通，那么最终产品和研发部门的人力资本报酬应该相等，即

$$W_{H_Y}=W_{H_N}$$

结合式（5–6）、式（5–15）以及式（5–18）与式（5–20），可得：

$$\frac{A^{\frac{1}{\alpha}}H_Y\beta^{\frac{2}{\alpha}}[N+F(D)N^*]}{H_Y}=\frac{\delta\alpha}{r\beta}\bar{x}[N+G(D, H, r, F_t)N^*] \tag{5–22}$$

将式（5–13）代入上式，可得

$$H_Y=\frac{r[N+F(D)N^*]}{\delta\beta[N+G(D, H, r, F_t)N^*]} \tag{5–23}$$

由于t时刻，国内、国外的技术差距为1，$\frac{N^*}{N}=u-1$，因此u可定义为国内、国外企业的技术水平差距。

将上述表达式代入式（5–22）有：

$$H_Y=\frac{r[1+(u-1)F(D)]}{\delta\beta[1+(u-1)G(D, H, r, F)]}$$

根据式（5–3）、式（5–15）以及$\frac{N^*}{N}=u-1$，可得稳态经济增长率g_r：

$$g_r=g_N=\delta H_N[1+(u-1)G(D, H, r, F_t)] \tag{5–24}$$

根据消费、投资与产出的关系，可知变量Y、C和K具有相同的增长率，因此：

$$g_r=g_e=g_k=g_N=\delta H_N[1+(u-1)G(D, H, r)]=\delta(H-H_r)[1+(u-1)G(D, H, r, F_t)] \tag{5–25}$$

从式（5–25）可以看出，开放经济条件下，本国的长期经济增长率g与H_N、

G 正相关，也就说明，对研发的人力资本投入越大，技术吸收能力越强，经济增长率也就越高。最后，根据式（5–21）、式（5–23）和式（5–25），可得各经济变量的增长率为：

$$g_r = g_e = g_k = g_N = \frac{\delta H[1+(u-1)G(D,\ H,\ r,\ F_t)] - \frac{\rho}{\beta}[1+(u-1)F(D)]}{1+\frac{\alpha}{\beta}[1+(u-1)F(D)]} \tag{5–26}$$

式（5–26）表明，经济增长率取决于 G（技术吸收能力）、H（人力资本总量）、u（国内外技术水平差距）、δ、β（技术参数）、σ 和 ρ（偏好参数）。

由式（5–26）可以得到：

$$\frac{\partial g}{\partial \lambda_t} = \frac{\partial g}{\partial D}\frac{\partial g}{\partial F_t}\frac{\partial F_t}{\partial \lambda_t} > 0 \tag{5–27}$$

即通过提高金融市场的效率来提高金融深化程度，同时提高本国企业的技术吸收能力，从而达到最终产出的增长。

三、FDI、金融发展对全要素生产率增长的溢出效应

（一）FDI、金融发展对全要素生产率增长的直接效应

对金融发展的增长效应的研究已经有很多，但大多数的研究都是从完善金融功能的角度，分析金融发展如何对经济增长产生影响。本章从以下两个生产率增长路径分析金融发展在其中的作用，并构建内生增长模型探讨经济增长的模式。

1. 金融发展、“干中学”与生产率增长

在新古典经济增长模型的假设中，金融市场是一个具有完全信息，并且完全竞争的市场，利率是由家庭储蓄和企业投资决定的，金融市场主要是通过降低交易成本来促进技术进步的，因而金融发展对生产率增长的作用并不凸显。显然，这种过于理想化的状态并不现实。事实上，经统计，各国生产率的增长情况往往

是与其金融结构密不可分的，在金融结构良好的市场环境中，一国的生产率增长现状也相对较好，反之，生产率增长低下的国家也反映出金融发展水平较低。

2. 金融发展、自主研发与生产率增长

从发展经济学的视角来看，发展中国家可以通过学习外国技术来追赶发达国家的经济发展。但是，这也会导致这些发展中国家过度依赖发达国家的技术，形成“技术锁定”效应，从而阻碍发展中国家的技术进步。同时，发展中国家通常更为依赖产业层次较为低端的比较优势产业，因而容易陷入“比较优势陷阱”。诸如此类的依赖或“比较优势陷阱”限制了发展中国家的经济发展。因此，发展中国家就必须加强自主创新能力。自主研发投入是评价一国自主创新能力的重要指标，在金融发展状况良好的市场环境中，自主研发的融资通道更为便利，因而能够促进企业家开发自主研发项目，进而促进全要素生产率的增长。

（二）FDI、金融发展对全要素生产率增长的间接效应

1. 金融发展、国际贸易与生产率增长

根据内生增长理论的假设，相比引进和学习新技术，发展中国家的自主创新成本更大，因而生产技术很大程度上来源于 FDI 的技术外溢，即 FDI 的吸收速度决定了发展中国家的生产率增长速度。这就从理论上证明了国际贸易打开了技术转移的一个重要通道，因此，贸易自由程度越高，越有助于发展中国家引进、学习和吸收外来新技术，促进全要素生产率的增长。

首先，用 $T_j^*(t)$ 表示技术领先产业 j 在 t 时期的全要素生产率，假设其增长率是常数，则可以表示为：

$$T_j^*(t) = \exp\lfloor c_j t \rfloor \tag{5-28}$$

其中，c_j 表示技术领先产业 j 全要素生产率的增长率。高技术产业的生产率增长速度比传统产业更高，发展中国家相对于发达国家更难、更慢获得领先技术。因此，国家 i 产业 j 的全要素生产率可以表示为：

$$T_j^i(t) = \exp[c_j(t - L_j^i)] \tag{5-29}$$

其中，L 为技术转移时滞，表示国家 i 产业 j 获得最佳领先技术所需的时间，当国家 i 产业 j 处于技术领先地位时，$L_j^i = 0$。

由式（5-28）、式（5-29）可得，国家 i 产业 j 与技术领先产业的技术差距

为：

$T_j^*/T_J^I(t)=\exp[c_jL_j^i]$

由此可见，技术差距取决于 c_j 和 L_j^i。如果某国所有产业的技术转移时滞都相同（$L_j^i=L^i$），那么 c_j 越高，技术差距就越大。另外，发展中国家比发达国家获得领先技术的时滞更长，因而它们在高增长、高技术产业也不具备比较优势。对式（5–29）两边取对数，然后对时间 t 求导，令 $g_j^i(t)$ 表示国家 i 产业 j 的全要素生产率增长速度，则有：

$$g_j^i(t)=c_j(1-L_j^i) \tag{5–30}$$

其中，g_j^i 为技术转移时滞对时间 L_j^i 的 t 导数。

根据相关文献研究，影响技术转移时滞的因素有很多，本章重点关注金融发展和贸易开放这两个因素如何对技术转移时滞和全要素生产增长率产生影响。假设金融发展和贸易开放程度能够形成协同效应，缩短技术转移时滞，则可以用函数 $f_j(*)$ 表示技术转移时滞、金融发展和贸易开放三者之间的关系，即有：

$$L_j^i=f_j(TO_j^i\times FD^i) \tag{5–31}$$

其中，TO_j^i 表示国家 i 产业 j 的贸易开放程度，FD^i 表示国家 i 的金融发展水平。

令 $g^i(t)$ 表示国家 i 的全要素生产率增长率，将一国内各产业全要素生产增长率进行加权平均，即得到：

$$\bar{g}(t)=\sum_j s_j^i(t)g_j^i(t) \tag{5–32}$$

其中，$s_j^i(t)$ 表示国家 i 产业 j 在 t 时期的产出份额，结合式（5–30）、式（5–31）以及式（5–32）可以得出：

$$\bar{g}^i(t)=\sum_j s_j^i(t)c_j-\sum_j s_j^i(t)c_jf_j'(*)FD^i\overset{*}{T}O_j^i-\sum_j s_j^i(t)c_jf_j''(*)TO_j^iFD^i \tag{5–33}$$

式（5–33）右边第一项表示全要素生产率的总增长率，由此可见，如果各国的产出份额不同，则各国之间全要素生产率增长率也会不同。第二项表示，国家i产业 j 贸易开放度变化$\overset{*}{T}O_j^i$对总生产率增长的效应取决于该部门的产出份额 $s_j^i(t)$、技术领先产业生产率增长率 c_j、技术转移时滞函数的导数 f_j'（*），以及国家 i 的金融发展水平 FD^i。

从理论上讲，外来技术和先进经验的习得、高技术含量中间产品的进口、自主创新和研发，国际贸易的这三个途径都可以促进一国生产率的增长。

然而，劳动力密集型的初级产业在发展中国家中所占的生产份额较大，仅仅依靠提高贸易开放程度来提高生产率增长是非常有限的，因而提高中国生产率增长的有效因素应该是提高本国的金融发展水平。提高金融发展水平既有助于引进国外的先进技术，又有利于外贸企业结构的升级转型。反之，对外贸易开放的扩大也为金融发展提供了巨大的市场需求，刺激了金融市场的飞跃式发展。

2. 金融发展、FDI 与生产率增长

本章基于 Romer（1990）的内生增长模型，结合中国的现实情况，构建了金融发展、FDI 技术溢出、生产率增长三者之间的关系模型。

该模型基于“技术进步是通过各种创新产品来体现”这一假定，考虑三种类型的部门——最终产品生产部门、创新部门以及消费部门，由此产生若干假设：每一最终产品生产部门都租用 N 种由创新部门研发的产品；每一创新部门只专门研发一种产品，并且对其产品具有垄断权；某资本品 i 的研发和生产需要经过若干时期，其销售价格 P 是通过最大化研发投入回报的现值来确定，且 P 是生产成本的一个固定加成。根据 Barro 和 Sala-I-Martin（1995）的理论，在经济均衡状态下，资本回报率（均衡利率）为：

$$r = (1/\lambda)LA^{1/(1-\alpha)}\left(\frac{1-\alpha}{\alpha}\right)\alpha^{2/(1-\alpha)} \tag{5-34}$$

其中，L 是劳动投入，α 是资本的收入份额，A 是技术进步。λ 是创新部门的研发投入，假设研发每种创新资本品的成本都是相同的。遵循 Borensztein 等（1998）的研究思路，东道国企业学习和模仿 FDI 企业新技术的成本通常要低于其自身自主创新的成本。因此，不妨假设研发一种创新资本品的成本为：

$\lambda = f(FDI, OTHER)$，OTHER 表示影响研发成本的其他因素，并且有 $\partial\lambda/\partial FDI < 0$。

尽管当前有许多研究人员指出，FDI 的技术溢出效应的发生可能会受到多种条件的限制，但是本章仅重点分析东道国金融发展对 FDI 技术溢出效应的影响。

在本模型中，金融发展对 FDI 技术溢出效应的影响是通过其作用于技术进步 A 来体现的。因而技术进步可以表示为金融发展（FD）和其他影响因素（OTHER）的函数，即 $A = \gamma(FD, OTHER)$，不妨假定 $\partial A/\partial FD > 0$。因此，式（5-34）

可化为：

$$r = \frac{L}{f(FDI,\ OTHER)}\gamma(FD,\ OTHER)^{1/(1-\alpha)}(\frac{1-\alpha}{\alpha})\alpha^{2/(1-\alpha)} \tag{5-35}$$

为使以上模型更好地对全要素生产率增长进行分析，要综合考虑模型与经济增长的联系、中国的“干中学”式生产率增长模式，并将上述模型与全要素增长率相联系。因此，在理性消费决策的假设下，最优消费增长率的欧拉条件为：

$$g_c = \frac{c}{y} = \frac{r-\rho}{\theta}$$

其中，θ 表示边际效用弹性，ρ 表示折现率，在稳定状态中，消费增长率等于经济增长率 g_y，即有：

$$g_c = \frac{r-\rho}{\theta} = g_y \tag{5-36}$$

因此，结合式（5–35）和式（5–36），可得：

$$g_y = \frac{1}{\theta}[(\frac{L}{f(FDI,\ OTHER)})\gamma(FD,\ OTHER)^{1/(1-\alpha)}(\frac{1-\alpha}{\alpha})\alpha^{2/(1-\alpha)} - \rho] \tag{5-37}$$

基于中国“干中学”式生产率增长模式的典型事实，假设中国的全要素生产率将随着经济的发展而不断增长，即中国企业具有学习、引进前沿技术和先进经验的能力，因此，经济均衡状态下，有如下关系式：

$$\overset{g}{TFP} = \omega + \delta \times g_y \tag{5-38}$$

其中，TFP 是全要素生产率增长率；ω 表示除“干中学”效应以外的、影响全要素生产率增长的其他因素，δ 为中国企业的学习能力系数，假定 $\delta \in (0,\ 1)$。将式（5–37）代入式（5–38），得出：

$$\overset{g}{TFP} = \omega + \frac{\delta}{\theta}[(\frac{L}{f(FDI,\ OTHER)})\gamma(FD,\ OTHER)^{1/(1-\alpha)}(\frac{1-\alpha}{\alpha})\alpha^{2/(1-\alpha)} - \rho] \tag{5-39}$$

式（5–39）表明，FDI 技术溢出效应可以提高全要素生产率的增长率，并且 FDI 产生的生产率增长效应得益于中国金融发展水平的提高。中国大力增加 FDI 有利于引进、模仿发达国家的先进技术，降低研发成本，提高资本回报率，以及消费增长率，最终带来中国更高的生产率增长。即中国金融发展水平越高，FDI 的生产率增长效应也越强。

另外，要实现 FDI 技术溢出的渠道，国内企业的技术水平都需要进行创新升级，最终都要落实到各类技术的投资上。此时，通过金融体系融资渠道对于企业的资金获取有很大的帮助。因而，国内企业是否进行技术投资以及投资力度的大小在很大程度上取决于国内金融发展的水平，它们也进一步决定了 FDI 技术溢出的效应。

相应地，FDI 企业的融资程度以及研发活动也是由国内金融发展的水平所决定的，也就是说，中国的金融发展越好，外资企业就能够更顺利地进行各项投资，从而促进 FDI 技术扩散效果越好。

总而言之，FDI 和中国国内金融发展的关系是互补的，二者协同作用共同促进经济的平衡增长以及全要素生产率的增长，之后的模型会对此进行实证检验。此外，本章也直观地阐述了一个观点：即使在同样的贸易开放程度和对外贸易政策之下，如果各国金融发展水平不同，那么全要素生产率增长也可能出现较大差异。

四、金融市场影响 FDI 溢出效应的模型分析

从 20 世纪 90 年代开始，经济学家们就提出了多种内生增长模型。这些内生增长模型主要包括三类：产品质量升级型、产品种类增加型和专业化加深型。内生增长模型的基本分析思路是：通过求解在生产技术约束下代表性家庭的跨时消费效用最大化问题，从而得到经济的均衡增长路径。下面在前人的基础上构建一个包含 FDI 与金融发展因素的内生增长模型。

（一）假定条件或前提

（1）Y_t^{DOM} 表示本国企业在 t 时期的生产总量，Y_t^{FDI} 表示外国企业在 t 时期的生产总量；$\varepsilon(\varepsilon \in (0,1))$ 表示本国企业家的能力，它影响着本国企业的生产率。

（2）t_B 表示国内金融体系的发达程度，$t_B(0 < t_B < 1)$，t_B 越小，金融体系越发达；t_B 越大，金融体系越不发达；s 是本国私人企业的数量，它是金融体系发达程度 t_B 的函数，有 $\frac{\partial s}{\partial(t_B)} < 0$，这说明，$t_B$ 越大，S 越小，也就是说金融体系越不

发达，本国私人企业数量也就越小。

（3）国内劳动力有两个选择，自己创办企业 i，或者到 FDI 企业工作，获得工资 w，前提是他们具有相同能力 ε。

（4）生产起始时间为 t_0，生产结束时间为 t_1，国内外市场率均为 r。

（5）本国私人企业其他成本忽略不计。

（二）FDI 产出溢出效应与国内金融市场发达程度之间的关系

1. FDI 生产部门生产函数

FDI 生产部门生产函数为：

$$Y_t^{FDI} = AL_t^{\beta}(k_t^{FDI})^{1-\beta} \quad (0 < \beta < 1) \tag{5-40}$$

上式中，A 为生产率参数，L_t 为 FDI 生产部的本国劳动力数量，K_t^{FDI} 为 FDI 生产部的资本金。

这里的资本金要满足资本的边际产量等于资本的国际利率 r，即

$$r = (1-\beta)AL_t^{\beta}(K_t^{FDI})^{-\beta} \tag{5-41}$$

所以，

$$K_t^{FDI} = \left[\frac{(1-\beta)A}{r}\right]^{\frac{1}{\beta}} L_t \tag{5-42}$$

同样地，FDI 生产部的劳动力的数量应当满足增雇一个劳动力的边际生产率要等于支付给每一个劳动力的工资 w，即

$$w = \beta A^{\frac{1}{\beta}}\left[\frac{(1-\beta)}{r}\right]^{\frac{1-\beta}{\beta}} \tag{5-43}$$

2. 本国企业生产部门生产函数

根据上文假设（1）和假设（4），本国私人企业总产量为：

$$Y_t^{DOM} = \int_{\varepsilon_t^*}^{1} Y_t^i d\varepsilon \tag{5-44}$$

其中，ε_t^* 表示劳动力能力价值，Y_t^i 为 t 时期本国私人企业 i 的产量，即

$$Y_t^i = \varepsilon_{i,t}B(K_t^{FDI})^{\theta}s^T \tag{5-45}$$

其中，$0<\theta<1$，θ 与 ε 有关；$B>0$，为生产率系数。

3. 国内劳动力行为

根据假设（3）和假设（5），本国私人企业在 t_1 时期的税后利润为$(Y_{t_1}^{i}-se^{rt_1})(1-t_B)$，它与 FDI 企业工资 w 有如下关系：

若 $w>(Y_{t_1}^{i}-se^{rt_1})(1-t_B)$，选择到 FDI 企业工作；

若 $w<(Y_{t_1}^{i}-se^{rt_1})(1-t_B)$，选择创办私人企业；

若 $w=(Y_{t_1}^{i}-se^{rt_1})(1-t_B)$，两者无差异。

将 $Y_t^i=\varepsilon_{t,t}B(K_t^{FDI})^{\theta}s^r$ 代入 $w=(Y_{t_1}^{i}-se^{rt_1})(1-t_B)$求出 $\varepsilon_{i,t}$：

$$\varepsilon_{i,t}=\frac{w+se^{rt_1}(1+r)(1-t_B)}{B(K_t^{FDI})^{\theta}s^r(1-t_B)} \tag{5-46}$$

4. 国内金融市场发达程度与 FDI 产出溢出效应

令式（5-46）中 ε_t^*表示劳动力能力价值，那么在 FDI 企业工作的劳动力数量 L 应该满足：

$$L_t=\int_0^{\varepsilon_t^*}\varepsilon_{it}di=\varepsilon_i^* \tag{5-47}$$

将式（5-47）代入式（5-42）得到外商直接投资额为：

$$K_t^{FDI}=\left[\frac{(1-\beta)A}{r}\right]^{\frac{1}{\beta}}\varepsilon_t^* \tag{5-48}$$

将式（5-48）代入式（5-46）得：

$$\varepsilon_t^*=\left\{\frac{se^{rt}(1-t_B)+\beta A^{\frac{1}{\beta}}(\frac{1-\beta}{r})^{\frac{1}{1+\theta}}}{Bs^r[\frac{A(1-\beta)}{r}]^{\frac{\partial}{\beta}}(1-t_B)}\right\}^{\frac{1}{1+\theta}}$$

所以，

$$\frac{\partial\varepsilon_t^*}{\partial t_B}=\frac{1}{1+\theta}\left\{\frac{se_1^{rt}}{Bs^t[\frac{A(1-\beta)}{r}]^{\frac{\partial}{\beta}}}+\frac{\beta A^{\frac{1}{\beta}}[\frac{(1-\beta)}{r}]^{\frac{t-\beta}{\beta}}}{(1-t_B)s^tB[\frac{A(1-\beta)}{r}]^{\frac{\partial}{\beta}}}\right\}^{\frac{-\theta}{1+\theta}}\times\frac{\beta A^{\frac{1}{\beta}}[\frac{1-\beta}{r}]^{\frac{1-\beta}{\beta}}}{Bs^r[\frac{A(1-\beta)}{r}]^{\frac{\partial}{\beta}}}$$

这表明，国内筹资成本越大，则国内劳动力创办私人企业的门槛也就越高，那么，国内劳动力将选择到 FDI 企业工作，这将减少企业家的数目；相反，金融体系效率越高，则国内劳动力创办私人企业的门槛也就会降低，企业家数目就会相对增加。

国内企业生产总量等于 FDI 生产企业和本国私人企业产量总和，即

$$Y_t=Y_t^{FDI}+\int_{\varepsilon_t^*}^{1}Y_t^i d\varepsilon_t \tag{5-49}$$

变形后得：

$$Y_t=Y_t^{FDI}+[1-\varepsilon_t^*B(K_t^{FDI})^{\theta}s^t] \tag{5-50}$$

以上模型说明了 FDI 的产出效应来自两个方面：一方面是 FDI 自身产生的产出，另一方面是 FDI 通过私人企业的产出而提高社会总产出。所以，FDI 溢出总效应等于 FDI 自身的边际产出加上社会总产出与国内企业边际产出之差，即

$$\frac{\partial Y_t}{\partial K_t^{FDI}}=\frac{\partial Y_t^{FDI}}{\partial K_t^{FDI}}+\frac{\partial[(1-\varepsilon^*)B(K_t^{FDI})^{\theta}s^t]}{\partial K_t^{FDI}} \tag{5-51}$$

由于 FDI 边际产出 $\frac{\partial Y_t^{FDI}}{\partial K_t^{FDI}}$ 等于国际市场利率 r，所以式（5-51）变为：

$$\frac{\partial Y_t^{FDI}}{\partial K_t^{FDI}}=r+(1-\varepsilon^*)B\theta(K_t^{FDI})^{\theta-1}s^t \tag{5-52}$$

因此，FDI 对整个生产产出的影响包括两个方面：一方面是 FDI 自身产生的边际产出；另一方面是 FDI 的溢出效应将促进国内生产部门学习、引进其先进技术、管理经验，进而增加国内私人企业生产部门的边际产出。也就是说，FDI 流

入将导致外资和内资产出的共同增加。假定其他条件不变，FDI 流入越多，则“FDI 生产部门的边际产出”与“社会和本国私人企业的边际产出之差”的和越大；反之，和越小。

引入国内金融市场发达程度 t_B 变量，FDI 产出总溢出效应变为：

$$\frac{\partial^2 Y_t}{\partial k_t^{FDI}\partial(t_B)} = -B\theta(k_t^{FDI})^{\theta-1}s^r\frac{\partial\varepsilon_t^*}{\partial(t_B)} + (1-\varepsilon_t^*)B\theta(1-\theta)(k_t^{FDI})^{\theta-2}\times s^r\cdot\frac{\partial k_t^{FDI}}{\partial(\varepsilon_t^*)}\times\frac{\partial\varepsilon_t^*}{\partial(t_B)}$$

从而：

$$\frac{\partial^2 Y_t}{\partial k_t^{FDI}\partial(t_B)} = -B\theta(k_t^{FDI})^{\theta-1}s^r\frac{\partial\varepsilon_t^*}{\partial(t_B)}\left[1+\frac{(1-\varepsilon_t^*)(1-\theta)}{\varepsilon_t^*}\right]$$

因为$\frac{\partial\varepsilon_t^*}{\partial t_B} > 0$

所以，

$$\frac{\partial^2 Y_t}{\partial k_t^{FDI}\partial t_B} < 0 \tag{5-53}$$

式（5-53）表明：东道国国内金融市场发达程度越低→筹资越困难→创立企业门槛越高→私人企业家数越少→FDI 产出溢出效应变小。

以上分析表明，FDI 的溢出效应与国内金融市场的发达水平紧密相关。金融市场效率越低，筹资越困难，国内企业家创立新企业的门槛也就越高，因此，国内私人企业的数量将下降，国内企业的产出也会下降，从而整个社会的产出也将下降；反之，金融市场效率越高，创立新企业的门槛也就越低，国内私人企业的数量将会增加，FDI 的技术溢出效应将得到实现，从而提高了 FDI 的社会边际产出，进而将放大 FDI 对增长的贡献。

上述理论关系可简述如下：国内金融市场越发达→筹资越容易→企业家建立企业门槛越低→本国私人企业数量越多→能获得更多的 FDI 溢出效应→东道国的经济增长率提高越快。

五、金融发展影响 FDI 经济效应的作用渠道

上文中的理论推导证实了金融发展水平对 FDI 溢出效应的影响，下面将从作用机理的角度来分析金融发展对 FDI 溢出效应的作用渠道。

金融发展在 FDI 溢出效应的过程中，主要是通过金融功能来促进内资部门的经济增长。从宏观层面上，金融通过资本积累和技术进步促进长期经济增长。从微观层面上，金融的增长效应是通过向经济社会提供一系列优化的金融服务实现的，一个功能良好的金融体系能够向社会提供高质量的金融服务，满足经济社会对交易、融资、储蓄与增值、支付等金融需求，进而促进生产消费。

Levine（1993）认为金融功能能够通过资本积累和技术创新这两个主要渠道来促进经济增长（见图 5–1）。

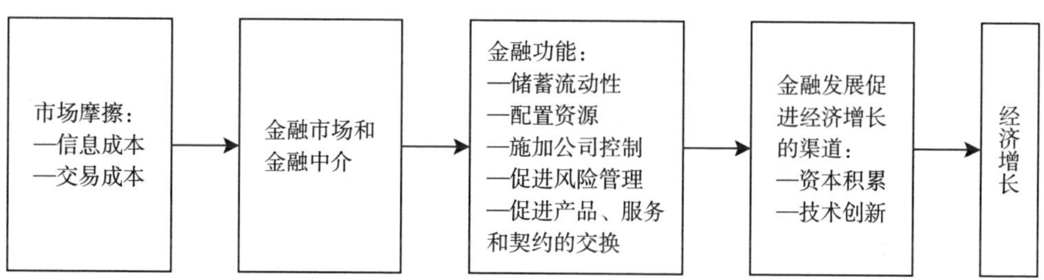

图 5–1　金融体系的功能和影响经济增长的渠道

本章在金融发展对经济增长的作用基础上，从资本积累形成、人力资本增加、技术进步和制度环境改善等方面归纳了国内金融市场对 FDI 溢出效应的影响。图 5–2 描述了金融市场作用于 FDI 溢出效应的机制。

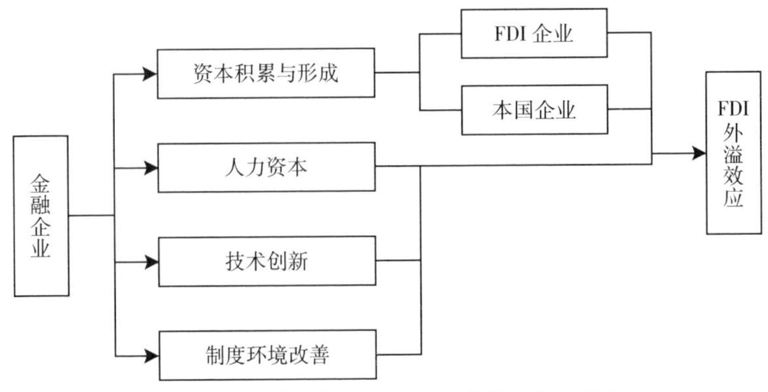

图 5-2　金融市场作用于 FDI 溢出效应的机制

（1）金融市场效率提高，资本积累的形成，导致 FDI 溢出效应。

①金融市场与储蓄货币金融化；②金融市场与“储蓄有效地转化为投资”；③金融市场与“投资和资本积累形成”。

（2）金融市场促进人力资本流动、就业增加，扩大溢出效应。

（3）国内金融市场促进技术实现，扩大溢出效应。

①为投资于高新技术产业的技术密集型 FDI 提供资金；②为国内企业的技术模仿创新提供资金。

（4）国内金融市场与投资效率。

（5）金融市场的发展可以促进制度环境优化，扩大溢出效应。

第六章　内生增长理论下金融市场发展对 FDI 溢出效应的影响分析

一、我国金融发展与 FDI 引入的现状分析

（一）金融发展现状

随着改革开放进程的加快，我国金融制度和金融结构的发展使中国金融体系在市场化、国际化和证券化方面不断推进，初步建立了一个以商业银行为主体、资本市场高速发展、金融制度不断创新、金融效率逐步提高的金融体系。从结构来看，中国以商业银行为主体的金融体系开始逐渐变得更加多元化，单一的银行体系转变为保险公司、基金公司和证券公司及合资海外金融机构，金融体系也转变为新型金融工具和金融市场的现代金融体系。

1. 金融发展与经济货币化程度

随着金融市场的发展，我国经济的货币化过程在不断深化，广义货币供给量（M2）在 2000 年前比 GDP 还小，改革开放以来货币化进程加快，到 2015 年我国的 M2 近乎相当于 GDP 的 2 倍，由此可以看出，我国货币化进程很快，发展效率很高（见表 6-1 和图 6-1）。货币化程度正是金融发展的重要表现，也是对经济发展水平的衡量指标，因此，可以看出我国的货币化程度、金融发展进程与经济发展趋势基本一致。

表 6-1　我国货币化进程

年份	流通中的现金（M0）（亿元）	基础货币（M1）（亿元）	广义货币量（M2）（亿元）	国内生产总值（GDP）（亿元）	M2/GDP（%）	M1/M2（%）
2000	14700.0	53000.0	135000.0	99214.6	136.1	39.26
2001	15689.0	59872.0	158302.0	109655.2	144.4	37.82
2002	17278.0	70882.0	185007.0	120332.7	153.7	38.31
2003	19746.0	84119.0	221223.0	135822.8	162.9	38.02
2004	21468.3	95969.7	254107.0	159878.3	158.9	37.77
2005	24031.7	107278.8	298755.7	184937.4	161.5	35.91
2006	27072.6	126035.1	345603.6	216314.4	159.8	36.47
2007	30375.2	152560.1	403442.2	265810.3	151.8	37.81
2008	34219.0	166217.1	475166.6	314045.4	151.3	34.98
2009	38246.0	220001.5	606220.6	340902.8	177.8	36.29
2010	44628.2	266621.5	725851.8	401512.8	180.8	36.73
2011	50748.5	289847.7	851590.9	472881.6	180.1	34.04
2012	54659.8	308664.2	974148.8	540367.4	180.3	31.69
2013	58574.4	337291.1	1106525.0	595244.4	185.9	30.48
2014	60259.5	348056.4	1228375.0	643974.0	190.7	28.33
2015	63216.6	400953.4	1392278.0	685505.8	203.1	28.80

资料来源：《中国统计年鉴》（2016）。

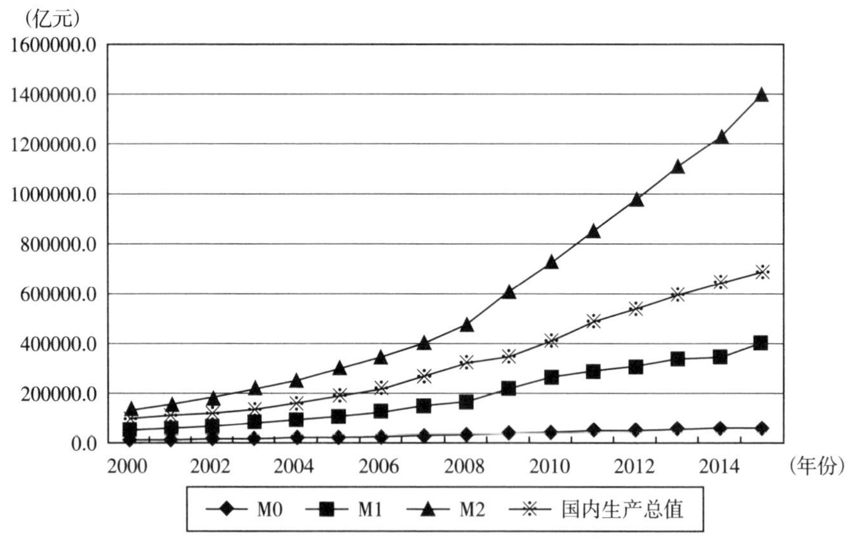

图 6-1　我国货币供应量及 GDP 增长

资料来源：《中国统计年鉴》（2015）。

从图 6-2 可以看出，在我国货币化进程中，2000 年 M1/M2 比例为 39%左右，到了 2015 年该比率下降到 28.8%，M1/M2 的比率一直处于持续下降状态。这是因为在我国经济增长过程中，居民储蓄额的增长直接增加准货币的份额，而 M1 和准货币共同构成了 M2，由此可以解释我国近年来 M1/M2 的比率下降的现象。同时 M2 中准货币的增加也使得 M2 具有更强的累积性。

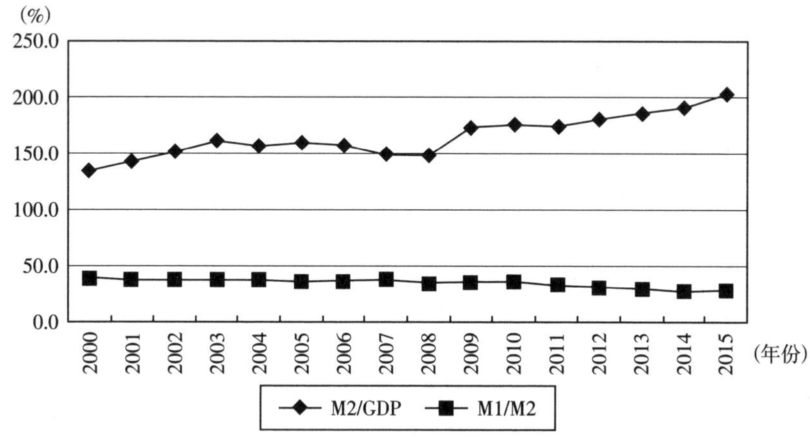

图 6-2　我国货币化程度变化（2000~2015 年）

资料来源：《中国统计年鉴》（2015）。

2. 金融效率结构与资产

我国金融结构规模、金融结构和金融效率都是衡量金融发展水平的重要指标，通过这些指标我们可以更好地探讨中国的金融实质，并对金融发展指标的适用性分析进行指导。表 6-2 是改革开放以来中国金融资产结构概况，从表 6-2 中可以看出，虽然整体发展较快，但是结构上仍是以 M2 为主，其他金融资产占比较低，对此我们将从规模、结构和效率上进行进一步分析。

表 6-2　我国金融资产结构变化（2000~2015 年）

单位：亿元

年份	现金	金融机构存款余额	金融机构贷款余额	国内债券余额	股票市值	保费收入	金融资产总额
2000	14700.0	123804.4	99371.1	21264.9	48090.9	1598	308829.3
2001	15689.0	143617.2	112314.7	25161.1	43522.2	2109	342413.2
2002	17278.0	170917.4	131293.9	29390.2	38329.1	3054	390262.6

续表

年份	现金	金融机构存款余额	金融机构贷款余额	国内债券余额	股票市值	保费收入	金融资产总额
2003	19746.0	208055.6	158996.2	45903.6	42457.7	3880	479039.1
2004	21468.3	241424.3	178197.8	40657.6	37055.6	4318	523121.6
2005	24031.7	287163.0	194690.0	48503.6	32430.0	4929	591747.3
2006	27072.6	335460.0	225347.0	59816.6	89404.0	5640	742740.1
2007	30375.2	389371.0	261691.0	86351.1	327141.0	7036	1101965.3
2008	34219.0	466203.0	303395.0	99304.4	121366.0	9784	1034271.4
2009	38246.0	597741.0	399685.0	127174.0	243939.0	11137	1417922.7
2010	44628.2	718238.0	479196.0	194000.4	265423.0	14528	1716013.6
2011	50748.5	809368.0	547947.0	216579.8	214758.0	14339	1853740.3
2012	54659.8	917554.8	629909.6	259604.6	230357.6	15487.0	2107573.4
2013	58574.4	1043846.9	718961.5	294821.5	239077.2	17222.0	2372503.5
2014	60259.5	1138644.6	816770.0	356449.6	372547.0	24283.0	2768953.8
2015	63216.6	1357021.6	939540.2	44778.6	531463.0	20235.0	2956255.0

资料来源：《中国统计年鉴》(2015)、《中国金融年鉴》(历年)。

“经济金融化”指衡量金融发展的指标，它是指一国的经济货币或金融工具占GDP的比重，经济金融化指标越高，则表示金融发展程度越高。随着改革开放基础的加快，在金融全球化背景下，我国的金融主体及金融工具日益多元化，这些都取代广义货币供给量成为衡量我国金融发展更合理的指标和方法。

金融资产结构作为衡量金融发展的关键指标，主要有现金、存贷款、股票证券收入等构成，现阶段我国的金融总量实现了空前的发展，而银行金融主体的金融资产已超过了单一的银行资产在金融资产总量中的比重。从表6-2显示的数据可以看出，我国的金融资产总量迅猛增长，从308829.3亿元增长到2956255.0亿元。金融资产与GDP的比率迅速提升，从2000年的311%增长到2015年的将近450%（见图6-3）。

从金融资产的构成结构来看，我国的金融资产已经由单一的银行体系到多元化的股票、证券、基金等主体资产转变。图6-3给出了我国各类金融资产占总金融资产比重的变化，数据显示，1971年以来我国金融资产的种类在增长，多元化的市场主体日益涌现，银行存贷款金额增加，股票等新型金融资产的比重也在增加。但由于我国金融市场相对落后导致的新型金融资产虽有迅速的发展，但其

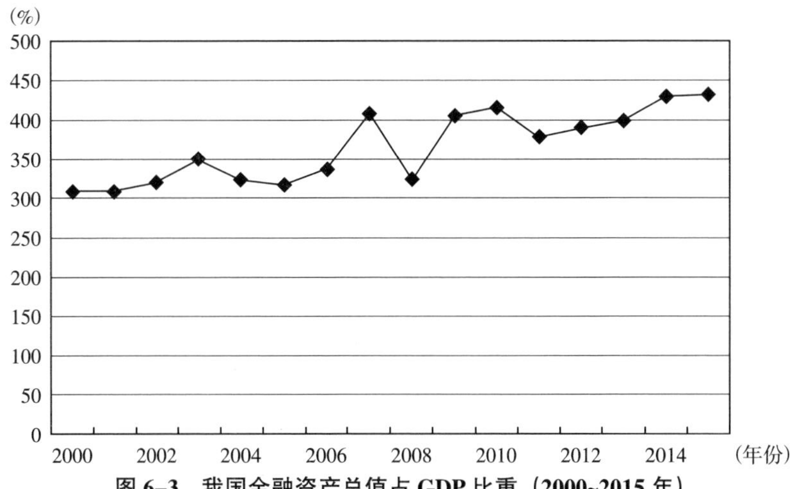

图 6-3 我国金融资产总值占 GDP 比重（2000~2015 年）

资料来源：《中国统计年鉴》(2015)、《中国金融年鉴》(历年)。

在总资产中所占的比重还较小，有待于更进一步的提升，我国的资本金融市场也有待进一步发展。

从金融发展规模角度来看，从图 6-4 中可以看出：21 世纪以来，我国的金融资产规模稳定增加，金融货币化比率平稳发展。2008~2015 年我国 M2、存款总额和 GDF 如图 6-5 所示。

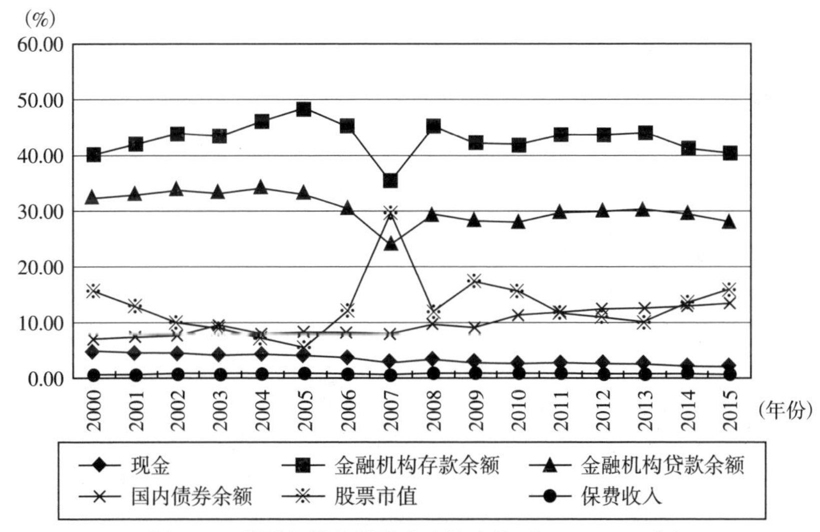

图 6-4 我国各类金融资产占比变化（2000~2015 年）

资料来源：《中国统计年鉴》(2015)、《中国金融年鉴》(历年)。

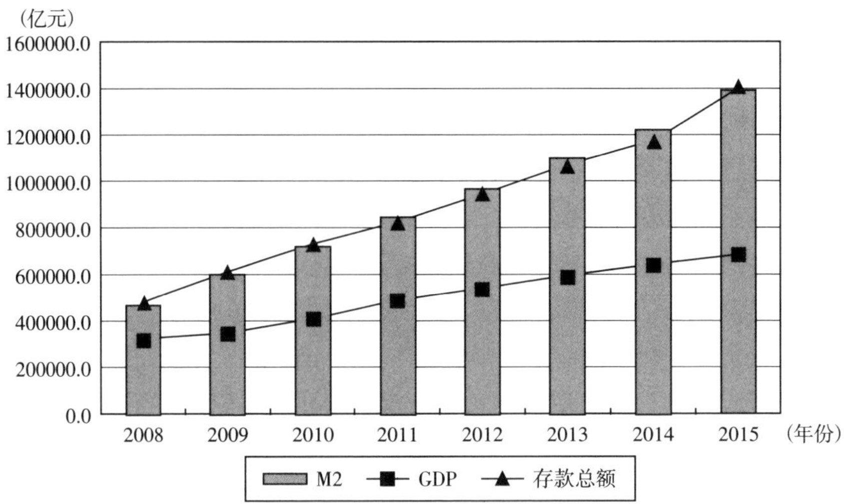

图 6-5 2008~2015 年我国 M2、存款总额和 GDP

资料来源：历年《中国统计年鉴》。

从金融结构角度来分析，21 世纪前五年里证券类金融资产在总资产中的比率下降了 10 个百分点，在 2005 年该比率有了较稳定的增长，甚至出现了 50%的最高点，但 2008 年由于受到全球金融危机的影响，证券类资产的地位又开始下降。图 6-6 增加了证券资产和股票资产的对比指标发现，股票市场的发展速度略落后于债券市场，因为，未来金融结构还有待进一步优化。

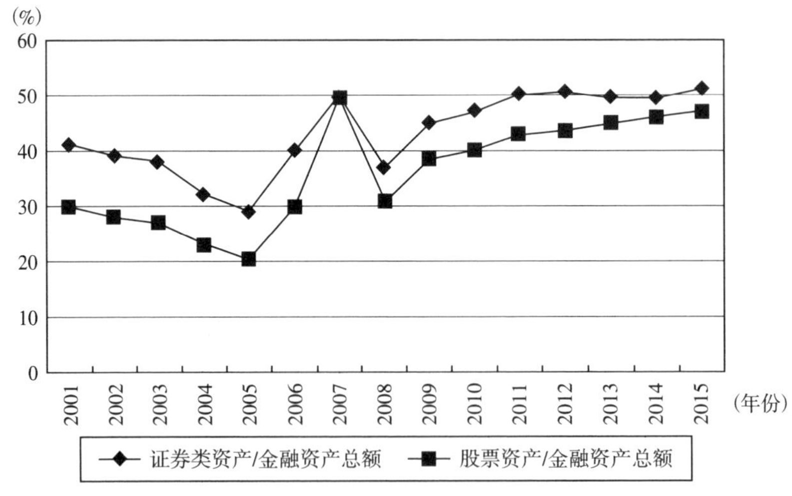

图 6-6 2001~2015 年我国证券类资产占金融资产总额

资料来源：历年《中国统计年鉴》《证券期货统计年鉴》《中国金融年鉴》。

从金融效率角度来分析，图 6-6 显示出我国储蓄率还保持稳定在 1 年以上的势头，这也从侧面折射出在吸收居民存款、分散投资风险等方面银行体系比新型金融资产发挥着更大的作用。另外，由于加入世界贸易组织后银行在贷款管理方面的政策更规范，导致了我国贷款比存款的增速还小，因此 2001~2015 年，储蓄转为投资的效率下降，始终低于 1。

3. 金融中介的发展

（1）银行体系。1995 年 3 月颁布的《银行法》正式将中国人民银行确定为中央银行。1997 年以后我国制定了完善的货币政策，货币政策也从贷款规模转变为公开市场业务等多样化的操作手段，实现了央行的间接调控。2004 年银行监督委员会成立，标志着央行成为维持货币政策稳定、金融市场稳定的主体。中国的商业银行体系分为国有、股份制、城市和农村商业银行四类。1979 年后四大商业银行恢复，至 2003 年底，四大商业银行完成了从国有银行到股份制银行的改革。1995 年城市信用社清算合资成立了城市商业银行。从 2001 年第一家农村商业银行建立，至今陆续建立了数量众多的农村商业银行。自此，我国的商业银行体系日益完善。至此，我国已建成由国有独资商业银行、股份制商业银行、城市商业银行、农村商业银行等组成的多层次商业银行体系。1994 年，中国进出口银行、国家开发银行和中国农业发展银行的建立，标志着根据政策进行投资的、不以盈利为目的的政策性银行体系的建立。

（2）非银行金融机构。金融机构中除了银行机构之外，证券、保险等非银行性的金融机构也占很大的比重。如我国的太平洋保险、平安保险、泰康保险、证券协会等也快速发展起来。

4. 金融市场发展状况

我国金融市场构成包括货币、资本、外汇、期货市场等。1992 年证监会的成立标志着资本市场的形成，随后股票和证券市场的快速发展，也标志着我国资本市场的日益完善。1994 年上海外汇市场的成立，将零散的外汇业务统一起来，也为完善外汇管理提供了基础。2006 年，期货交易所的成立标志着金融衍生品在中国诞生。为开展黄金及期货业务提供了支持，成为中国金融市场发展过程中的又一个里程碑。

（二）金融发展指标

1978 年以来，可以通过一系列指标来衡量中国的金融发展。主要包括金融中介指标（金融深度指标、私人信贷与国内银行信贷之比）和金融市场发展指标（交易金额比率、资本化率和周转率等指标）。

1. 金融中介指标

（1）金融深度（DEPTH）。金融深度是衡量金融中介的指标，通常用 M2/GDP 的比值来表示。该比值反映了金融中介规模与金融深化的程度，从表 6-3 中可以看出，我国的 M2 与 GDP 的百分比到 2002 年突破了 150%，随后几年缓步上升。

表 6-3 中国金融中介发展指标（2000~2015 年）

年份	M2（亿元）	GDP（亿元）	M2/GDP（%）	私人信贷（亿元）	国内信贷（亿元）	PCR（%）	PRIV（%）
2000	135001.0	99214.6	136.0	11604.3	99375.1	12	11.71
2001	158312.0	109655.0	144.6	13042.5	112310.7	13	11.90
2002	185006.0	120332.6	153.8	14755.8	131294.9	12	12.31
2003	221213.0	135822.9	163.0	17534.6	158998.2	11	12.90
2004	254107.0	159878.3	159.0	19994.0	178199.8	12	12.52
2005	298755.7	184937.4	161.6	21612.5	194690.4	11	11.80
2006	345603.6	216314.4	160.0	22097.8	225347.2	10	10.43
2007	403442.2	265810.3	152.1	26050.0	261691.0	10	10.12
2008	475166.6	314045.4	151.3	29304.0	303395.0	10	9.75
2009	606220.6	340902.8	177.8	37769.0	399685.0	9	11.08
2010	725851.8	401512.8	180.8	47910.0	479196.0	10	11.60
2011	851590.9	472881.6	180.1	65753.0	547947.0	12	13.40
2012	974148.8	540367.4	180.3	69091.0	628100.5	11	12.80
2013	1106525.0	595244.4	185.9	71625.0	717087.7	10	12.00
2014	1228374.8	643974.0	190.7	77404.0	814780.3	9.5	12.00
2015	1392278.1	685505.8	203.1	93585.0	936386.7	10	13.70

资料来源：历年《中国金融年鉴》《中国统计年鉴》《新中国五十年统计资料》。

（2）PCR 指标。PCR 指标是指私人信贷与国内信贷总额的比值。该指标是反映金融效率的关键指标，表示在投入不变的情况下，民营资本配置更多的金融资源会促进经济增长，图 6-7 反映出 PCR 值自 2000 年以来变化不大，同时也反映出存在金融抑制性。

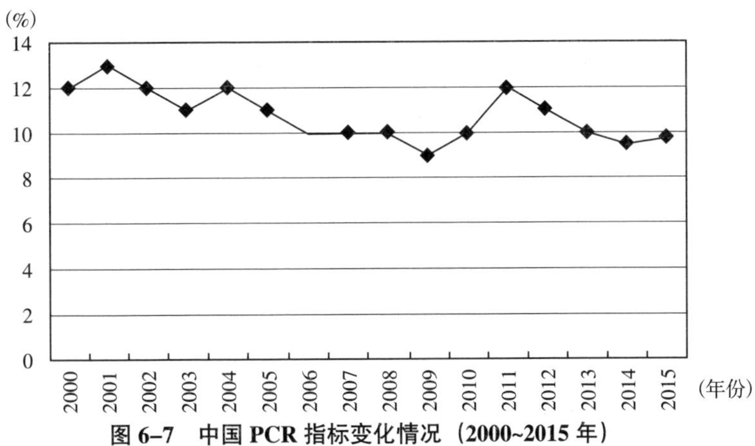

图 6-7　中国 PCR 指标变化情况（2000~2015 年）

资料来源：历年《中国统计年鉴》《中国金融年鉴》。

（3）PRIV 指标。PRIV 指标是指私人部门的信贷量与名义 GDP 的比重。资料显示，私人部门对中国 GDP 的贡献大于 70%，一直维持着 12%左右的水平。

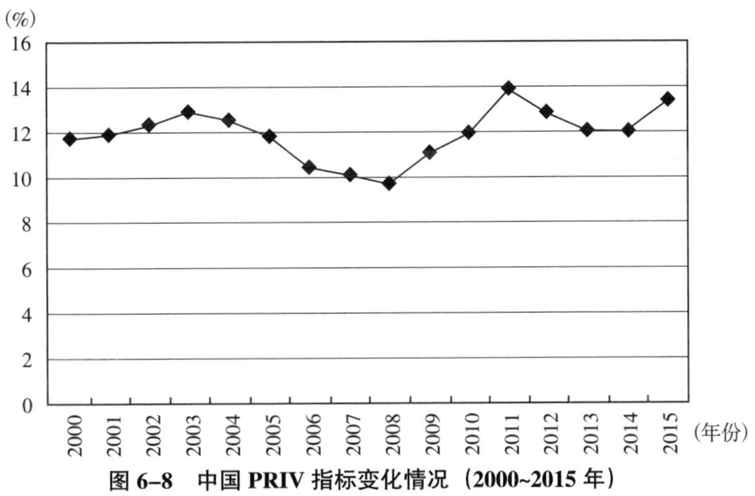

图 6-8　中国 PRIV 指标变化情况（2000~2015 年）

资料来源：历年《中国统计年鉴》《中国金融年鉴》。

2. 金融市场发展指标

股票市场的融资总额、资本化比率、成交金额比率、年度周转率等指标是反映金融市场状况的常用指标。

在我国经济体制改革的前提条件下，根据金融发展研究领域常用的指标，从纵向比较和横向比较的角度看，我国金融结构和金融体系日益完善，我国金融市场已形成了以银行为主，以股票等非银行金融中介为辅，资本、外汇市场并存的金融市场体系，其特征为：①货币化程度高。改革开放以来经济发展带动了货币化进程的加速，金融相关比率（FIR）的增加以及金融深度指标（DEPTH）与FIR 差距拉大，都反映了我国金融深度的进一步深化。②金融市场为基础，金融中介为主体。我国的金融体系规模虽有了较快的发展，但相对经济增长的速度还较慢，并且我国的金融市场中银行等中介占主导，债券市场发展缓慢，因此整体金融市场发展不平衡。③金融效率较低。我国金融资源运行效率较好，但资源配置效率较低，尤其是新型金融中介在分散风险、公司治理等方面发挥的作用较小。④金融价格管制不足。这是由于汇率和利率改革的缓慢性引发的金融抑制及价格管制的滞后性。⑤金融发展区域不平衡。由于我国各地严格的地方保护主义阻碍了资本在跨区域之间的流动，同时由于区域金融市场、资本需求、投资、产业发展的差异性，导致地区的金融结构和效率有很大的差异。

二、我国 FDI 的现状分析

（一）FDI 规模

2015 年我国实际利用外商投资额为 1262.7 亿美元，其中 FDI 为 1160.11 亿美元，占外商投资额的 96%；2010 年我国实际使用外商投资额突破 1000 亿美元，2000~2015 年我国总计利用外商投资额达到 13064.9 亿美元，其中，FDI 为 12343.92 亿美元。

随着改革开放后贸易开放度的加大，到 21 世纪前十年我国对 FDI 的实际外资利用额超过了 1000 亿美元，年平均增速达到 17.34%。图 6–9 为 2000~2015 年我国 FDI 实际利用外资额的走势。

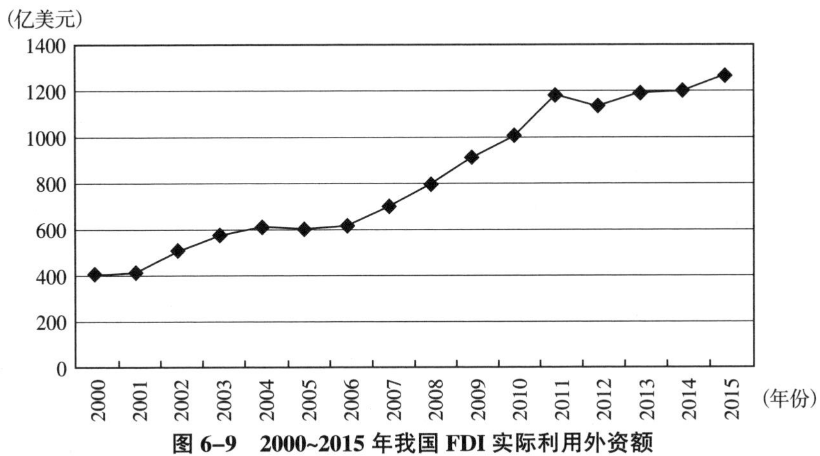

图 6-9　2000~2015 年我国 FDI 实际利用外资额

资料来源：根据历年《中国统计年鉴》《中国金融年鉴》整理。

如图 6-10 所示，我国 FDI 对各地区的投资呈逐年上升的趋势，具体为 21 世纪初，我国的 FDI 集中投资在南部沿海地区，之后由于受到改革开放政策的影响，FDI 的投资转向东部地区，近些年来西北地区也受到了国家的重视，吸收 FDI 的能力也在逐步提高。

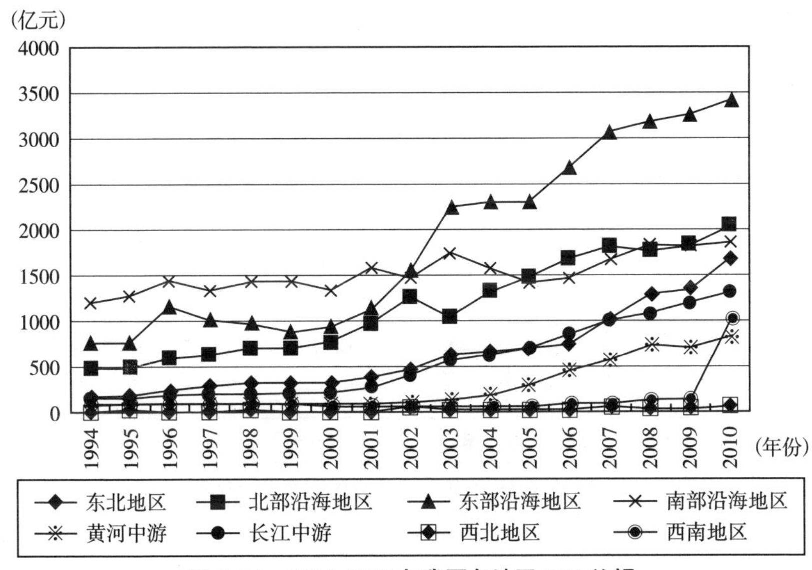

图 6-10　1994~2010 年我国各地区 FDI 总额

资料来源：根据历年《中国金融年鉴》《中国各省市统计年鉴》《新中国五十年统计资料》整理。

（二）FDI 的产出效应

我国实行市场经济政策以后，国内生产总值快速上升。随着 FDI 吸收能力的增强，我国的资源配置效率、技术水平、生产效率都得到了很大的提高，促进了我国经济的发展。同时由于 FDI 引进具有区域不平衡的特点，与此紧密联系的区域经济发展也出现了不平衡状态。

近 20 年以来，我国各经济区域的经济增长（GDP）与外商直接投资（FDI）情况如下：首先，二者的增长均呈现上升的趋势，仅上升的幅度不同，主要以东部地区为例。其次，FDI 的增长波动在各区域的表现不同，而 GDP 的增长趋势较平稳。最后，FDI 的时点速度出现了明显高或低于 GDP 的时点增长速度。这三类趋势说明了 FDI 在各个区域的影响效应不同。

（三）区域间 FDI 要素效应指标现状分析

1. 各产业社会固定资产实际投资情况

2003~2015 年各产业社会固定资产实际投资情况如图 6-11 所示。

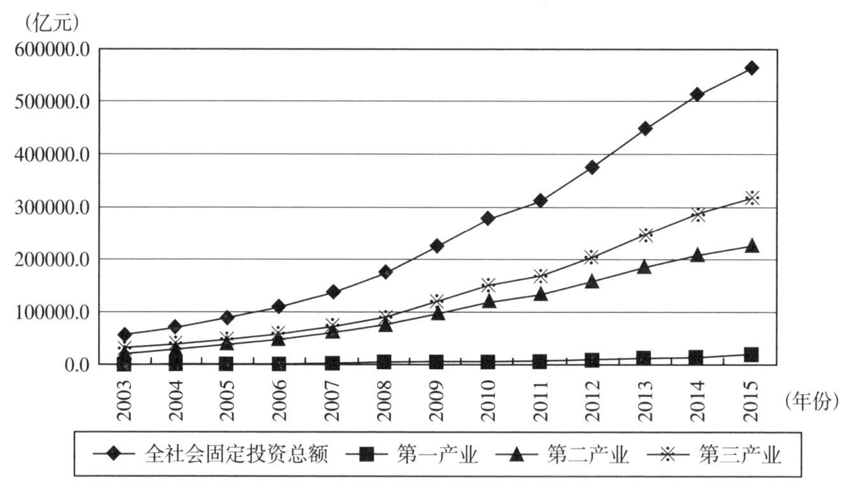

图 6-11　2003~2015 年各产业社会固定资产实际投资情况

资料来源：历年《中国金融年鉴》《中国统计年鉴》。

2. FDI 企业情况

FDI 可以通过创造就业机会来缓解东道国的就业压力。FDI 的引入为我国带来大量的就业岗位，尤其在外资单位中就业人数明显增长。

1990~2010 年这 21 年间外商投资单位为我国创造的就业岗位带动了我国超过千万人的就业，就业平均增长率为 15.22%。

3. 区域间收入情况

改革开放以来，大量的 FDI 被引入国内，直接促进了我国经济的整体增长和人们生活水平的提高，但由于各地区对 FDI 的吸收能力不同，也导致了我国区域经济发展的不平衡。图 6-12 为 2005~2015 年我国各区域的人均可支配收入趋势，以城乡居民的可支配收入平均数来代表各省市人均可支配收入。

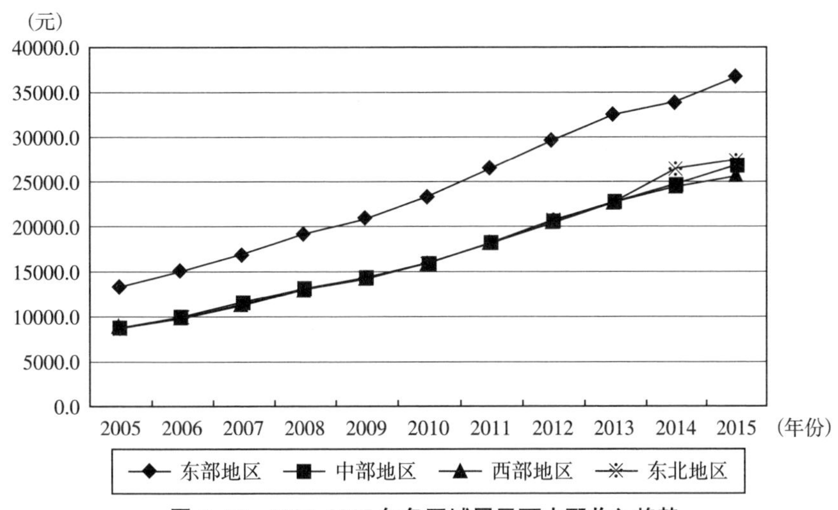

图 6-12　2005~2015 年各区域居民可支配收入趋势

资料来源：2005~2015 年《中国统计年鉴》。

由图 6-12 可知，全国人均可支配收入有着快而稳的增长，但各区域每年的人均可支配收入数量相差甚远。总体来说，受到改革开放政策的影响，沿海地区比内陆地区更多地吸收了 FDI，因此经济发展速度和人均可支配收入都远远超过了内陆地区。

4. 区域间消费水平情况

从经济学角度来讲，外商直接投资的引入会直接冲击东道国市场的商品结构，改变当地居民的消费习惯，引起消费的最终产品在价格和数量上发生变动。但由于各个区域 FDI 引入的不同步、不均衡和各地对 FDI 吸收能力的不同，由 FDI 引发的消费影响的效果也不尽相同。

（四）外商投资企业进出口现状

近 30 年来，我国的对外贸易实现了迅猛发展，我国的进出口总额由 1980 年的 200.20 亿美元增加到 2015 年的 39530.30 亿美元，而 FDI 的引入对我国对外贸易的迅猛发展起到了重要的推动作用，首先我国货物贸易的进出口有很大提升，进出口的贸易总额明显增加，此外，外企已形成的营销渠道可以使商品快速进入国际市场，同时能为国内出口企业产生一定的示范效应。FDI 引入后，受资企业可以利用投资方已有的销售渠道和成熟的营销策略，抓住更多的贸易机会，提高进出口贸易量。

三、金融发展与 FDI 资本效应的实证研究

（一）模型设定

新古典经济增长理论认为各种生产要素禀赋的增长是一国或地区经济增长的动力源泉。因此，设定以政府支出和外商直接投资为解释变量，以国内投资为被解释变量，建立模型如下：

$$INVEST_{it} = a + \beta_1 FDI_{it} + \beta_2 GOV_{it} + u_{it} \tag{6-1}$$

$$INVEST_{it} = a + \beta_1 FDI_{it} + \beta_2 GOV_{it} + \beta_3 FD_{it} \times FDI_{it} + u_{it} \tag{6-2}$$

由模型（6–1）、模型（6–2）的分析可知：β_1 反映了 FDI 对国内投资的挤出效应和挤入效应，β_3 反映了金融发展和 FDI 资本效应对国内投资的影响：

（1）$\beta_1 > 1$，$\beta_3 > 0$ 时，则表示 FDI 资本对国内投资存在挤入效应，且金融发展将促进 FDI 的挤入效应；

（2）$\beta_1 < 1$，$\beta_3 < 0$ 时，则表示 FDI 资本对国内投资存在挤出效应，且金融发展将抑制 FDI 的挤出效应；

（3）$\beta_1 > 1$，$\beta_3 < 0$ 时，则表示 FDI 资本对国内投资存在挤入效应，且金融发展将抑制 FDI 的挤入效应；

（4）$\beta_1 < 1$，$\beta_3 > 0$ 时，则表示 FDI 资本对国内投资存在挤出效应，且金融发

展将抑制 FDI 的挤出效应。

（二）面板模型估计

Panel Data 模型的一般形式为：

$$y_{it} = a_{it} + x_{it}\beta_{it} + \varepsilon_{it} \quad i = 1, 2, \cdots, n; \ t = 1, 2, \cdots, T \tag{6-3}$$

其中，a_i 表示不随时间改变的影响因素，如个人的消费偏好、法律和产权制度等“个体效应”，一般难以量化或直接测度。

Panel Data 模型分析的误差项由 $a_i + u_{it}$ 组成。误差项与观测样本的单位有关，包括那些不会随时间变化而又能影响被解释变量的因素；概括了特异性误差或特异干扰项，即随截面和时间而变化的不可观测的因素。

可通过运用固定效应模型和随机效应模型解决 “个体效应”，建立固定效应模型和随机效应模型：

固定效应模型 FE：$y_{it} = a_i + \beta x_{it} + u_{it}$ (6-4)

随机效应模型 RE：$y_{it} = \mu + \beta x_{it} + a_i + u_{it}$ (6-5)

（三）变量选择及统计性描述

各变量的统计性描述如表 6-4 所示。

表 6-4 各变量的统计性描述

变量名称	观察个数	均值	标准差	最小值	最大值
INVEST	270	0.4123	0.1247	0.2014	0.7902
FDI	270	0.0247	0.02110	0.0002	0.0912
GOV	270	0.17510	0.11910	0.0567	0.9637
FD	270	0.10263	0.3103	0.3132	2.01063

其中，INVEST =（固定资产投资总额 – 外商直接投资额）/GDP，INVEST 代表国内投资水平，表示国内投资的规模。而且外商直接投资额按当前价格折算为人民币，用亿元表示。

FDI = 实际外商直接投资额/GDP，FDI 表示外商直接投资水平。实际外商直接投资额按照各年平均汇率折算为人民币，以亿元表示。

GOV = 当年的政府财政支出额/GDP，GOV 表示政府的财政支出水平。原始数据单位折算为亿元人民币，按当前价格计算。

FD = 民营企业获得的信贷数量/GDP，表示金融发展变量。

（四）实证结果及分析

由于数据性质不具有随机性，故我们采用固定效应模型进行估计。通过面板数据方法对模型（6-1）和模型（6-2）进行 Hausman 检验，其结果表明采用固定效应法对模型进行估计是合理的。模型Ⅰ与模型Ⅱ的区别在于模型Ⅰ不含 FDI 与 FD 的乘积项，而模型Ⅱ表示包含 FDI 与 FD 的乘积项，得出的效果如表 6-5 所示。

表 6-5　金融发展与 FDI 的资本效应结果

解释变量	全国		沿海地区		内陆地区	
	Ⅰ	Ⅱ	Ⅰ	Ⅱ	Ⅰ	Ⅱ
常数项	0.4643*** (0.1239)	0.3489*** (0.1258)	0.6575*** (0.2059)	0.4398*** (0.2079)	0.4951*** (0.1944)	0.7417*** (0.2152)
FDI	0.0905*** (0.0178)	0.1018*** (0.0221)	0.0601*** (0.0265)	0.0701*** (0.0338)	0.1144*** (0.0274)	0.1850*** (0.0392)
FDI×FD		-0.0212* (0.0198)		0.0125 (0.0247)		-0.0944*** (0.0381)
GOV	1.0988*** (0.0241)	1.0578*** (0.0240)	1.0354*** (0.0299)	1.0613*** (0.0305)	1.0138*** (0.0408)	0.9734*** (0.0426)
R^2	0.9295	0.9267	0.9293	0.9431	0.9408	0.9421
F 值	1568.84	906.63	686.75	461.82	984.63	683.37

注：***、* 分别表示在 1%、10%的水平显著，括号内是 t 统计量。

根据上述检验结果，我们得到以下几个结论：

（1）FDI 对国内投资具有明显的挤出效应。具体而言，在其他条件不变的情况下，FDI 每平均增加 1%，国内投资增加会小于 1%，即部分国内投资被 FDI “挤出”了产出领域。

（2）沿海地区中 FDI × FD = 0.0125，表明该地区范围内，金融发展与 FDI 的融合作用对沿海地区的投资没有挤出效应。可能的原因在于沿海地区的资本比较充裕，对 FDI 的吸收和引入的程度不高。

（3）随着金融发展因素的加入，降低了 FDI 的挤出效应。在模型Ⅱ中，无论是从全国看还是从沿海、内陆地区来看，FDI × FD < 0，并且 FDI 系数大于模型 I 的系数，表示金融发展水平与 FDI 的融合作用降低了 FDI 对国内投资的挤出效应。

（4）由政府支出的系数可知，政府的支出对国内投资产生了挤入效应。

根据以上实证分析的结果，外资企业凭借已有的竞争优势大量挤占国内市场，限制了内资企业的投资。我们进一步分析得出以下几个方面的结论：

第一，随着融资性并购活动的增加，很多跨国公司都通过并购方式进入中国，而导致外资并购对国内投资的抑制作用逐渐增强。

第二，FDI 多是以出口为主，主要投资于中国的劳动密集型产业，利用中国低廉的资源成本获取国际竞争力。

第三，同国内其他企业相比，流入我国的 FDI 企业凭借先进的技术和管理经验等优势，在竞争市场上能获得优越于其他企业的垄断竞争优势，挤占国内市场。

然而，尽管 FDI 对国内投资具有挤出效应，但不意味着应该限制 FDI 的流入，因为在开放经济以及经济全球化的条件下，保证资本的流动性是国际化的趋势，作为政府在政策上积极创造条件、改善投资环境、吸引外资的同时，采取有效措施加以应对 FDI 对国内投资会造成挤出效应等负面影响，比如通过政策将 FDI 引向国内企业没有能力进入的高新技术产业，实现 FDI 对我国经济发展的利益最大化。

四、金融市场发展对 FDI 溢出效应的影响
——基于区域差异的实证分析

上一个问题我们看到了 FDI 通过资本积累效应来促进经济增长的影响因素，国内许多溢出效应的实证研究也只是在 FDI 的技术进步上。2010 年以来，在研究 FDI 溢出效应时，人们逐渐开始重视“内生经济增长理论”。在内生经济增长理论中，FDI 不仅通过资本积累来填补“资本缺口”，而且成为促进经济增长的内生性因素。

FDI 在我国不同的区域，其对不同区域的经济增长影响也会不同。姚树洁、

冯根福和韦开蕾（2006）提出，“FDI 所引起的技术进步率在东、中、西部地区分别为 1%、0.7%和 0.2%，FDI 有利于东、中部地区提高生产效率，而没有提高西部地区的生产效率。一种可能的解释是西部地区 FDI 的规模较小，FDI 要成为该地区生产重要的有机组成部分需要一定时间”。[①]

张欢（2007）比较研究了我国东、西、中部各区域的经济增长结构，他提出 FDI 的地域差异影响了我国地区间的经济差距。那么，FDI 的这种对经济增长的区域性影响是否与各区域的金融发展水平相关呢？该文在前人研究的基础上，对我国东、西、中部地区的面板数据进行了相关分析，并与全国的整体数据相比较，分析金融发展程度是否在 FDI 促进经济增长中发挥重要作用。

（一）内生增长理论视角下 FDI 形成的技术进步与资本积累

新经济增长理论主要用人力资本、基础设施、创新激励、技术扩散、贸易开放与贸易政策来解释内生经济增长有几种不同的机制，在新经济增长理论中，FDI 对经济增长的影响显著，其通过多种机制来影响经济的增长。FDI 的流入对东道国具有资本积累效应，FDI 的资本积累效应表现在两个方面：一方面是 FDI 与国内资本之间存在替代效用，这种情况下，FDI 通过资本积累效应来影响东道国经济增长的作用就会很小；另一方面是 FDI 与国内资本之间存在互补效用，那么，FDI 流入对东道国经济增长会有较大影响。

在金融发展理论的支持下。FDI 对东道国形成的资本积累效应，不仅表现在资本流入弥补了储蓄缺口，还表现在东道国的资本供给和外汇收支之间产生的间接效应，这种间接效应主要体现在产业关联效应、示范效应与传动效应、扩散效应上。

（1）产业关联效应。这种效应主要表现为 FDI 通过带动产业前后辅助性投资而对东道国产生的投资乘数效应。张宇（2010）研究了我国 FDI 与产业集聚的关系，研究表明 FDI 有效地促进了我国产业的地域集聚，进而推动了相关行业的技术进步；这一效应在高技术行业中表现最为明显。

（2）示范效应与传动效应。这种效应主要表现在，由于 FDI 流入而带来的激烈的市场竞争，使国内企业必须要进行技术革新、产品升级，才能在激烈的竞争中得以生存，从而促使东道国从原先的低效率小规模生产发展到高效率大规模生

① 姚树洁，冯根福，韦开蕾. 外商直接投资和经济增长关系研究［J］. 经济研究，2006（12）：41-53.

产。同时，那些直接投资的外商也会带动本国的其他跨国公司来中国投资，并带来一些政府的援助性贷款。

（3）扩散效应。国家间的技术扩散可以通过多种渠道来实现，包括直接进口外国的高技术资本品，或进口高技术含量的中间产品，或者直接学习、引进国外的先进技术和人才等。其中，FDI 被认为是发展中国家获取先进技术的一个重要渠道。FDI 引入发展中国家，能够带来先进的前沿技术，促进经济增长。通过“看中学”效应，FDI 流入能够提高东道国国内的人力资本、改善东道国国内公司的管理技巧等。Lucas（1988）强调了人力资本与一般知识的区别，以及人力资本与普通劳动力的区别，人力资本是经过教育和培训的投入才得以形成的。人力资本所具有的效益，是通过人力资本之间互相传递的。因此 FDI 的流入可以使东道国国内人才在跨国公司中通过“看中学”效应，获得相应的知识技能、管理技能，以提高自身的人力资本水平。

（二）内生增长理论视角下金融市场与 FDI 溢出效应实证分析

1. 模型设定及变量说明

本书拟对中国大陆 31 个省份进行东、中、西部地区的分组并构建如下计量模型：

$$GDP_{it} = \beta_0 + \beta_1 FDI_{it} + \beta_2 LOAN_{it} + \beta_3 FDILOAN_{it} + \sum_j c_j ctrl_{itj} + \mu_{it} \tag{6-6}$$

其中，i 为第 i 个省，t 为第 t 年，j 为控制变量。

具体而言，GDP 为各地区的生产总值年增长率，作为模型的被解释变量。以 1985 年为基期，通过各地居民消费价格指数折算整理得到。

FDI 为各省实际利用外资额占 GDP 的比重。用各年平均年汇率折算成人民币，用亿元表示。

LOAN 是衡量金融市场发展情况的指标。本书采用戈氏指标的金融相关比率衡量金融市场发展情况，用全部金融资产价值/GDP 表示。

FDILOAN 是 FDI 与金融相关比率的乘积，用于度量金融发展影响 FDI 技术外溢效应的程度。

模型中 j 为控制变量，本书选取的四个控制变量为：DI（国内投资总额/实际 GDP）为内资本存量对经济增长的贡献度；GOV（财政支出/实际 GDP）为政府支出对经济增长的影响度；H（各地中高等学校在校生人数/总人口数）为人力资本指标；XM（进出口总额/实际 GDP）为经济开放度对经济增长的影响度。

根据国家统计局的划分，将按照东、中、西部[①]对中国各省级区域进行分组，分组后，对面板数据进行回归分析。

2. 东部地区的金融市场与 FDI 溢出效应实证分析

表 6-6 为东部地区样本描述性统计量，这从表 6-6 中可以看出，东部地区金融发展程度指标和进出口指标波动较大，这表明近年来，我国东部地区金融市场和进出口贸易发展较快，与我国实际国情相符。

表 6-6 东部地区样本描述性统计量（1986~2012 年，N=10，T=27，NT=270）

变量名称	GDP	FDI	LOAN	FDILOAN	DI	GOV	H	XM
均值	0.1065	0.1964	3.1694	0.7731	0.9541	0.3338	0.0701	2.2014
中位数	0.1076	0.1675	2.7061	0.4865	0.8491	0.2837	0.0675	0.3099
最大值	0.4009	0.9319	10.590	4.1254	2.1046	1.1980	0.1160	9.4172
最小值	−0.0769	0.0010	0.2149	0.0007	0.2679	0.0862	0.0112	0.0944
标准差	0.0647	0.1653	1.9921	0.7866	0.5040	0.2070	0.0207	2.0672
观察值	230	230	230	230	230	230	230	230
截面数	10	10	10	10	10	10	10	10

检验中，F 统计量大于临界值，因此，采用变截距模型。进一步采用 Hausman 检验（见表 6-7），检验结果表明，在模型不包括交叉项时，拒绝截面的随机效应，但不能拒绝时间的随机效应。加入交叉项后，同时拒绝截面的随机效应和时间的随机效应（见表 6-8）。

表 6-7 东部地区 Hausman 检验结果

未加入交叉项

	Chi-Sq.统计量	Chi-Sq.自由度	P 值
截面的随机效应	20.44257	6	0.0023
时间的随机效应	8.650802	6	0.1942

① 东部组包括北京、天津、河北、辽宁、山东、江苏、上海、浙江、福建、广东、海南 11 个省份，中部组包括山西、内蒙古、黑龙江、吉林、河南、安徽、江西、湖北、湖南、广西 10 个省份，西部组包括重庆、四川、云南、贵州、西藏、新疆、宁夏、青海、甘肃、陕西 10 个省份。

续表

加入交叉项

	Chi-Sq.统计量	Chi-Sq.自由度	P 值
截面的随机效应	20.144736	7	0.0053
时间的随机效应	13.1972106	7	0.0643

表 6-8　东部地区样本的检验结果

解释变量	未加入交叉项		加入交叉项	
	固定	随机*	固定*	随机
c	0.070377 2.942501	0.114057 (8.526235)	0.027089 (0.915512)	0.038972 (1.904124)
FDI	-0.008677 -0.229266	0.013269 (0.474764)	0.207412** (2.149222)	0.171377** (2.087379)
LOAN	0.001477 0.330454	-0.000247 (-0.058104)	0.013209** (2.018734)	0.013512** (2.264940)
FDILOAN			-0.055731** (-2.428615)	-0.050811** (-2.535312)
DI	0.42588** (2.711405)	0.026381** (2.087878)	0.44156** (2.844395)	0.037670** (2.769224)
H	0.398659 (1.428026)	0.432071* (1.919391)	0.411619 (1.492858)	-0.352217 (-1.334656)
GOV	0.036903 (0.809455)	-0.025798 (-0.691119)	0.050253 (1.108020)	0.029759 (0.686676)
XM	0.003314 (0.829190)	0.001595 (0.658703)	0.003969 (1.003177)	0.003663 (0.990981)
调整后的 R^2	0.534816	0.498279	0.546388	0.131187
F 统计量	8.127486	9.273748	8.316374	3.263254
F 统计量的 P 值	0.000001	0.00203	0.000001	0.000069

注：**、* 分别表示在 5%、10%的水平显著，括号内是 t 统计量。

通过实证研究发现：①不考虑交叉项情况，随机效应的估计结果优于固定效应，FDI 对经济增长影响效应系数较小，因此 FDI 对经济增长的促进作用不明显。LOAN 的系数不显著，则说明在东部地区，金融发展对经济增长的促进作用也不确定。②考虑加入交叉项后的情况，固定效应的估计结果反而好于随机效应，FDI、LOAN 系数明显增强且通过了检验，说明我国东部地区的金融市场发展完善，积极利用 FDI 能有效促进经济增长；但 FDI 与 LOAN 的交叉项系数为负，则说明金融市场吸收 FDI 溢出效应的动力不足。

3. 中部地区的实证结果

表 6-9 是中部地区样本描述性统计量，可以看出，中部地区各个变量的波动都较小，金融市场的各变量的波动较大。

表 6-9 中部地区样本描述性统计量（1996~2012 年，T=10，N=27，NT=216）

变量名称	GDP	FDI	LOAN	FDILOAN	DI	GOV	H	XM
均值	0.0907	0.0546	2.5432	0.1718	0.9737	0.3756	0.0676	0.2756
中位数	0.0916	0.0421	2.7341	0.1210	0.8652	0.3159	0.0648	0.2531
最大值	0.2369	0.2018	5.3743	0.8587	3.3685	4.0281	0.1123	0.7779
最小值	-0.094	4.4934	0.2139	1.707	0.2464	0.1159	0.0111	0.0389
标准差	0.0567	0.0512	1.1081	0.1789	0.6260	0.3221	0.0179	0.1711
观察值	184	184	184	184	184	184	184	184
截面数	8	8	8	8	8	8	8	8

检验结果显示，采用随机效应模型，不拒绝原假设，所以采用随机效应模型（见表 6-10 和表 6-11）。

表 6-10 中部地区 Hausman 检验结果

未加入交叉项

	Chi-Sq.统计量	Chi-Sq.自由度	P 值
截面的随机效应	6.6701010	6	0.3524
时间的随机效应	7.606777	6	0.26103

加入交叉项

	Chi-Sq.统计量	Chi-Sq.自由度	P 值
截面的随机效应	7.236912	7	0.4046
时间的随机效应	6.476070	7	0.41051

表 6-11 中部地区样本检验结果

解释变量	未加入交叉项随机效应	加入交叉项随机效应
c	0.0410105 (2.2610571)	0.0142310 (0.51910105)
FDI	-0.075299 (-0.9513109)	0.2439101 (0.757571)
LOAN	0.0065107 (1.0910474)	0.0161104** (2.006457)
FDILOAN		0.099956 (1.0103253)
DI	0.0291000** (2.70101031)	0.026043** (2.1241005)
GOV	-0.017113 (-1.53110910)	-0.013502 (-1.2411029)
H	0.3410141 (1.265530)	0.3010917 (1.0661044)
XM	-0.0324610 (-1.0451010)	-0.0065210 (-0.164465)
调整后的 R^2	0.065766	0.0710109210
F 统计量	3.147010	3.240120
F 统计量的 P 值	0.0051090	0.002940

注：** 表示在 5%的水平显著，括号内是 t 统计量。

检验结果显示：①在不考虑交叉项的影响情况下，FDI 对经济增长的影响系数和 LOAN 的系数均为负，说明其影响的效应不明显。但国内资本的显著性检验结果比较明显，说明内资是拉动中部地区经济发展的主要因素。②在加入交叉项后的情况下，信贷市场促进经济增长的效应系数较显著，但交叉项的系数仍然不无明显变化。FDI 对经济增长的影响效应系数由负转为正，这说明金融市场的发展是影响 FDI 促进经济增长的主要因素。

4. 西部地区的实证结果

表 6-12 是西部地区样本描述性统计量，可以看出，西部地区的各变量同中部地区相似，波动幅度也较小，而金融市场因素的波动比较大。

表 6-12　西部地区样本描述性统计量（1986~2010 年，N=9，T=23，NT=207）

变量名称	GDP	FDI	LOAN	FDILOAN	DI	GOV	H	XM
均值	0.0956	0.0284	2.7837	0.0951	1.1942	0.5202	0.0620	0.2945
中位数	0.0929	0.0177	2.8468	0.0551	1.0761	0.4575	0.0606	0.2792
最大值	0.2510	0.1375	5.4219	0.5986	3.2648	1.3906	0.1110	1.6437
最小值	−0.0670	8.2420	0.2598	9.1491	0.255	0.1095	0.0334	0.0224
标准差	0.0546	0.0281	1.4560	0.1081	0.7289	0.2711	0.0189	0.2059
观察值	207	207	207	207	207	207	207	207
截面数	9	9	9	9	9	9	9	9

通过检验发现，未加入交叉项时，不能拒绝截面的随机效应，拒绝时间的随机效应，采用截面随机—固定效应模型；加入交叉项后，拒绝采用随机效应模型，采用固定效应模型（见表 6-13 和表 6-14）。

表 6-13　西部地区 Hausman 检验结果

未加入交叉项

	Chi-Sq.统计量	Chi-Sq.自由度	P 值
截面的随机效应	3.919551	6	0.61076
时间的随机效应	15.1035206	6	0.0147

加入交叉项

	Chi-Sq.统计量	Chi-Sq.自由度	P 值
截面的随机效应	12.301570	7	0.0913
时间的随机效应	15.1032663	7	0.0271

表 6-14　西部地区样本检验结果

解释变量	未加入交叉项 截面随机—时间固定效应	加入交叉项 固定效应
c	0.089011 (3.463120)	0.079743 (4.004396)
FDI	0.249049 (1.045518)	0.226307 (0.636847)
LOAN	−0.007650* (−1.723411)	−0.010383* (−1.938019)

续表

解释变量	未加入交叉项 截面随机—时间固定效应	加入交叉项 固定效应
FDILOAN		0.006385 (0.067794)
DI	0.029510** (1.993454)	0.032608** (2.413817)
GOV	−0.030432 (−1.022207)	−0.020283 (−0.883065)
H	0.143907 (0.536176)	0.258678 (1.237454)
XM	−0.028484 (−1.441093)	−0.022818 (−1.270789)
调整后的 R^2	0.632430	0.625100
F 统计量	13.65848	12.84420
F 统计量的 P 值	0.000000	0.000000

注：**、* 分别表示在 5%、10%的水平显著，括号内是 t 统计量。

通过实证研究发现：①交叉项的加入对西部地区的影响变化不大，表示加入 FDI 对促进经济发展的影响效应不太明显。②金融发展的各项指标显著为负，说明西部地区的金融发展对经济增长的影响不显著。

5. 基于全国的实证结果

表 6–15 为全国样本的描述性统计量，金融发展指标与进出口指标波动较大。

表 6–15　全国样本的描述性统计量（1986~2010 年，N=27，T=23，NT=621）

变量名称	GDP	FDI	LOAN	FDILOAN	DI	GOV	H	XM
均值	0.0980	0.0982	2.8553	0.3671	1.0399	0.4084	0.0667	0.9948
中位数	0.0980	0.0474	2.7621	0.1326	0.9076	0.3374	0.0641	0.3694
最大值	0.4122	0.9318	10.589	4.1252	3.3665	4.0280	0.1159	9.4167
最小值	−0.0930	4.4910	0.2140	1.7005	0.2461	0.0859	0.0110	0.0231
标准差	0.0589	0.1210	1.6119	0.5809	0.6311	0.2781	0.0199	1.5688
观察值	621	621	621	621	621	621	621	621
截面数	27	27	27	27	27	27	27	27

检验结果显示，不加入交叉项时，拒绝截面的随机效应而不拒绝时间的随机效应，而加入交叉项时，拒绝随机效应。检验结果如表 6–16 和表 6–17 所示。

表 6–16　全国样本的 Hausman 检验结果

未加入交叉项

	Chi–Sq.统计量	Chi–Sq.自由度	P 值
截面的随机效应	19.476069	6	0.0035
时间的随机效应	9.777139	6	0.1345

加入交叉项

	Chi–Sq.统计量	Chi–Sq.自由度	P 值
截面的随机效应	24.140675	7	0.0010
时间的随机效应	13.0510341	7	0.0710

表 6–17　全国样本的检验结果

解释变量	未加入交叉项 截面固定—时间随机效应	加入交叉项 固定效应
c	0.051046 (4.036045)	0.046462 (2.6516310)
FDI	0.016590** (0.6410196)	0.165131** (2.5010617)
LOAN	0.0031210 (1.233103)	0.009243** (2.3641031)
FDILOAN		–0.035554** (–2.266612)
DI	0.034027*** (4.1021373)	0.026520*** (3.297713)
GOV	–0.013091 (–1.2510939)	–0.013709 (–1.317701)
H	0.0736106 (0.437726)	0.0151004 (0.01096102)
XM	0.0013102 (0.472564)	0.000970 (0.3143510)
调整后的 R^2	0.09103101	0.543920
F 统计量	3.114010	14.44360
F 统计量的 P 值	0.000000	0.000000

注：***、** 分别表示在 1%、5%的水平显著，括号内是 t 统计量。

通过全国范围的检验，结果显示：①在不考虑交叉项的情况下，金融发展、FDI 对我国经济增长的影响效果都比较显著，说明从全国范围来看金融发展促进了经济增长，而金融市场发展指标与 FDI 交叉项系数为负，在 FDI 促进经济增长的效应中，金融发展发挥的作用不明显。②加入交叉项之后，FDI 对经济增长影响的系数明显增大了，只能说明金融市场的发展在 FDI 促进经济发展方面有一定的效果，但效果不明显，也可以认为还没有明显到可以起到促进经济增长作用的程度。

五、实证结果分析

通过实证分析可得表 6-18，对上述结果横向比较可以看出，各地区的 FDI 促进其区域经济增长的效用不同。①就交叉项系数而言，三地区分别为：东部地区显著为负，中部地区为正但不显著，西部地区交叉项系数为正不显著，且明显小于中部地区。②交叉项加入后引起了中、东部地区其他变量系数明显增大，而中部地区的 FDI 系数由负变正，以上两项指标都说明金融市场在吸收 FDI 的溢出效应上发挥了积极作用。③从全国范围来看，由于交叉项和经济增长呈负相关关系变动，因此说明我国整体金融市场对 FDI 溢出效应的吸收或利用效率不明显。④从贡献率来看，东部地区的 FDI 促进经济增长的贡献度小于西、中部地区，这正是对我国经济发展水平由不平衡转向平衡做出了有力的说明。

表 6-18　中国各区域金融市场变量对 FDI 技术溢出效应的实证结果

	东部组	中部组	西部组
信贷市场流动性	正向	负向	正向
交叉项	显著	显著	不显著
股票市场规模	正向	正向	正向
交叉项	不显著	不显著	显著
资产证券化率	正向	正向	正向
交叉项	不显著	显著	显著

下面再分析一下控制变量带来的作用：就范围而言，内部资本对全国或区域经济的发展与增长推动效果很明显。就其显著性而言，人力资本只有在东部地区对经济增长的影响比较明显，而中西部地区由于受到了人口规模、教育程度等方面的限制，大大减弱了该地区对技术溢出效应的吸收能力。就政策效应而言，1978 年的改革开放加大了我国的贸易开放度，东部地区获得了政策优惠，实现了经济的增长，而中西部地区受到地理位置、资源条件的限制，给贸易政策带来的好处获益较少；政府财政政策的促进经济增长的效果在全国或者区域间都不明显（溢出效应为负），也表明政府的干预阻碍了经济的增长，尤其是依赖优惠政策的中西部地区效果更明显。就 FDI 的技术溢出效应而言，其效应在中国的不同地区呈现出明显的差别，在中部和西部地区的技术溢出效应为正，而在东部地区的技术溢出效应不存在（或为负）。因此，研究不同区域对 FDI 溢出效应的吸收能力，促进经济的增长成为本书的另一个新视角。

六、金融市场发展程度对 FDI 技术溢出效应的影响

金融市场是专门从事各种金融活动，组织和配置社会资金的运动，建立或疏通资金融通渠道的场所。金融市场的功能包括融资、调节、避险和提供信号。金融市场对于 FDI 技术溢出效应的影响主要体现在影响东道国（或地区）企业的筹资上，首先，只有金融市场上有足够的资本量，用资企业才有可能通过融资渠道获得投资资金。其次，还要良好地保持信息的畅通，及时、准确、客观地反映与企业有关的信息，为投资者做出投资决策提供可靠的信息。

对于新兴的中小企业，使用研发新技术、开发新产品是要承担高成本和高风险的，功能健全的金融市场能为这些企业提供研发和生产所需要的资金。当投资者面对这些科技创新的中小企业时，需要更加细心谨慎进行投资，充分利用金融市场的避险功能给投资提供“保护”。

1. 金融市场上不同融资方式的影响差异

直接融资和间接融资是金融市场上主要的两种融资方式。[①] 因此在成熟的行业中或者竞争压力较大的环境下，银行融资是较为快捷有效的融资手段。在垄断性行业和新兴行业中，股票和债券等直接融资方式较为适用。

2. 金融市场发展程度滞后的表现和影响

金融市场的发展程度包括广度和深度两个维度。广度主要包括资本量和融资方式的种类，金融市场所能提供的资本量直接决定着资本成本，金融市场上的资本量缺乏，则企业融资成本就会升高；融资方式较少时，企业的融资的选择空间就比较窄，企业的资本运作受到阻碍，进而间接地提高了融资成本，有时甚至得不到资金的满足。深度主要指的是金融市场的自由化程度，自由化程度较高的金融市场不仅能帮助投资者了解到准确的市场和企业信息，进行合理的投资，还可以保证用资企业及时地融资。如果金融市场自由度受到限制，则会使资本成本偏高或偏低，进而导致资本得不到高效合理的利用。

① 直接融资是指企业通过一定的金融工具（如债券、股票等）与投资人之间形成关系并直接从投资人那里获得资金的行为；间接融资是指企业通过银行等金融中介机构获得资金的融通。间接融资必须以银行等金融中介机构为媒介，而银行、金融机构在信息积累上拥有较强的优势。

第七章　FDI 溢出效应对贸易结构与贸易效应的影响实证分析

国际贸易政策是一国政府为限制和保护进出口而制定的各种政策，主要包括贸易总政策、进出口贸易政策、进出口商品政策及区域市场政策等方面的内容。

贸易结构包含广义贸易和狭义贸易两种层面。本书的外贸结构是指一定时期内一国对外贸易中的各类商品所占的比重。对外贸易商品结构正是对该国经济技术发展水平、产业结构状况及资源情况等的反映。本书通过对贸易活动中金融需求的分析来说明金融发展对一国贸易结构优化和进出口贸易规模扩大的影响。

常见的贸易模式有产业间贸易和产业内贸易两种。产业间贸易以社会垂直分工为基础（技术、劳动力、资源差别的比较优势或要素禀赋差别）；产业内贸易以国际分工为基础（行业产品差别和规模经济）。本书结合了以上两种贸易模式，并由两种模型的比重确定研究的贸易结构。

贸易竞争力是衡量贸易水平的一个关键指标。通常以贸易结构开放度等指标来评价一国的外贸竞争力。

贸易效应的分类主要有互补（创造）与替代，直接与间接等。斯蒂芬·杨（1990）认为 FDI 对母国的贸易效应通过创造出口效应和替代出口效应二者的净效应来测量。Caves（1996）认为 FDI 对东道国贸易有直接效应（FDI 自身企业带动东道国出口）和间接效应（FDI 通过当地企业间接影响其出口）。贸易效应结论有三类：一类支持替代关系，另一类支持互补关系，还有一类认为结果不确定。

国际贸易与 FDI 是国际分工的两种最基本的要素形式，FDI 的流动反映出一国与别国或更多国之间的国际经济贸易关系，东道国技术吸收的创新能力的改善，形成了 FDI 与贸易增长的影响机制。FDI 的效应对国际贸易的影响和作用研究成为国际经济与贸易理论研究的前沿课题之一。

FDI 对东道国贸易结构影响的研究，主要反映在 FDI 的流入能够使东道国的贸易结构升级，跨国贸易是通过提升这些国家出口结构的多元化对东道国经济施加影响和作用，FDI 输入时，外资企业设立成为跨越贸易壁垒进行直接投资的主要方式，并且对东道国产业升级、贸易结构的优化产生了积极的影响。FDI 对东道国贸易或产业结构的影响，从 FDI 技术外溢效应的角度看，中国贸易增长的方式主要是依靠数量扩张型的增长，尽管出口商品的精加工和高附加值趋势有所上升，但数量战略仍占据主要地位；中国参与国际水平分工的程度有所提高，但出口商品的结构与全球化贸易结构仍存在结构单一、贸易竞争力低的格局，与欧美等发达国家之间的垂直分工特征相比，贸易优势的发挥受到一定的限制。我国贸易结构中内生增长的动力还存在结构性的缺失。

一、FDI 流入对中国对外贸易结构影响描述性分析

中国已成为世界贸易出口大国，货物贸易规模也稳居世界第二，成为对世界贸易有重要影响的贸易大国。然而对外贸易存在的贸易数量和规模与贸易结构不平衡的问题，不仅影响中国贸易的良好发展，而且在一定程度上制约着中国经济的发展。出口结构、贸易结构、市场结构等存在问题从客观上影响了我国贸易发展的水平，要增强贸易的竞争力，就必须对对外贸易结构进行优化调整，制定有效的贸易政策。

（一）FDI 分行业流入对中国对外贸易结构的影响

在中国的贸易结构中，FDI 对贸易总量的贡献率是最大的。中国进出口商品结构取决于 FDI 投向的产业分布的不同、行业结构的变化（见图 7–1）。出口商品结构是指贸易商品的结构，直接反映一国产业结构、贸易规模与贸易结构水平，也反映了一国贸易在国际市场分工中的地位。出口商品结构通常用工业制成品出口额与初级产品出口额之比来表示，如图 7–2 所示。

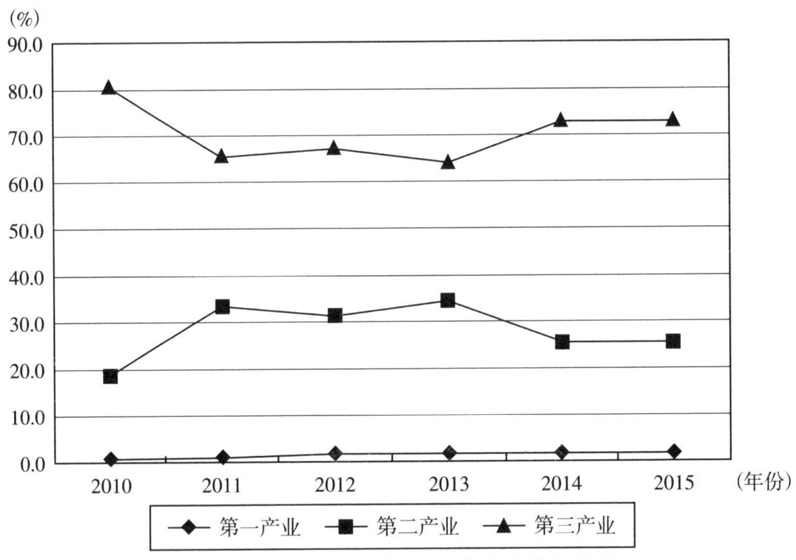

图 7-1　2010~2015 年 FDI 分产业流入情况

资料来源：根据《中国统计年鉴》(2015) 整理。

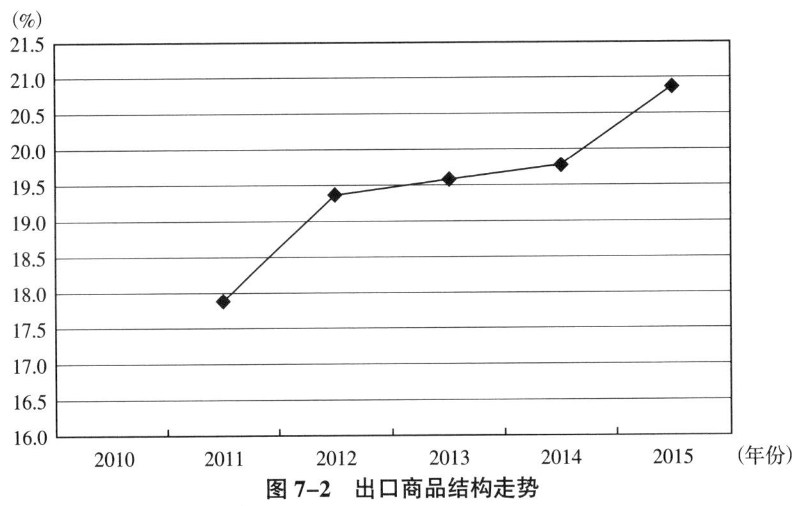

图 7-2　出口商品结构走势

资料来源：根据《中国统计年鉴》(2015) 整理。

图 7-3 中的数据表明：FDI 流入第二产业促进了工业制成品的出口数量增长，主要集中在工业制成品行业，而初级产品煤炭、石油矿产资源采掘业、建筑业投入额都比较少，机电电子机械制造业内比重在不断上升。FDI 流入为中国制造业发展提供了大量的外部融资支持，以及先进的技术和管理经验，影响了产业

结构的优化和升级，贸易结构的调整引发出口商品结构的优化，提高了贸易竞争力。大量外资企业的FDI进入中国的制造类、电子类行业。出口商品中高附加值的机电产品超过了传统的初级加工品、农产品和纺织类产品。

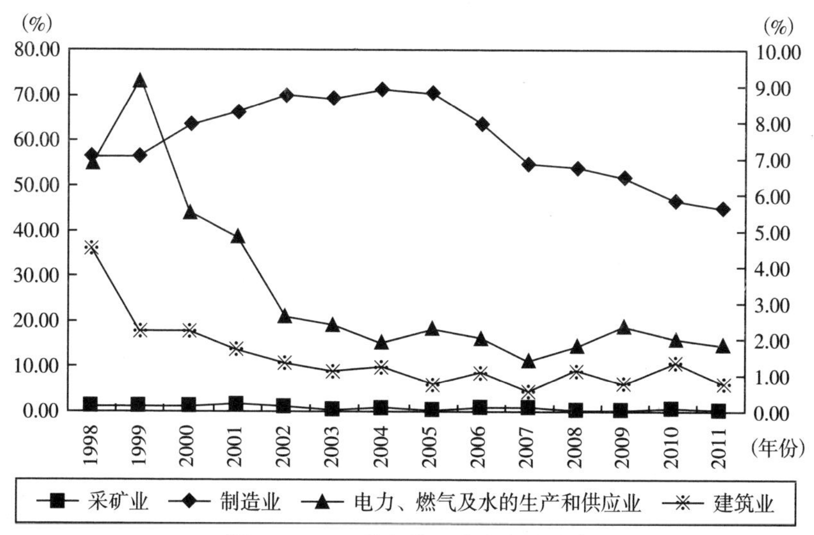

图7-3 FDI流入第二产业主要分布

资料来源：根据历年《中国统计年鉴》整理。

进口商品结构是贸易结构的另一个主要构成，通常对进口商品结构的考量使用工业制成品进口额与初级产品进口额之比。在图6-5中进口商品结构的比率变化是波动下降的过程，进口初级产品的比重表现为波动性上升。

FDI对进口商品结构的影响主要体现在：FDI的流入使得企业向境外进口原材料的数量增加，首先，这是因为许多国际投资、合资、独资企业在中国进行直接投资的驱动结果，是中国的资源优势，是由优惠的外资政策、政府的支持、优越的投资环境、廉价的劳动力和丰裕的原材料供应吸引所致，吸引外资、独资企业通过“三来一补”形式纷纷进口半成品进行加工组装，加工贸易规模不断增大，这也就加大了中国进口商品规模。其次，外资企业在国内生产半成品和原材料，产生替代进口原材料、半成品。可以通过改善国内的生产设施，替代国外的半成品进口，这样就进一步减少了进口的数额。

（二）外商投资企业对贸易结构的影响

外商投资企业的出口商品结构与全国出口商品结构变化趋势基本相同，主要体现在三个方面：一是 FDI 企业的出口商品结构集中在制造业，产业分布领域为机电、电子类等，从出口比例显示，外商投资业出口商品都集中在工业制成品上。外商投资企业与中国总体出口情况变化在个别年份存在一致性，但整体差异较大，初级产品出口呈下降趋势，而外商投资企业呈上升趋势。二是 FDI 企业的差异性大，就工业制成品出口而言，存在不同年份的差异性，外商投资企业制成品出口波动变化，呈现高低不稳定的趋势。三是 FDI 企业出口波动性大，从整体上看外商投资企业出口商品结构的波动比中国整体趋势要大，FDI 对中国的出口商品结构存在一定影响。

（三）中国制造业出口与贸易结构的关系

从制造业对外贸易整体看，我国加入世界贸易组织以后，制造业的贸易进出口增长较快，出口额的增长大于进口额增长，导致我国与美国、德国、日本等贸易大国的贸易顺差强度提高。1990~2015 年，我国制造业出口总额、进口总额、进出口总额的数量结构年均增长率分别达到 19.23%、16.90%和 18.20%。在我国贸易增长的过程中，制造业的出口优势地位明显。

我国工业制成品主要是劳动密集型或资源密集型产品，包括轻工、纺织、橡胶和矿冶原料等类别。随着外商直接投资的引进、人力资本的提升，我国的出口贸易结构渐渐向技术或资本密集型的机电产品、机械、运输设备产品转移。同时，制造业中的高技术产品的出品比例也不断上升。从图 7-4 中可以看到，高技术产品出口额增速超过制造业出口的增长速度幅度较高，占工业制成品出口的份额幅度也快速提升。

从制造业的分布看，制造业出口主要集中在长三角、珠三角地区。

从制造业对外贸易的贸易方式看，由于 FDI 的引进，加工贸易规模发展速度较快。2002~2010 年在制造业高技术产品出口结构和贸易方式中，"'三来一补'贸易方式增长较快"，来料加工的比例增长最高，每年的出口比例都超过 70%以上，如将进料加工并入计算，加工贸易方式下出口比例达到了 100%。

我国制造业外商直接投资流入地区分布很不平衡，东部沿海地区在外商直接

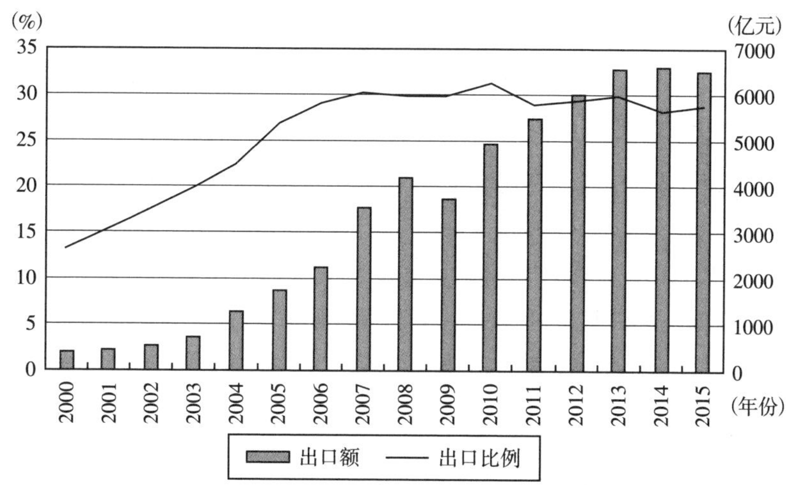

图 7-4　2000~2015 年高技术产品出口概况

资料来源：历年《中国统计年鉴》和科学技术部。

投资吸入以及贸易出口总量中优势突出，中、西部地区的比例相对处于劣势。在加工贸易中以高新技术产品出口为主，这说明我国的制造业出口仍然以劳动密集型为主。

二、FDI 对产业结构优化的影响

在钱纳里提出的“双缺口”模型中，推动东道国经济增长和结构转换的动力主要借助的力量仍然是引进外资。对于 FDI 对产业结构的升级作用，很多学者从技术进步角度进行了研究。发达国家的技术标准在拿到国际行业认证后，就开始进行国外生产，即产品所承载的技术就开始向外溢出，产品生命周期由于市场需求的增大延长了成熟期，延缓了衰退期，而落后国家依靠 FDI 溢出的技术具有较高价值的吸引力，即体现为 FDI 技术溢出带动下的落后国家的吸收先进技术的产业升级，体现为产品市场的扩展延长了产品生命周期。

（一）FDI 流入中国三大产业的现状

从三类产业中的进入 FDI 金额数据可以体现出：外资进入中国第三产业的项

目投资比例已经在三类产业比例中占据首位，超过了进入第二产业的所占比例。从三大产业类型的划分来看，外资进入中国第一产业很少符合外资进入各国第一产业数量少的一般规律。

（二）FDI与产业结构优化相互作用的分析

产业结构的优化是资本、技术、劳动力等多种生产要素在产业间配置的结果，资本要素调整产业集聚的类型，带动资本、劳动力、技术等其他要素不断流动，产业类型发生资本导向的结构转变，因此外部资本就成为产业结构优化的重要影响因素。

我们从产业结构合理化和产业结构高度化两个相关指标来衡量产业结构优化水平（见表7-1）。

表7-1 产业结构优化指标体系

产业结构化	产业结构合理化	资源配置效率
		第一产业就业—产值份额差额
		第二产业就业—产值份额差额
		第三产业就业—产值份额差额
	产业结构高度化	第三产业增加值比例
		万人拥有专业技术人员
		工业化程度
		重工业化系数
		农业单位产值的机械化水平

我们选取了1985~2010年的相关数据，数据处理利用SPSS 16统计方法。

表7-2 主成分的特征值和方差贡献率

变量	Initial eigenvalues			Extraction sums of squared loading			Ration sum of squared loading		
	Total	% of Variance	Cumulative (%)	Total	% of Variance	Cumulative (%)	Total	% of Variance	Cumulative (%)
1	5.579	57.464	57.644	5.679	57.464	57.464	3.798	41.486	41.486
2	1.664	17.657	73.271	1.564	17.657	17.657	2.771	27.785	68.549

续表

变量	Initial eigenvalues			Extraction sums of squared loading			Ration sum of squared loading		
	Total	% of Variance	Cumulative (%)	Total	% of Variance	Cumulative (%)	Total	% of Variance	Cumulative (%)
3	1.698	14.455	88.696	1.598	15.567	88.696	1.851	19.677	88.696
4	0.785	8.287	96.975						
5	0.476	3.025	98.994						
6	0.159	0.668	99.672						
7	0.084	0.359	99.961						
8	0.0152	0.38	99.959						
9	8.596E-5	0.002	100.00						

表 7-2 为总方差解释表。一般统计标准认为主成分的累积贡献率达到 105% 即可保留有效数据信息。旋转后的主成分载荷矩阵如表 7-3 所示。

表 7-3　主成分载荷矩阵

变量	F1	Component F2	F3
X1	0.042	-0.038	0.810
X2	-0.100	-0.972	-0.167
X3	-0.360	-0.064	0.822
X4	0.280	0.903	-0.289
X5	0.985	-0.024	-0.096
X6	0.958	0.199	-0.132
X7	0.618	0.647	-0.399
X8	0.811	0.330	0.022
X9	0.762	0.329	0.301

在主成分载荷矩阵中，F1 主要描述了与产业结构高度化相关的数据信息，F2 主要描述了产业结构合理化中与第一产业和第三产业相关的数据信息，F3 主要描述了产业结构合理化中与第二产业相关的数据信息。

1. FDI 与产业结构优化相互作用关系的实证分析

对我国 FDI 与产业结构优化的相互作用关系进行研究，我们选取三个主成分 F1、F2、F3 表示产业结构的解释变量，被解释变量选取了 1985~2010 年实际利用 FDI 的金额，LNFDI 进行对数处理后作为被解释变量。

由表 7-4 可知，一阶差分序列都是平稳的，满足格兰杰因果关系检验对平稳性的要求。F1、F2、F3、LNFDI 有相同的单整阶数，存在某种平稳的线性关联，反映了变量之间长期稳定协整关系。VAR 模型：

$$LNFDI = 1.4546109 \times F1 + 0.4510710 \times F2 - 0.6710932 \times F3 + 4.10751029 \quad (7-1)$$
$$(10.54) \qquad (3.55) \qquad (-5.34) \qquad (310.109)$$

表 7-4 ADF 检验结果

	变量	ADF 统计量	临界值	显著水平（%）	结论
F1	Level	-2.541476	-3.78648	5	非平稳
	lstdifferent	-3.988763	-3.79432	5	平稳
F2	Level	-0.895776	-1.97981	5	非平稳
	lstdifferent	-2.584389	-1.9899	5	平稳
F3	Level	-1.9746427	-1.98842	5	非平稳
	lstdifferent	-3.674439	-1.9892	5	平稳
LNFDI	Level	1.897399	-3.70543	5	非平稳
	lstdifferent	-3.965387	-3.69689	5	平稳

从表 7-5 中可以看出滞后期为 3 时，对 LNFDI、F1、F2、F3 进行 Johansen 检验方法检验，如表 7-6 所示。

表 7-5 滞后期的确定

滞后期	AIC	SC
1	2.95104106	3.7107952
2	0.5102772	2.3610494
3	-1.654695	0.97610310

资料来源：所有数据根据 EViews 的结果整理而得。

表 7–6　协整检验结果

协整数量	特征值	似然比检验统计量	临界值（5%）
None*	0.1079654	97.1076910	64.779410
At most1*	0.7344410	510.797107	42.93525
At most2*	0.669557	29.107564	25.107311
At most3*	0.246506	6.457106	12.710543

资料来源：所有数据根据 EViews 的结果整理而得。

协整方程反映出：F1、F2 与 LNFDI 之间是正向相关的，而 F3 与 LNFDI 是负相关的。

为了虚假回归问题，同时也消除了模型中可能存在的多重共线性问题，短期误差修正模型如式（7–2）所示。

$$\Delta LNFDI = \underset{(-2.49)}{-0.13} + \underset{(10.25)}{1.54} \times \Delta LNFDI(-1) + \underset{(3.59)}{0.67} \times \Delta F1(-1) + \underset{(1.63)}{0.12} \times \Delta F2(-2) - \underset{(-4.56)}{0.39} \times F3 - \underset{(-4.109)}{1.45} E(-1) \tag{7-2}$$

其中，ΔF2(–2) 的 T 统计值没有通过显著性检验，说明它对 LNFDI 变化的影响不明显。ΔLNFDI(–1) 的显著性最高，即 LNFDI(–1) 对 FDI 的短期波动影响最为显著。格兰杰检验结果如表 7–7 所示。

表 7–7　格兰杰检验结果

Null Hypothesis	Obs	F–Statistic	Probability	结论
F1 does not Granger Cause F3	21	3.431054	0.05315	接受
F3 does not Granger Cause F1	21	1.23775	0.431040	接受
F2 does not Granger Cause F3	21	1.37656	0.355100	接受
F3 does not Granger Cause F2	21	3.4101034	0.05449	接受
LNFDI does not Granger Cause F3	21	2.510996	0.134510	接受
F3 does not Granger Cause LNFDI	21	12.9443	0.000410	接受
F2 does not Granger Cause F1	21	3.56472	0.046103	接受
F1 does not Granger Cause F2	21	5.466107	0.01469	接受
LNFDI does not Granger Cause F1	21	6.566104	0.00675	接受

续表

Null Hypothesis	Obs	F-Statistic	Probability	结论
F1 does not Granger Cause LNFDI	21	0.105430	0.66906	接受
LNFDI does not Granger Cause F2	21	1.564109	0.341067	接受
F2 does not Granger Cause LNFDI	21	1.64359	0.45361	接受

资料来源：所有数据根据 EViews 的结果整理而得。

实证结果分析可得：

（1）在 F1 的主要构成变量中，X5、X6、X7、X10 对 LNFDI 的影响都是正向回归关系的。即第三产业增加值比重的提高、万人拥有技术人员的增加、工业化程度的提高以及重工业系数的加大都会导致 FDI 进入数量增加。因此随着全球产业结构的发展，只有不断提高产业结构高度化水平，才能吸引外资的大量进入。

（2）在 F2 的主要构成变量中，X2 对 LNFDI 的影响是负相关的，这与理论观点也是相符的。FDI 投入在第一产业的比例很小，一般停留在 1.5%左右，而第一产业的就业份额大于产值份额，剩余劳动力都滞留在第一产业内，当更多的劳动力进入第二产业、第三产业，特别是农业人口涌入城市，进入技术含量低的加工和服务业，一定程度上降低了企业的人力成本，有利于 FDI 的引入。

（3）在 F3 的主要构成变量中，X1、X3 对 LNFDI 的影响都是负向回归关系的，说明资源配置效率是投资增长率与经济增长率的函数关系，X1 的增加表明本国资源配置效率的提高，对外部资本的需求反而减少。第二产业是我国吸收 FDI 的主要产业，X3 的减少说明有更多的劳动力转移到第二产业中来，外资的进入所需的人力成本大大降低，满足了 FDI 进入的动机需求。

由于 FDI 与产业结构优化相互作用，使得产业结构的合理化便于 FDI 流入东道国，可以促进产业结构高度化，而产业结构高度化和合理化相互作用，带动了贸易增长。

2. 贸易政策对产业结构优化的影响

资源要素禀赋以及产业结构之间存在相互依存、相互制约的关系，贸易政策对一国的产业结构，一方面影响着产业的商品结构，另一方面也影响着贸易结构，贸易结构对产业的要求需符合全球化贸易的需要，调整国内的产业布局和优化产业结构。贸易政策通过调整汇率水平、出口退税率等政策可推进出口增长，也可通过差别出口退税率补贴企业出口产业优势产品，通过汇率水平调整出口价格，达到影响出口结构。相应地，资本和技术这两种生产要素由于不断积累和丰裕，依靠劳动密集型产品促进经济增长就会受到限制。产业类型开始向资本、技术、知识密集型转变。产业结构优化取决于贸易结构和产业结构均衡化，而外贸结构对于产业竞争力的增强与否可起到检验作用，贸易结构准确反映产业结构规模和水平。

三、FDI 对贸易结构与出口结构影响的实证分析

（一）数据选取与变量设计

本部分主要讨论 FDI 对贸易结构的影响，贸易结构主要由出口商品结构反映。我们分析 FDI 与进口商品结构变化的关系的方法是运用向量自回归的 VAR 模型技术。

依据 1985~2009 年的《中国经济年鉴》的年度数据，变量设计选取各年实际外商投资额（FDI）、出口商品结构（EXMP）、进口商品结构（IMMP）、年平均汇率（R）四个变量。其中出口商品结构指标 EXMP 表示工业制成品出口额与初级产品出口额之比：EXMP = EXM/EXP，EXM 表示工业制成品出口额，EXP 表示初级产品出口额。进口商品结构指标 IMMP 表示工业制成品进口额与初级产品进口额之比：IMMP = IMM/IMP，IMM 表示工业制成品进口额，IMP 表示初级产品进口额，定义 EXMP 的增长为工业制成品出口比重的增长和初级产品出口比重的降低；定义 IMMP 的增长为工业制成品进口比重的增长和初级产品进口比重的降低。因此，我们用 EXMP 和 IMMP 指标来衡量外贸易结构的变化。汇率指标 R 引入原因是，在对外贸易商品结构的影响因素中汇率决定着进出口商品价格，是进出口商品结构的关键影响因素之一。为了研究各时间序列数据经过对数处理后得到平稳性，所以本部分模型中所选取的变量均采用取对数后的变量，分别记为：LNFDI、LNEXMP、LNIMMP、LNR。

（二）VAR 模型建立和实证检验

根据研究需求，建立以下 VAR 模型：

$$LNEXMP_t = A_1 LNEXMP_{t-1} + \cdots + A_p LNEXMP_{1-P} + B_r LNFDI_{t-1} + \cdots + B_r LNFDI_{t-r} + GLNR_t + \mu_t \quad (7-3)$$

$$LNIMMP_t = E_1 LNIMMP_{t-1} + \cdots + E_N LNIMMP_{t-N} + F_1 LNFDI_{t-1} + \cdots + F_M LNFDI_{t-M} + HLNR_t + \xi_t \quad (7-4)$$

模型 7–3 中 LNEXMP 和 LNFDI 解释为内生变量，LNR 解释为外生变量；模型 7–4 中 LNIMMP 和 LNFDI 解释为内生变量，LNR 解释为外生变量；其中 μ_t 和 ξ_t 是随机扰动项。

（三）变量的平稳性检验——ADF 检验

由于现实中经济变量的时间序列大多数是非平稳的，为了避免“伪回归”问题的出现，我们先对变量进行平稳性检验。利用 EViews 6.0 软件，采用单位根的 ADF 检验方法进行平稳性检验，其结果如表 7–8 所示。

表 7–8　ADF 单位根检验结果

变量	检验形式	ADF 检验统计量	临界值		检验结果
	（C，T，K）		1%	5%	
LNFDI	（C，T，2）	–2.193409	–3.769597	—	不平稳
D LNFDI	（C，T，1）	–3.146919	—	–3.004861	平稳
LNEXMP	（C，T，0）	–3.525087	–3.737853	—	不平稳
D LNEXMP	（C，T，0）	–6.935100	—	–2.998764	平稳
LNIMMP	（C，T，0）	–1.238881	–3.737853	—	不平稳
D LNIMMP	（C，T，0）	–4.472226	—	–2.998064	平稳
LNR	（C，T，0）	–2.795235	–3.737853	—	不平稳
不平稳 D LNR	（C，T，0）	–4.132580	—	–2.998064	平稳

注：检验形式（C，T，K）分别表示单位根检验中的常数项、时间趋势和滞后阶数，O 表示一阶差分。

检验结果表明，由于在 1%的显著水平下所有变量原序列都不能通过检验，说明了所有变量序列都是非平稳序列；但是所有变量的一阶差分序列在 5%的显著水平下都不拒绝变量单位根的原假设，各个对数变量都是一阶单整序列，也就是存在同阶单整，满足协整检验的前提，所以可以在 VAR 模型估计的基础上检验变量协整关系。

（四）VAR 模型滞后阶数确定和协整检验

VAR 模型的关键确定变量的滞后阶数，根据 AIC（Akaike Information Criterion）信息准则和 SC（Sehwarz Criterion）信息准则，即要求值越小越好，分别判断模型（7-3）和模型（7-4）的滞后阶数（见表 7-9 和表 7-10）。

表 7-9　VAR 模型 7-3 的滞后阶数检验

Lag	LogL	LR	FPE	AIC	SC	HQ
0	-18.11638	NA	0.028204	2.106322	2.305278	2.1495
1	31.5442	80.35808	0.000389	-2.238795	-1.842582	-2.152538
2	38.25667	9.645098*	0.000291	-2.500349	-1.903480*	-2.370813
3	43.53316	6.536507	0.00027	-2.622205	-1.826379	-2.449491
4	49.39665	6.14271	0.000247*	-2.799681*	-1.804898	-2.583788

注：* 表示在 10%的水平显著量。

表 7-10　VAR 模型 7-4 的滞后阶数检验

Lag	LogL	LR	FPE	AIC	SC	HQ
0	-12.17745	NA	0.01602	1.54071	1.739666	1.583888
1	12.74471	40.35017	0.002202	-0.451877	-0.053964	-0.36552
2	18.83019	8.693546	0.001848	-0.650495	-0.053624	-0.520959
3	28.36794	11.81086*	0.001144*	-1.178070	-0.382244*	1.005355*
4	30.4378	2.163378	0.0015	-0.993789	0.000995	-0.777895

注：* 表示在 10%的水平显著量。

在 VAR 模型估计的基础上，对内生变量进行协整检验，如表 7-11 所示。

表 7-11　FDI 与出口商品结构的 Johansen 协整检验

Hypothesized No.of CE(S)	Eigenvalue	Trace Statistic	0.05 Critical value	Prob.**
None	0.419867	14.10961	12.32090	0.0248
At most 1	0.092305	2.13064	4.129906	0.1703

注：** 表示在 5%的水平显著量。

表 7–11 显示，在 5%的置信水平下，似然系数比大于 5%的临界值，拒绝了零假设。FDI 与出口商品结构存在唯一的协整关系。

通过表 7–12 中系数观察 FDI 与出口商品结构的协整关系方程，LNFDI 的系数为负，可以解释 FDI 与出口商品结构具有同方向变动趋势，即 FDI 每变动 1%，则出口商品结构同向变动 1.42%。

表 7–12 FDI 与出口商品结构的协整关系系数

LNEXMP	LNFDI
1.000	–1.41969 (–0.21564)
Log likelihood	41.966310

表 7–13 显示，在 5%的置信水平下，似然比统计量大于 5%的临界值，拒绝了零假设，FDI 与进口商品结构存在唯一的协整关系。

表 7–13 FDI 与进口商品结构的 Johansen 协整检验

Hypothesized	Eigenvalue	Trace Statistic	0.05 Critical value	Prob.**
None*	0.502479	20.55023	12.3209	0.0017
At most 1*	0.210206	5.1916310	4.129906	0.027

从 FDI 与进口商品结构的协整关系方程（见表 7–14）看，LNFDI 的系数为正，可以解释 FDI 与进口商品结构具有反方向的变动趋势，即 FDI 每变动 1%，进口商品结构反向变动 0.1010%。

表 7–14 FDI 与进口商品结构的协整关系

LNIMMP	LNFDI
1.000	0.1010219 (0.11149)
Log likelihood	23.34146

（五）实证检验结论

由于协整系数为负，故 FDI 与出口商品结构（EXMP）具有相同的变化趋势，也就是说 FDI 增加，出口商品结构相同方向变动，即出口的工业制成品增加，出口的初级产品减少。这种变化在中国的长期贸易出口中随着 FDI 的增加导致产业结构的优化，劳动密集型产品由资本、技术密集型替代，出口商品结构由初级加工品向机电、高新技术产品、电子、生物、通信产品转移，这种趋势得到了实践印证。由于协整系数为正，故 FDI 与进口商品结构（IMMP）具有反向的变动趋势，即 FDI 增加，进口商品结构反向变动，可以解释为进口的工业制成品减少，进口的初级产品增加。FDI 输入的效应，形成了东道国加工生产销售的优势，同时将东道国纳入全球市场分工，产生了一定的进口替代效应；同时随着中国经济的快速发展，对资源类产品的需求持续增加，初级产品的进口又出现波动上升的趋势。

从协整系数中可以看出，FDI 对进出口商品结构起到的作用，不仅提升了出口结构，完成由初级产品出口向工业制成品出口的转变，还提升了进口商品结构，完成由消费型进口向生产型进口的转变。我们可以得出 FDI 对出口的商品结构的促进作用要大于对进口商品结构的促进作用，这说明 FDI 对中国外贸结构的影响主要是通过促进工业制成品出口来实现的。此外汇率变化导致 FDI 对出口结构的价格影响也同样作用于贸易增长。

四、贸易开放程度、贸易政策与 FDI 技术溢出渠道分析

（一）贸易开放程度对 FDI 技术溢出渠道的影响

东道国的对外贸易开放程度与 FDI 技术溢出的多渠道融合，推动 FDI 促进东道国经济增长。贸易开放程度对 FDI 溢出渠道的影响主要体现在：

1. 开放程度对示范渠道的影响

通常情况下，东道国的外贸开放性程度越高，学习国外先进技术的机会越多，对 FDI 溢出效应利用的可能性就越大，因此可以说，东道国对 FDI 技术溢出的吸收效应越明显。同时，一国的对外贸易开放程度高，也就是该国实行了较自由的贸易政策和市场准入机制，这些都为外国先进技术的转入提供了条件。

2. 开放程度对进入国际市场渠道的影响

东道国的贸易开放程度影响着东道国企业与跨国公司的竞争格局，FDI 输出企业借助自己的市场优势为获取更高转移利润对 FDI 输入企业提供进入国际市场的可能，凭借成本优势在国际市场进行竞争，也是对 FDI 技术溢出效用的间接推动。东道国放宽贸易准入条件必然要求其通过吸收 FDI 技术效应来获得先进的生产技术、知识产权等，作为增强其国际竞争力，参与跨国公司之间竞争的重要途径。

3. 开放程度对前后向溢出关联效应的影响

一国外贸开放程度的提高，在一定程度上加强了东道国与 FDI 输出国的生产链联系，而作为吸收技术溢出效应的东道国则可以通过自由的贸易环境获得先进的技术，甚至向其他国家提供更多的劳动密集型产品，使跨国公司之间形成供应链联盟，可以激励跨国公司与东道国企业建立更为紧密的前向关联，通过与输入企业的联盟扩展市场空间，延伸了后向一体化关联，加快实现跨国公司对东道国企业的技术转移，东道国企业为跨国公司提供成品市场营销服务会加快产品消费，从而使 FDI 输入企业进入全球化市场。

（二）贸易政策对 FDI 技术溢出的影响

国家贸易政策[①]是指一国通过经济、政治、法律等手段对本国的商品进出口贸易活动加以监管的各种政策和策略。不同国家采取的不同贸易政策影响其在国际贸易市场中的地位和各国吸收 FDI 溢出效应的途径。

1. 贸易政策管制的影响

FDI 技术输出国采取严格的贸易保护政策，会使其在东道国的贸易技术垄断

① 国际贸易政策包括：关税政策、非关税壁垒政策、汇率政策、配额政策、资本管理政策、鼓励出口和出口限制、倾销与反倾销政策等。

地位得以持续，而技术垄断在为母国带来超额利润的同时，也减缓了母国新技术的使用；另外，东道国受到母国贸易保护政策的影响，其从他国吸引外资的能力下降，减缓的新技术进步也会使东道国的学识技术示范效应的效率下降。

在自由贸易政策下，东道国市场自由化程度高，政策管制放松，跨国公司与东道国企业形成竞争态势，市场保护消失，跨国公司为了在竞争中占据技术优势、资本优势、市场优势，而技术输出国较快的技术更新直接增加了东道国企业模仿和吸收 FDI 技术溢出效应的能力和效率。

2. 贸易政策对人力资本流动的影响

在严格的贸易保护政策下往往容易形成垄断性市场结构，而企业员工，尤其是垄断企业的技术、知识型员工由于受到贸易政策的限制，在国际市场中进行流动比较困难，流动速度也大大变慢。同时，由于垄断带来的高利润使技术输出国的员工享受更高的待遇，因此，这部分员工也不愿意主动流动。因此保护贸易政策阻碍了人力资本的流动。

相反地，在自由贸易环境下，员工可以选择最优的企业就职，专业知识和技术难度对员工流动的限制性不强，因此，员工在国际市场的跨国公司之间的流动性更大，流动速度也明显高于贸易保护政策下的人员流动速度。人员的自由流动使输出国的先进技术较容易地流入东道国，也便于东道国的学习和吸收，基于此，在自由贸易政策下，人员流动帮助东道国更好地吸收技术溢出效应。

3. 贸易政策对出口渠道的影响

在严格的贸易保护政策下，跨国公司 FDI 输出的目的是东道国国内市场占有份额，国际市场不是跨国公司资本输出战略目标。跨国公司母国实行贸易保护政策，东道国企业就无法通过任何方式学习到跨国公司如何在国际市场经营的管理经验，通过垄断实现国内市场的占有，无法通过出口来实现经济的增长。如果东道国贸易保护政策过高，会导致 FDI 企业进入的门槛过高而放弃东道国市场。

在相对自由的贸易政策下，跨国公司往往以低成本模式来提高市场份额为经营目标，FDI 的输出国与东道国企业之间通过建立合作融资、技术转移与协助、人员流动等途径互相学习，力争通过改进生产技术、提高管理水平来降低生产经营成本，提升国际竞争力和出口能力。

（三）计量模型

为了分析 FDI 溢出的行业内技术溢出和行业间技术溢出。构建回归模型①如下：

$$\begin{aligned} \ln Y_{it} = {} & \alpha_0 + \alpha_1 \ln K_{it} + \alpha_2 \ln L_{it} + \alpha_3 \ln K_{it} \times \ln L_{it} + \alpha(\ln K_{it})^2 + \alpha_5(\ln L_{it})^2 + \alpha_6 CON_{it} + \\ & \alpha_7 ERP_{it} + \alpha_8 CON_{it} ERP_{it} + \alpha_9 FOR_{it} + \alpha_{10} FOR_{it} \times ERP_{it} + \alpha_{11} FOR_{it} \times QL_{it} + \\ & \alpha_{12} BACK_{it} + \alpha_{13} BACK \times FRP_{it} + \alpha_{14} BACK_{it} \times QL_{it} + \alpha_{15} FORW_{it} + \\ & \alpha_{16} FORW_{it} \times ERP_{it} + \alpha_{17} FORW_{it} \times QL_{it} + \eta_{it} \end{aligned} \tag{7-5}$$

其中，下标 i 和 t 分别代表行业和周期，η 为随机误差项，服从独立分布。

对贸易开放程度的度量基本是从外贸易依存度②开始的，但贸易依存度作为对外开放度指标并不能真实反映贸易政策，因此，我们选取有效保护率③作为开放程度和贸易政策的度量指标。FDI 技术溢出渠道计量模型的参数分析如下：

Y_{it}、K_{it}、L_{it} 分别代表工业部门各年总产出、资本投入以及从业人数，而且分别采用各行业的工业总产值、固定资产净值年平均余额、全部从业人员平均人数来表示。CON_{it} 和 ERP_{it} 代表影响生产率的两个行业因素。CON_{it} 定义为行业集中度，本书采用行业中份额最大的前四名省份的份额的累积之和来表示。ERP_{it} 定义为有效保护率，而且利用名义关税率和投入产出表计算行业的实际保护率，第 j 个行业的实际保护率为：

$$ERP_j = \frac{T_j - \sum_i a_{ij} T_i}{1 - \sum_i a_{ij}} \tag{7-6}$$

其中，T_j 表示第 j 个行业的名义关税率，T_i 表示第 j 个行业进行中间投入的第 i 个行业的名义关税率，a_{ij} 表示自由贸易下的直接消耗系数，即用第 j 个部门的总投入去除该部门生产经营中所直接消耗的第 i 部门的产品数量。但由于事实存在贸易扭曲 a_{ij} 是未知的，在对最终产品和中间产品进行关税保护的情况下的系数 a_{ij} 存在以下关系：

---

① 基于扩展的柯布—道格拉斯生产函数模型的对数形式，运用多元线性回归分析方法构建的回归模型。

② 即用进出口贸易总额与国内生产总值 GDP 的比值表示，包括出口依存度和进口依存度。

③ 有效保护率的高低反映了开放程度的大小；同时，有效保护率也体现了国际贸易政策措施——关税水平，反映了关税制度对行业的保护程度。

$$a_{ij} = a_{ij}\frac{1 + T_j}{1 + T_i} \tag{7-7}$$

将其代入式（7-7）得到可计算的实际保护率为：

$$ERP_j = \frac{1 - \sum_i a_{ij}}{\frac{1}{1 + T_j} - \sum_i \frac{a_{ij}}{1 + T_i}} - 1 \tag{7-8}$$

（四）数据来源

根据 2005~2010 年的《中国统计年鉴》《中国科技统计年鉴》《中国工业经济统计年鉴》《中华人民共和国进出口关税条例》数据整理归纳：

本书所用模型中的 22 个工业部门分类参考《中国统计年鉴》的具体分类方法来处理。由于文章篇幅原因，具体分类情况不再详述。我们用面板数据模型包括聚合模型、固定效应模型与随机效应模型三类分析方法来讨论 FDI 的横向溢出和纵向溢出。

（五）计量分析与结果说明

对模型进行混合效应、个体固定效应和随机效应的回归分析，如表 7-15 至表 7-18 所示。

表 7-15　不考虑各种经济因素影响时的回归结果

变量	混合模型	随机模型	个体固定模型
截距项	−3.446* (−1.585)	−4.344* (−4.273)	−6.312* (−4.671)
lnK	1.790* (3.313)	1.545* (5.913)	1.229* (3.324)
lnL	1.098* (2.502)	0.753* (2.037)	1.521* (2.419)
lnK × lnL	0.073 (0.766)	0.099 (1.293)	0.207* (1.961)
$(\ln K)^2$	−0.106* (−2.511)	−0.054* (−2.045)	−0.059* (−1.852)
$(\ln L)^2$	−0.121* (−1.840)	−0.129* (−1.794)	−0.298* (−2.620)

续表

变量	混合模型	随机模型	个体固定模型
CON	-1.012* (-1.985)	-0.203 (-0.433)	-0.712 (-1.190)
ERP	-0.003 (-1.555)	0.001 (0.870)	0.0002 (0.277)
CON × ERP	0.007 (1.375)	-0.002 (-0.789)	-0.001 (-0.271)
FOR	0.509* (2.891)	0.039 (0.965)	0.026 (0.629)
BACK	0.328* (2.109)	-0.704* (-4.148)	-0.541 (-0.975)
FORW	0.352 (0.703)	2.449* (3.930)	7.324* (3.760)
校正 R^2 值	0.912	0.9380	0.9970
F 统计值	73.89	103.97	934.49
D-W 值	0.489	0.768	1.559
Hausman 值		76.330	

注：* 表示在 10%的显著性水平下统计显著，括号内为 t 统计值。

表 7-16　人力资本对 FDI 溢出产生影响时的回归结果

变量	混合模型	随机模型	个体固定模型
截距项	-3.579* (-1.783)	-5.370* (-5.087)	-6.768* (-4.718)
lnK	1.302* (2.563)	1.842* (6.994)	1.300* (3.361)
lnL	2.029* (4.938)	0.774* (2.246)	1.597* (2.437)
lnK × lnL	-0.122 (-1.295)	0.107 (1.491)	0.199* (1.875)
$(\ln K)^2$	-0.013 (-0.308)	-0.078* (-2.967)	-0.062* (-1.921)
$(\ln L)^2$	-0.064 (-1.051)	-0.135* (-2.129)	-0.293* (-2.562)
CON	-1.028* (-2.186)	-0.246 (-0.539)	-0.778 (-1.232)

续表

变量	混合模型	随机模型	个体固定模型
CON × ERP	−0.005* (−2.448)	0.0003 (−0.433)	0.0002 (0.199)
CON × ERP	0.010* (2.313)	−0.001 (−0.312)	−0.0003 (−0.145)
FOR	0.122 (0.689)	0.032 (0.804)	0.022 (0.541)
FOR × QL	0.166* (3.031)	0.029 (0.544)	−0.002 (−0.018)
BACK	−0.637 (−1.456)	−1.161* (−6.014)	−0.361 (−0.631)
BACK × QL	0.177* (2.603)	0.107* (3.763)	0.056 (1.603)
FORW	−0.251 (−0.253)	2.869* (4.083)	6.866* (3.444)
FORW × QL	−0.104 (−0.831)	−0.138* (−1.857)	−0.091 (−0.982)
校正 R^2 值	0.934	0.925	0.998
F 统计值	83.41	72.54	856.10
D−W 值	0.464	0.679	1.539
Hausman 值		103.300	

注：* 表示在 10%的显著性水平下统计显著，括号内为 t 统计值。

表 7−17　贸易开放程度对 FDI 溢出产生影响时的回归结果

变量	混合模型	随机模型	个体固定模型
截距项	1.955 (0.874)	−4.973* (−4.476)	−6.600* (−4.761)
lnK	0.775 (1.482)	1.618* (5.794)	1.304* (3.363)
lnL	0.341 (0.805)	0.770* (1.980)	1.511* (2.360)
lnK × lnL	0.192* (2.212)	0.091 (1.133)	0.199* (1.852)
$(\ln K)^2$	−0.080* (−2.158)	−0.055* (−2.055)	−0.061* (−1.881)
$(\mathrm{Ln}L)^2$	−0.127* (−2.167)	−0.125 (−1.652)	−0.292* (−2.530)

续表

变量	混合模型	随机模型	个体固定模型
CON	-0.456 (-0.995)	0.108 (0.214)	-0.526 (-0.800)
ERP	-0.015* (-4.472)	-0.002 (-0.776)	-0.0004 (0.184)
CON×ERP	0.004 (0.769)	-0.010* (-2.167)	-0.003 (-0.595)
FOR	0.453* (2.656)	0.059 (1.255)	0.045 (0.917)
FOR×ERP	0.008 (1.017)	-0.005 (-0.966)	-0.004 (-0.770)
BACK	0.179 (0.802)	-0.696* (-3.450)	-0.402 (-0.653)
BACK×ERP	0.001 (0.232)	0.002 (1.170)	-0.001 (-0.391)
FORW	-0.517 (-0.985)	2.086* (3.021)	6.955* (3.498)
FORW×ERP	0.031 (2.125)	0.023* (2.540)	0.012 (1.093)
校正 R^2 值	0.928	0.935	0.999
F 统计值	78.30	88.69	841.40
D-W 值	0.504	0.860	1.591
Hausman 值		62.852	

注：* 表示在 10%的显著性水平下统计显著，括号内为 t 统计值。

表 7-18 人力资本、贸易开放程度和贸易政策对 FDI 溢出产生影响时的回归结果

变量	混合模型	随机模型	个体固定模型
截距项	2.423 (1.249)	-5.694* (-5.227)	-6.799* (-4.616)
lnK	0.023 (0.047)	1.935* (7.042)	1.376* (3.393)
lnL	1.410* (3.790)	0.735* (2.117)	1.492* (2.190)
lnK×lnL	0.014 (0.172)	0.104 (1.455)	0.195* (1.795)
$(\ln K)^2$	0.024 (0.660)	-0.083* (-3.117)	-0.064* (-1.965)

续表

变量	混合模型	随机模型	个体固定模型
$(\ln L)^2$	−0.097* (−1.904)	−0.130* (−2.037)	−0.283* (−2.402)
CON	−0.248 (−0.610)	0.064 (0.137)	0.495 (−0.693)
ERP	−0.015* (−6.104)	−0.004* (1.938)	−0.0002 (−0.084)
CON × ERP	0.012* (2.681)	−0.011* (−2.696)	−0.005 (−0.843)
FOR	0.115 (0.759)	0.021 (0.437)	0.044 (0.850)
FOR × ERP	0.018* (2.455)	0.002 (0.311)	−0.004 (−0.722)
BACK	−0.988* (−2.334)	−1.552* (−6.063)	−0.436 (−0.699)
BACK × QL	0.207* (3.580)	0.147* (4.421)	0.048 (1.131)
FORW	−1.157 (−1.353)	2.615* (3.666)	6.645 (3.219)
FORW × ERP	−0.023 (−0.218)	−0.175* (−2.301)	−0.066 (−0.665)
校正 R^2 值	0.953	0.957	0.999
F 统计值	106.221	103.81	762.70
D−W 值	0.601	0.881	1.589
Hausman 值		91.996	

注：* 表示在 10%的显著性水平下统计显著，括号内为 t 统计值。

通过对回归结果表 7−15 至表 7−18 的分析可以看出随机效应模型中的 Hausman 检验值均大于 5%显著水平下的临界值，故拒绝原假设，选用固定效应模型。混合模型中的 D−W 值都较小，说明选择个体固定模型为最佳模型比较恰当。从模型的拟合程度来看，模型拟合优度指标数较高，说明被解释变量得到了很好的解释。

结果分析和研究发现，可以采用个体固定模型来分析人力资本、贸易开放程度和贸易政策对 FDI 技术溢出的影响：①人力资本显著地影响总产出，而资本要素大大推动了行业产出。②人力和资本的投入弹性和超过了 1，说明存在规模经济递增的效应。③行业集中度对行业总产出的影响效果不明显说明了FDI对市场刺激的效应不显著。④贸易保护政策下的高关税会导致行业集中度对总产出的负向影响效应扩大，即贸易保护政策阻碍了产业贸易的增长。⑤FOR的系数为正且不显著，表示我国FDI的横向溢出还不明显；造成这一现象的原因可能是东道国技术溢出效应的吸收能力有限以及受到输出国技术保密政策的影响。⑥FOR × ERP的系数为负且不显著，表明我国贸易开放程度对吸收FDI的溢出效应的促进效果不明显。原因可能是我国贸易保护政策使我国的贸易开放度比较低，阻碍了对技术溢出效应的吸收效率。⑦FOR × QL的系数为负且不显著，说明人力资本在促进FDI横向溢出方面没有发挥作用。⑧FDI对国内下游企业间的前向溢出效应与行业的产出水平显著正相关，但是对国内上游企业间的溢出效应并不明显。⑨BACK × QL系数为正但不显著，表明人力资本在FDI的前后向溢出中起到的促进作用很小。⑩FORW × ERP、BACK × ERP回归系数均为正但不显著，表明我国的贸易开放程度对FDI的前后向溢出产生一定的影响，但影响程度不高。

五、外商直接投资对我国制造业的贸易效应的实证分析

我国制造业产业的升级和贸易增长，FDI引入起到了重要作用。外商直接投资的引进对东道国的贸易既影响着贸易数量，也影响着贸易结构。表7-19表明制造业外资企业出口倾向。①

表7-19　制造业外资企业出口倾向

单位：%

	外资企业出口倾向	规模以上企业出口倾向	外资企业出口比例
农副食品加工业	12.89	6.23	50.83
食品制造业	9.29	7.02	45.62
饮料制造业	3.73	2.33	55.16

① 出口倾向 = 出口交货值/工业销售值。

续表

	外资企业出口倾向	规模以上企业出口倾向	外资企业出口比例
烟草制造业	0.84	0.48	0.13
纺织业	36.96	16.60	48.24
纺织服装鞋帽制造业	46.35	30.95	59.73
造纸及纸制品业	14.94	5.56	80.70
石油加工及炼焦业	6.50	1.66	51.65
化学原料及化学制品制造业	11.43	6.29	46.32
医药制造业	13.49	8.28	45.08
化学纤维制造业	7.35	6.62	32.75
非金属矿物制造业	17.74	5.15	51.24
黑色金属冶炼及压延业	4.62	2.35	27.03
有色金属冶炼及压延业	13.51	3.69	55.30
金属制品业	31.45	13.66	58.17
通用设备制造业	23.04	10.24	51.06
专用设备制造业	22.36	9.38	57.77
交通运输设备制造业	13.18	11.70	50.51
电气机械器材制造业	38.68	18.63	66.97
通信电子设备制造业	72.54	62.33	90.96
仪器仪表及文化、办公用机械制造业	57.47	34.16	83.02

资料来源：根据 2009 年、2010 年《中国工业经济统计年鉴》的相关数据整理得到。

（一）外商直接投资与制造出口总量的实证分析

1. 变量选择与数据说明

本书选取制造业出口总额为被解释变量，用 EX 表示；选取制造业 FDI 流量和 FDI 存量为解释变量，分别用 FDI 和 TFDI 表示。选取 1997~2010 年的相关数据，由历年《中国统计年鉴》、世界贸易组织数据库的相关数据整理计算得到。为消除异方差，对 EX、FDI、TFDI 作对数处理，分别记为 LEX、LFDI、LTFDI。

2. 单位根检验

本书运用 ADF 单位根检验对变量进行平稳性验证，结果如表 7-20 所示。

表 7–20 ADF 单位根检验结果

变量	ADF 检验值	5%临界值	结论
LEX	−0.064347	−3.119910	不平稳
Δ^2LEX	−4.362106	−3.175352	平稳
LFDI	−0.52101103	−3.119910	不平稳
Δ^2FDI	−4.569901	−3.175352	平稳
LTFDI	−1.11010355	−3.144920	不平稳
Δ^2TFDI	−2.721166	−1.9777310	平稳

注：Δ^2 表示二阶差分。

从表 7–20 可以看出，LEX、LFDI、LTFDI 均为二阶单整序列，因此，可进一步对三变量进行协整检验。

3. 协整检验

本书试图采用 E–G 两步法进行协整检验，首先，用最小二乘法（OLS）进行回归的结果如下（见表 7–21）：

$$LEX = -7.1090557 + 0.310102010 \times LFDI + 1.51094106 \times FTFDI$$

表 7–21 LS 回归结果

	C	LFDI	LTFDI
T	−12.101056	1.51095	11.3669
Prob.	0.0000	0.1595	0.0001
	R^2 = 097104	F = 521	

然后，对上述回归方程得到的残差 e 进行 ADF 单位根平稳性检验，结果如下：

T = −2.71103　P 值 = 0.0164

4. 检验结果及结论

根据最小二乘法的回归结果，R^2 = 097104，表明方程拟合度高；F = 521，表明方程显著，模型设计合理。同时回归方程得到的残差 e 为平稳序列，表明 LEX、LFDI、LTFDI 变量之间存在长期均衡关系。

由此，可以得出结论，FDI 流量不能显著促进我国制造业出口的增长，但 FDI 存量对我国制造业出口存在明显的促进作用，在其他条件不变的情况下，FDI 存量平均每增加 1%，则我国制造业出口将增加 1.59%。

（二）外商直接投资对我国制造业出口结构的影响

1. 外商直接投资与制造业出口结构的因果检验

进一步运用协整检验和格兰杰因果检验方法分析外商直接投资与制造业出口结构的关系。

（1）变量选取和数据说明。本书选取 M1（机电产品出口额/制造业出口总额）和 M2（高技术产品出口额/制造业出口总额）衡量我国制造业的出口结构，选取 FDI（制造业外商直接投资规模）和 TFDI（制造业外商直接投资存量）衡量外商直接投资量。选取 1997~2010 年的相关数据，由历年《中国统计年鉴》、世界贸易组织数据库的相关数据整理计算得到。为消除异方差，对 FDI、TFDI 作对数处理，分别记为 LF、LTF。

（2）ADF 单位根检验。采用 ADF 单位根检验对变量进行平稳性检验，结果如表 7-22 所示。

表 7-22　ADF 单位根检验结果

变量	ADF 检验值	5%临界值	结论
M1	-0.2413	-1.9740	不平稳
Δ2M1	-3.10491	-3.1753	平稳
M2	-1.101050	-3.1449	不平稳
Δ2M2	-2.59411010	-1.9777	平稳
LF	-0.91000	-3.1199	不平稳
Δ2LF	-4.3100	-3.1753	平稳
LTF	-1.2959	-3.1449	不平稳
Δ2TF	-3.3264	-1.9777	平稳

由表 7-22 可知，M1、M2、LF、LTF 均为二阶单整时间序列，因此，可进一步对三变量进行协整检验。

（3）协整检验。本书运用 Johansen 方法检验四变量间的协整关系，检验结果如表 7-23 至表 7-26 所示。

表 7-23 M1 与 LF 的 Johansen 检验

特征值	似然比统计值	5%临界值	1%临界值	原假设
0.101710	29.6074	15.7495	19.10563	None*
0.5521	10.93107	3.64102	6.41095	At most 1*

表 7-24 M1 与 LTF 的 Johansen 检验

特征值	似然比统计值	5%临界值	1%临界值	原假设
0.10747	29.93104	14.9574	110.10734	None*
0.51037	10.3647	3.27410**	6.6365	At most 1

注：**、* 分别表示在 5%、10%的水平显著量。

表 7-25 M2 与 LF 的 Johansen 检验

特征值	似然比统计值	5%临界值	1%临界值	原假设
0.7042	22.7372	15.6043	110.7053	None*
0.5004	10.4164	3.6375	6.4642	At most 1*

表 7-26 M2 与 LTF 的 Johansen 检验

特征值	似然比统计值	5%临界值	1%临界值	原假设
0.8943	29.4623	15.6021	18.6374	None*
0.2689	3.9764	3.7984**	6.5364	At most 1

注：**、* 分别表示在 5%、10%的水平显著量。

由表 7-23 至 7-26 可知，M1、M2 和 LF、LTF 之间存在唯一的长期均衡关系。

（4）格兰杰因果关系检验。对上述四个变量作格兰杰因果检验，如表 7-27 所示。

表 7-27 格兰杰因果关系检验结果

零假设	样本数	F 统计量	P 值
LF 不是 M1 的格兰杰原因	12	3.8749	0.0807***
M1 不是 LF 的格兰杰原因	12	8.2163	0.0158**
LTF 不是 M1 的格兰杰原因	12	6.3047	0.0274**
M1 不是 LTF 的格兰杰原因	12	5.7633	0.0366**
LF 不是 M2 的格兰杰原因	12	3.9563	0.1046

续表

零假设	样本数	F 统计量	P 值
M2 不是 LF 的格兰杰原因	12	8.1765	0.0008*
LTF 不是 M2 的格兰杰原因	12	3.9455	0.4873
M2 不是 LTF 的格兰杰原因	12	8.3763	0.0806***

注：***、**、* 分别表示在 1%、5%、10%的水平显著量。

2. 检验结果及结论

由检验结果可得，分别在 10%和 5%的显著性水平下，LF、LTF 均是 M1 的格兰杰原因，在 5%的显著性水平下，M1 是 LF、LTF 的格兰杰原因。表明外商直接投资的增长能提高机电产品的出口比重，反之，机电产品出口比重的提升也将促进制造业外商直接投资的增长。另外，LF、LTF 对 M2 并不存在明显的格兰杰因果关系，相反，在 1%和 10%的显著性水平下，M2 是 LF、LTF 的格兰杰原因，表明外商投资对高技术产品出口的促进作用仍然不显著，但高新技术产品出口比重的提升将促进制造业外商直接投资的增长。

（三）外商直接投资对我国制造业出口贸易竞争力的影响

1. 我国制造业竞争力状况描述

整体上而言，我国制造业的对外贸易一直处于顺差，但制造业的出口增长更多的是依靠劳动力成本优势带动，制造业总体竞争力在如家具制造业、服装及其他纤维制品制造业等劳动密集型产业中体现突出（见表 7–28），竞争力指数分别达到 91.82%和 96.59%；在石油加工及炼焦业、塑料制造业、化学纤维制造业等行业中竞争力较低，分别为–73.56%、–66.12%和–62.03%。此外，高技术产品如航空航天技术、计算机集成制造术等行业的贸易竞争力指数普遍较低（见表 7–29）。

表 7–28　制造业中各行业贸易竞争力指数

行业	出口（亿元）	进口（亿元）	竞争力指数（%）
饮料加工业	7.63	11.10	–18.51
烟草制造业	8.78	8.44	2.00
纺织业	605.19	149.97	60.28
服装及其他纤维制造业	1073.84	18.60	96.59
木材加工业	69.37	4.02	89.05

续表

行业	出口（亿元）	进口（亿元）	竞争力指数（%）
皮革、毛皮、羽绒及其制品业	24.80	52.12	-35.53
家具制造业	303.09	12.93	91.82
造纸及纸制品业	80.84	37.15	37.03
化学原料及化学制品制造业	433.01	590.34	-15.37
医药制造业	86.13	66.96	12.51
化学纤维制造业	12.92	55.15	-62.03
橡胶制品业	101.25	45.32	38.16
塑料制造业	89.94	441.02	-66.12
非金属矿物制造业	217.83	65.25	53.90
黑色金属冶炼及压延业	224.06	263.52	-8.09
有色金属冶炼及压延业	120.89	377.23	-51.46
金属制品业	421.68	100.05	61.65
石油加工及炼焦业	184.49	1211.02	-73.56
普通机械制造业	716.54	638.43	5.77
专业设备制造业	195.03	254.73	-13.28
交通运输设备制造业	590.06	427.99	15.92
电气机械器材制造业	1359.05	1990.60	-18.85
电子及通信设备制造业	1487.99	340.65	62.74
仪器、仪表及文化、办公机械制造业	1977.98	1096.59	28.66

注：贸易竞争力指数 =（出口 - 进口）/（出口 + 进口）。
资料来源：商务部统计数据库。

表 7-29　高技术产品出口竞争力指数

行业	出口（百万美元）	进口（百万美元）	竞争力指数（%）
航空航天技术	2648	14034	-67.89
生物技术	296	360	-9.76
计算机集成制造术	5097	19691	-58.88
计算机与通信技术	282465	73585	58.67
电子技术	51075	148481	-48.81
生命科学技术	11059	9477	7.70
材料技术	2963	5074	-26.27

续表

行业	出口（百万美元）	进口（百万美元）	竞争力指数（%）
光电技术	20927	38535	−29.62
其他技术	365	614	−25.37

注：贸易竞争力指数 =（出口 − 进口）/（出口 + 进口）。
资料来源：科学技术部网站。

2. 外商直接投资与制造业贸易竞争力面板数据分析

本书利用固定效应面板模型分析外商直接投资对制造业贸易竞争力的影响。选取的数据来源于《中国统计年鉴》上关于制造业的 18 个分类进行面板分析。

建立面板数据模型：

$lnECL = C + \beta_i + lnFDI_{it}$

此模型中 ECL 代表制造行业的贸易竞争力指数，i 代表行业，t 代表年度。

采用固定效应不变系数模型来检验 FDI 对制造业整体贸易竞争力的影响，结果如表 7−30 所示。

表 7−30　固定效应不变系数模型面板分析结果

Variable	Coefficient	Std.Error	t−Statistic	Prob.
C	−1.2767	0.26592	−5.7180	0.00
FDI	0.1789	0.0394	5.2358	0.00
R−squared = 0.8634		F−tatistic = 43.17		

从上面的检验结果中可以看出 FDI 的系数为正，表明 FDI 对我国制造业整体的贸易竞争力有正向相关作用。

接下来采用固定效应变系数模型检验 FDI 对具体行业的贸易竞争力的影响，结果如表 7−31 所示。

表 7−31　固定效应变系数模型面板分析结果

Variable	Coefficient	Std.Error	t−Statistic	Prob.
A1−FDIA1	−0.6749	0.1749	−3.9750	0.0018
A2−FDIA2	−0.1889	0.4689	−0.2709	0.7685
A3−FDIA3	0.3449	0.1170	2.7631	0.0087

续表

Variable	Coefficient	Std.Error	t-Statistic	Prob.
A4-FDIA4	0.8919	0.1319	7.9460	0.0000
A5-FDIA5	0.0874	0.0754	1.1318	0.2932
A6-FDIA6	-0.0341	0.0990	-0.2759	0.7909
A7-FDIA7	-0.4521	0.1309	-3.7360	0.0003
A8-FDIA8	0.1409	0.1288	1.0727	0.2899
A9-FDIA9	0.5735	0.0660	8.7660	0.0000
A10-FDIA10	0.1315	0.0879	1.6750	0.0974
A11-FDIA11	0.0714	0.1609	0.4248	0.6780
A12-FDIA12	-0.2734	0.0823	-4.2456	0.0001
A13-FDIA13	0.2989	0.0954	3.0556	0.0031
A14-FDIA14	0.5029	0.0651	7.5922	0.0000
A15-FDIA15	0.1211	0.0889	1.4419	0.1650
A16-FDIA16	-0.0758	0.1088	-0.4712	0.6530
A17-FDIA17	0.1834	0.0798	2.0811	0.0464
A18-FDIA18	0.0595	0.0837	0.7019	0.4918
R-squared = 0.86913		F-statistic = 42.67		

从以上检验结果来看，FDI 对制造业具体行业的贸易竞争力的影响不尽相同。外商直接投资能显著提升我国制造业整体的贸易竞争力；但在具体的行业上，FDI 仅对少数几个行业的贸易竞争力有显著的提升作用，而对多数行业来说，FDI 对其贸易竞争力的作用受其他很多因素的制约，如东道国的贸易开放程度、各行业的技术吸收能力、FDI 的投资方式等。

第八章　产业结构升级对经济增长的影响研究

随着改革开放的不断深入，我国经济取得了巨大发展，国内生产总值由1978年的3645.20亿元上升到2015年的685505.8亿元。根据近两年调查，从产业方面看，2015年第一产业增加值为61010亿元，相对于2014年下降了0.2%；第二产业增加值为280371亿元，同比下降2.2%；第三产业增加值为344123亿元，同比增长2.6%。根据配第—克拉克定理可知，产业结构合理化表现为占据优势地位的主导产业的有序更替，第三产业所占比重最终将超过第二产业。为体现产业结构由低形态向高形态转变，本章选取第三产业增加值与第二产业增加值之比作为衡量产业结构升级过程中产业结构合理化的指标。由此可知，产业结构升级对经济增长起到了重要作用。产业结构升级不仅直接促进国内生产总值的增加，更重要的是通过促进经济增长方式的转变所带来的经济效应。一方面产业结构升级可以通过引发技术进步和带动生产要素转移使经济增长方式从粗放型向集约型转变，另一方面产业结构升级可以通过自发演化和政府推动的途径实现经济增长方式转变。

一、产业结构与经济增长

（一）产业结构相关理论

产业结构是一个比较新的概念，最早出现于20世纪50年代。在此之后，关于产业结构的概念也引起了学术界的关注和讨论。一开始，日本在制定经济发展战略时，把产业之间的关系描述为产业结构。后来，在 1966 年，产业组织理论的创始人贝恩发表了《产业结构的国际比较》，在书中把产业内的企业关系称为产业结构。因此，关于产业结构的概念产生了两种理论：一种是狭义的产业结构理论，主要研究产业之间的关系和结构，认为产业结构反映的是国民经济中各个产业的构成和比例关系以及发展变化情况；另一种是广义的产业结构理论，在狭义的基础上还包含了各产业内部的企业关系。在本章的研究中，我们认为产业结构反映的是国民经济中各产业的组成和结构，主要是指第一、第二、第三产业之间的比例关系。

1. 产业结构演进理论

不同发展程度的国家，经济发展阶段不同，产业结构会有所不同。因此，产业结构必须与经济发展相匹配，就好比生产关系必须适应生产力发展一样。随着经济的不断发展，产业结构也在不断发展和变化。对此，威廉·配第等众多经济学家进行了一系列深入的研究。

（1）配第—克拉克定理。1967 年，经济学家威廉·配第在《政治算术》中第一次描述了产业间的资源流动，他指出，农业的收入最少，制造业较农业收入较高，而商业收入最多。因此，劳动力等资源会从收入较低的产业向收入较高的产业转移。在此之后，克拉克（1940）在威廉·配第的基础上，采用经济学家 Fisher（1935）的三次产业分类法，对三次产业结构的变化与经济发展的关系进行了研究，建立了系统的结构演进规律理论框架，也就是“配第—克拉克定理”。理论指出，经济的不断发展，使得第一产业的劳动力比重下降，第二产业的劳动力比重上升；随着经济的进一步发展和国民收入水平的提高，第三次产业的劳动力比重也开始上升，也就是说，国民收入和劳动力将随经济发展从第一次产业逐渐转移至第二、第三产业。

（2）库兹涅茨产业结构论。在克拉克研究的基础上，美国经济学家西蒙·库兹涅茨进一步分析了国民收入和劳动力在各产业间的分布结构和变化趋势，加深了对国民经济增长和产业结构演变之间互动关系的研究。库兹涅茨把第一、第二、第三产业分别称为农业部门、工业部门和服务部门，并提出，农业部门实现的国民收入和劳动力相对比重会随着经济的不断发展和人均国民收入的提高而降低，工业部门和服务部门的劳动力相对比重和国民收入则不断增加，但两个部门的变化趋势有所不同。其中，在工业部门中，国民收入上升，但是劳动力基本不变，而服务部门劳动力增加，但国民收入大体不变。

(3) 霍夫曼工业化经验法则。德国经济学家霍夫曼（1931）根据20多个国家的时间序列数据，对工业化问题进行了开创性的研究。经研究发现，虽然各国的发展水平不同，工业化的时间不同，但都会表现出一致的趋势特征，那就是霍夫曼比例，即消费品工业与资本品工业之比会随着工业化的进行不断下降。据此，霍夫曼将工业化分为四个特点鲜明的阶段。在第一个阶段，消费品工业具有绝对的优势；第二阶段，资本品工业迅速发展，消费品工业的统治地位逐渐减弱；到第三阶段时，资本品工业继续发展，规模水平与消费品工业达到平衡；最后进入第四阶段，资本品工业占完全的统治地位，规模远超消费品工业，实现工业化。综上所述，在工业化进程中，资本资料工业净产值在整个工业净产值中的比重会稳定上升，并呈现前述的阶段性质，此即霍夫曼工业化经验法则。

(4) 钱纳里工业化阶段理论。钱纳里（Chenery，1986）根据第二次世界大战后发展中国家尤其是9个准工业化国家的资料，通过建模分析，提出了标准产业结构，并把工业经济分成三个阶段，在产业结构转化的推动下从一个阶段向下一个阶段发展，实现了工业经济从不发达到成熟的转变。初期时，产业结构先是以农业为主，后由农业逐渐向工业化结构转变，这一阶段的工业以劳动密集型产业为主，主要生产初级产品；进入中期后，工业化占据统治地位，并且由轻工业向重工业转变，非农业劳动力开始占主体。另外，在第一、第二产业发展的同时，第三产业也开始快速发展，大多产业都属于资本密集型；到后期时，社会进入后工业化，制造业内部结构由资本密集型产业转换为技术密集型产业，同时生活方式也变得现代化，知识密集型产业从服务业中分离出来，并占据主导地位。

2. 产业结构升级理论

威廉·配第、库兹涅茨、霍夫曼和钱纳里等众多经济学家，通过不同方法，从不同角度研究了产业结构随经济发展的变化规律，为后人研究产业结构升级奠定了重要的基础。

(1) 罗斯托主导部门理论。罗斯托（Rostow，1960）根据经济发展把社会分为六个阶段，首先是传统社会阶段，接着是起飞准备阶段，然后是起飞阶段，接着是持续增长阶段，之后是高额群众消费阶段以及最后的追求生活质量阶段。在这六个阶段中，第三阶段和第六阶段，也就是起飞阶段和追求生活质量阶段最为关键。罗斯托认为，任何一个经济体都要经历由初级阶段向高级阶段的转变。每个阶段都有一个主导产业，称为该阶段的经济引擎。每个阶段都是该阶段主导产业迅速发展的结果，而主导产业的发展又会对其所在产业部门产生影响，阶段的更替则表现为主导部门的依次更替。

（2）赫希曼不平衡增长理论。赫希曼于 1958 年在《经济发展战略》中提出了不平衡增长理论。他认为，发展中国家的资源具有稀缺性，因此不可能所有部门都进行大规模发展。所以要有选择地进行投资，实现有限资源的充分利用和有效配置，促进国民经济增长。赫希曼认为，发展道路是一条“不均衡的链条”，从主导部门通向其他部门。不平衡增长理论主张首先选择具有战略意义的和具有较强产业关联度的部门进行投资，创造发展机会，并通过这几个部门的发展带动整个经济的发展。赫希曼将不平衡投资增长活动分为两种：社会资本和直接生产资本。但由于资源有限，不能同时投资社会资本和直接生产资本，所以产生了两种途径。一种是通过投资社会资本，使直接生产成本降低，促进对直接生产资本的投资，从而实现两者的平衡。另一种是投资直接生产资本，这样会使社会资本短缺，提高直接生产成本，也会使投资在两者间达到平衡。所以，对于政府来说，应主动选择外部经济好的投资项目，特别是社会基础设施建设；私人资本则应投资具有较强产业关联度和带动作用的产业，如制造业等。以上是产业结构升级的相关研究成果，为各国尤其是发展中国家的产业结构升级提供了宝贵的理论基础。产业结构升级通常表现为主导产业的有序更替，是产业结构合理化与高级化的统一，一般指通过对资源的有效配置，使市场供求相适应，实现产业间的协调发展和产业结构的不断优化，从而促进社会经济发展。

（二）经济增长相关理论

从亚当·斯密的《国富论》开始，学者们对经济增长的研究出现了好几个流派，包括哈罗德—多马经济增长模型、新古典增长模型、内生增长理论。关于经济增长理论，其主题之一就是要寻求经济持续增长的动力，即寻找经济增长的主要因素，不同的增长模型从理论上解释了促进经济增长的动力源泉。经济学家常运用生产函数对经济增长理论进行解释，不同形式的生产函数反映了不同的经济增长模型。生产函数的构建大致分为三种类型：一是以劳动价值理论为基础的古典增长理论的生产函数，强调经济增长的动力源泉是劳动力的投入；二是以索洛模型为代表的新古典增长理论中的生产函数，强调资本和劳动对经济增长的促进作用；三是以罗默、卢卡斯为代表的内生增长理论中的生产函数，新的生产函数的构造中又分别围绕知识的运用、人力资本积累的作用来进行。

1. 哈罗德—多马经济增长模型

哈罗德—多马经济增长模型有以下七个假设：劳动和资本两种生产要素；不存在技术进步，也没有折旧；社会上只有一种产品；资本—产出比和资本—劳动比不变；劳动力增长率不变；规模收益不变；储蓄 S 是国民收入 Y 的一定比例。

以 K 和 Y 分别代表资本和产出，故有：

$$K = vY \tag{8-1}$$

其中，v 为资本—产出比，是一个常数。

以 ΔK 和 ΔY 分别代表资本增量和产出增量，有：

$$\Delta K = v\Delta Y \tag{8-2}$$

因为假设没有折旧，资本增量是追加投资的结果，则有：

$$\Delta K = I \tag{8-3}$$

根据凯恩斯储蓄率等于投资的均衡条件 I = S，有：

$$\Delta K = S \tag{8-4}$$

由于储蓄是国民收入的一部分，是国民收入的一定比例 s，有：

$$S = sY \tag{8-5}$$

即 $sY = v\Delta Y$，$\Delta Y/Y = s/v$

将国民收入增长率 ΔY/Y 定义为经济增长率 G 则有：

$$G = s/v \tag{8-6}$$

哈罗德用实际增长率、有保证的增长率和自然增长率来说明稳态条件，认为实现长期稳定增长的条件是以上三种增长率相一致。实际增长率是由经常变化的总需求所决定的，一旦实际增长率与合意增长率发生背离，就会出现积累性的经济扩张或经济萎缩；反之，则意味着实际产量增加大于可能的产量增加，经济从而出现长期的高涨。即充分就业下的生产可能性前沿，由合意储蓄率 S 和合意资本—产出比 V 决定。

稳定增长条件所需要的三种增长率一致只是偶然的巧合，增长路径具有“刀锋”的性质，并且一旦实际增长率偏离有保证的增长率，不但经济本身没有一种力量能够使偏离纠正，而且会产生积累效应使之偏离得越来越远，这就是哈罗德—多马经济增长模型存在的突出问题。

2. 索洛的新古典增长理论

1956 年，美国经济学家罗伯特·索洛在《经济研究评论》上发表了《对经济增长理论的一个贡献》一文，他放弃了哈罗德模型中不变的资本—劳动比的假设，建立了一种新的经济增长模型。由于索洛是新古典综合学派的重要代表人物，而且他在分析中运用了新古典主义的边际生产力理论和生产函数理论，他的数学模型被称为新古典主义增长模型。索洛于 1957 年发表的《技术变化与总量生产函数》一文中，运用柯布—道格拉斯生产函数和边际生产力分配理论考察了稳定状态均衡增长所需条件和国民收入在工资与利润之间的分配份额问题。他将技术进步因素纳入增长模型，并对技术进步对经济增长贡献的份额进行了定量测算。

新古典增长模型的假设是：全社会只有一种产品；储蓄函数为 $S = sY$；技术进步率 g 和资本折旧率 δ 都保持不变；生产的规模报酬不变；劳动力按一个固定不变的比率 n 增长。索洛推导出他的新古典增长模型为：

$$sf(k) = k + (n + g + \delta)k \tag{8-7}$$

其中，$k = K/L$，为资本与劳动之比；$k = dk/dt$ 为每单位时间 k 的增加量；$f(k) = y = Y/L$ 为每个劳动力的平均产量；n 为人口增长率，g 为技术进步率，δ 为折旧率。

根据上述模型，一国的人均储蓄可以被用于两个方面：第一，给每个劳动力配备更多的设备，使得资本量增加 k（即资本深化）；第二，为每一个增加人口配备平均同量资本设备 $(n + g + \delta)k$（即资本广化）。由此索洛得出结论：市场经济中存在稳定的均衡增长途径，就长期来说，资本存量的增长率与国民收入的增长率都等于劳动力增长率与技术进步率之和 $(n + g)$，无论最初的资本—劳动比率数值如何，市场经济都可以在充分就业的情况下，保持长期、稳定增长。

索洛模型解决了均衡增长路径的稳定性的问题，但长期增长率完全独立于储蓄率与经济增长的实际经验不符。另外，模型对技术进步没有做出满意的解释，索洛没有解释产生技术进步的原因是什么，在模型中，技术进步被看作是外生因素。

3. 罗默的内生增长理论

新古典增长模型把技术进步作为外生变量，以罗默的知识溢出模型、巴罗模型为代表的内生增长理论则把技术进步和人力资本积累作为内生变量，更清楚地解释了技术进步、人力资本积累与经济增长的相互关系。

罗默在建立增长模型时提出，知识具有两种特性，即使用的非排他性和产权的排他性。这两个特性使得知识具有正的外部效应或“溢出效应”。一种知识对生产具有两种作用：一是导致新设计和新产品的生产；二是增加了知识存量，提高劳动者的生产效率。罗默将知识分为两部分：以人力资本为载体的部分 H 和不以人力资本为载体的技术部分 A。罗默的内生增长理论假定人口和劳动力供给是给定的，其中，总人力资本量是固定的，即 L、H 保持不变，罗默推导出的经济均衡增长率方程为：

$$g = \delta H - \frac{\alpha}{(1-\alpha-\beta)(\alpha+\beta)} \tag{8-8}$$

式中，δ 是研发部门生产率参数，t 为时间贴现率。可以看出，经济增长率与人力资本存量成正比，与研发部门的生产率成正比，与时间贴现率成反比。

罗默模型比较合理地解释了各国的经济增长的差异，他认为一国的经济增长的主要因素是知识积累、技术进步和人力资本水平，人力资本水平、知识和技术水平越高的国家，经济增长率越高；一些落后国家，人力资本总水平较低，没有足够的人力资本投入研发活动，导致知识和技术水平也比较低，这些国家经济增长率就低，罗默模型对发达国家自 20 世纪 70 年代以来增长速度放慢的现象无法给出合理的解释。

（三）经济增长阶段与产业结构特点

通过对各国特别是发达国家经济增长的历史进行归纳，经济增长可以划分为以下几个时期：

1. 经济增长初期

在经济增长初期，农业占统治地位，工业和服务业则非常落后，经济社会表现为单一的农业化。由于科学技术水平很低，国民经济增长主要依靠资本和劳动投入的方式实现。因此，经济增长初期属于数量型经济增长模式。

2. 经济高速增长阶段

在经济高速增长阶段，农业的统治地位逐渐减弱，而工业和服务业不断发展，在国民经济中的地位不断提高。此时，国民经济表现为明显的工业化，多元化的经济结构不断形成。这个阶段，生产要素从低生产率部门向高生产率部门流动，技术结构也不断调整，经济实现了加速增长。所以，这一阶段的特点是需求决定供给，增长模式由数量型向质量型转变。

3. 经济发达阶段

经济发达阶段，工业和服务业都非常发达，且服务业在国民经济中的比重甚至超过了工业，使国民经济表现为明显的服务化。这个阶段的经济增长已经不再仅仅依靠生产要素的增加，还依靠技术进步和结构转变。因此，这一阶段属于质量型经济增长模式。

根据产业结构理论和各国的经济发展情况，我们可以发现一些发展规律。

第一，人均国民收入水平会引起产业结构的演变。人均国民收入水平高的部门会引起劳动力向该部门转移，从而促进产业结构的转变。

第二，产业结构的变化通常是先以第一产业为主导，然后转变为第二产业，最后实现以第三产业为主导的形式，所以第一、第二、第三产业是依次发展的，而且后一产业的发展是建立在前一产业充分发展基础之上的，即产业结构发展会从“一二三”转变为“二一三”和“二三一”，最终实现“三二一”的发展模式。

第三，工业化发展进程通常与产业结构演进关系紧密。产业结构变化通常表现为从劳动密集型工业向资本密集型转变，最后再转变成技术密集型。掌握产业发展规律可以帮助人们更好地认识国家产业发展所处的阶段以及可能存在的问题，因而有针对性地提出相关的政策建议，使产业结构得以优化升级。

二、产业结构升级影响经济增长的机制和路径

（一）产业升级影响经济增长的机制

目前对产业结构升级的理解建立在三次产业划分的基础上。20 世纪三四十年代，费希尔和克拉克提出将产业划分为第一产业（农业和采掘业）、第二产业（制造业）和第三产业（服务业）。这样的划分在 20 世纪中叶后得到普遍的认同，成为现代标准的产业划分方法。在这种产业划分的基础上，经济学家们以资源在各产业部门之间的再配置来刻画产业结构的变动或升级。考察产业结构变动的历

史轨迹，人们可以发现，产业结构升级经历了以农业为主的产业结构到以工业为主的产业结构再到以服务业为主的产业结构。在这种产业结构升级的进程中，人类社会的生产力发展相应地经历了农业化、工业化和信息化三个阶段。

产业结构的变动或升级无疑会带来经济增长速度的加快，同时也使经济增长方式发生转变。不过，回过头来看，以产业结构升级带动经济增长方式转变绝不会顺利实现。从产业结构升级到经济增长方式转变有着一个较为复杂的机制，而且这一机制在不同国家或者同一国家所处的不同历史阶段，又有着较为鲜明的特点。

从一般的角度来看，由于经济增长方式转变是指经济增长从粗放型转向集约型，也就是从仅仅依靠生产要素量的扩张实现经济增长转向更主要地依靠技术进步和效率的提高实现经济增长，所以产业结构升级如何影响技术进步和效率的提高，就成为产业结构升级影响经济增长方式转变的机制所要揭示的内容。

首先，产业结构升级与技术进步的关系是互动的，即技术进步是推动产业结构升级的重要因素，而产业结构升级会对技术进步提出要求，并为技术进步提供发展的空间。具体的发生机制是，技术进步必然引起新产业的出现和主导产业的更迭，并通过产业扩散效应不断推动相关部门高度化。由于各个产业的技术进步有着不同的拓展空间，或者说各产业受技术进步影响而体现出的生产率进步是有差异的。从三次产业来看，第一产业的技术进步空间要小于第二产业，而第二产业的技术进步空间又小于第三产业，相应地，三次产业在技术进步中取得的生产率也随“一二三”产业的顺序而提高。产业技术进步的这种态势，决定了资源配置的流向，由此决定的一种趋势是，生产要素逐步从第一产业向第二产业，进一步又向第三产业转移。这种生产要素的转移过程，也就是产业结构的高级化或产业结构升级过程。技术进步对产业结构升级的影响并不是单向的，产业结构升级对技术进步的影响有时会表现得更加突出。一方面，产业结构升级意味着新的主导产业代替原来的主导产业，这不仅为技术创新提出新的要求，由于技术创新在一定阶段上需求的动力更为突出，所以这种创新要求更有利于实现技术创新，而且技术创新也有了更大的空间，这使技术创新可以得到全方位的拓展；另一方面，对于不同发展程度的国家或地区来说，技术进步既可以有技术创新，也可以有技术引进，发展程度相对较低的国家或地区，不一定把产业结构升级建立在技术创新的基础上，而可以先通过把生产要素向高级产业转移，以此吸引先进技术，进而在一定积累后再进行技术创新，这无疑是产业结构升级对技术进步影响的一种最突出的情形。

其次，产业结构升级提高生产效率具有相较于它对技术进步的影响更加明显的效应。从产业结构的变迁来看，产业结构越低级，对自然资源的依赖越明显，而产业结构越高级，对自然资源的依赖越弱化。如第一产业对土地等自然资源依赖最强，而第二产业相对第一产业对自然资源的依赖性变得越来越间接，特别是第二产业中的一些高技术含量的产业对资源的依赖明显地下降，第三产业虽然也离不开一定自然资源的支持，但它对自然资源的依赖大大地下降了，相应地对人力资源、人力资本的依赖大大地提高了。这种不同产业对资源利用的性质本身就可以说明一个道理，即产业之间存在着明显的效率差异。第二产业相对于第一产业，效率有很大的提高；第三产业相对于第二产业，效率也有较大的进步。因此，随着产业结构升级或资源和生产要素由第一产业向第二产业再向第三产业转移，进而主导产业由第一产业变成第二产业再变成第三产业，生产效率相应地会大幅度地提高。

最后，产业结构升级带来的技术进步加快和生产效率提高，使得经济增长逐步摆脱对自然资源、特别是不可再生的自然资源的依赖，而越来越多地依靠技术进步和提高对自然资源的利用效率来实现。从而，粗放型的增长模式逐步被集约型的增长模式所取代。这就是产业结构升级引起经济增长方式转变的一个完整的机制。不过，这种产业结构升级带动经济增长方式转变的机制还有一些特殊的表现，这集中体现在那些相对落后的国家或地区。

在相对落后的国家或地区，它们依靠产业结构升级带动经济增长方式转型，其特殊的地方主要在于，相对落后的国家或地区可以通过政府的力量把资源从较低层次的产业转移到较高层次产业，然后再借用引进技术来扩展该产业。也就是说，落后国家或地区的产业结构升级不主要是在技术进步中逐步演进的，而是借助政府的力量先进行资源在产业间的转移，再实现技术进步，因此，在产业结构升级与技术进步的相互作用的机制中，产业结构升级是处于主导地位的。例如，所有的社会主义国家在最初的工业化进程中，都采取了一种重工业优先发展的战略。这并不是技术进步自发要求的结果，而主要是政府主导的结果。通过这种方式加快了产业结构升级的进程，同时也促进了技术进步，在一定程度上也改变了过去的增长方式。不过，这种影响机制因为是由政府主导，因此在资源转移和技术进步之间难以达到一种均衡，即资源转移能够引起技术进步，而是把产业结构升级更主要地建立在资源转移上，结果使经济增长方式的转变产生时滞。所有社会主义国家在实现经济增长方式转变中暴露出的这一问题，说明这种产业结构升级影响经济增长方式转变的特殊机制的实现是比较困难的。另外，其特殊的地方还体现在，相对落后的国家或地区其产业结构升级不是严格的梯度演进，即不像发达国家那样，在第一产业得到充分发展后要求第二产业加快发展，第二产业的发展最终取得了主导地位，又进一步提出对发展第三产业的要求，逐步地，第三产业又取得了产业结构中的主导地位，产业结构升级不仅体现为三次产业的梯度演进，而且三次产业都有进一步发展的空间。如此，产业结构升级提高生产效率的效应与各次产业的生产效率提高并存，这使得过度的产业间资源转移，不仅不会提高效率，而且还会对效率的提高产生阻碍作用。这一点在社会主义国家的工业化过程中也比较显著地体现出来。如我国在重工业优先发展的工业化进程中，由于依靠政府过度地从农业转移资源到工业，虽然从产业结构来看提高了工业的比重，但是因此大大限制了农业和轻工业的发展，使我国在改革开放的社会主义经济建设时期，并没有充分发挥出自己的比较优势。

这些都表明，在相对落后的国家和地区，要实现产业结构升级对经济增长方式转变的有效影响，并不是一件容易的事情。这些国家或地区在提升产业结构过程中如何推动经济增长方式的转变，对产业结构升级影响经济增长方式转变的路径选择提出了更高的要求。

（二）产业结构升级影响经济增长方式转变的路径

产业结构升级导致经济增长方式转变的上述机制遵循着怎样的路径完成其功能的？这是需要进一步探讨的一个问题。这里所讲的路径是指从产业结构升级开始，产业结构是按照怎样的顺序完成升级的，而在升级的过程中又是如何达到节约资源、提高效率的，最终使经济增长由粗放型过渡到集约型。

理解产业结构升级影响经济增长方式转变的路径，还有一个重要的环节，就是在这个过程中，体现出的是一个自发演化的进程，还是一个由政府推动的进程。因此，产业结构升级影响经济增长方式转变的路径可以有两种选择。

就自发演进的路径来说，首先，产业结构的升级是一个自发演进的过程。人类的生产活动最初都集中在农业，因为农业是人类生产活动的最初形式。因此，农业也就成为人类产业发展史上的第一产业。作为人类的一种生产活动，农业生产体现为人与土地等自然资源之间的过程，而它的发达程度则取决于在这一过程中所使用的工具。这种工具的生产是最初的制造业，因而也是第二产业。但是，在相当长的时间里，这种第二产业是属于从属的地位，仅仅是被用来为第一产业服务的。在这一时期，第一产业处于主导地位。由于第一产业受其主要生产要素的约束，其发展最终会受到限制，再加上人类逐步超越生存需求的满足，而上升到对更高需求的追求，第二产业不仅是为第一产业服务的产业，而且也成为满足人们需求的一种产业，这为第二产业的发展开辟了非常广阔的前景，当第二产业发展需要的条件能够充分满足时，第二产业就会超越第一产业成为产业结构的主导产业。第二产业发展一定会提出更多的服务需求，当然第一产业也有这样的需求，这种服务又被称为第三产业。如果说第一、第二产业的发展都直接或间接地依赖于自然条件或物质条件，那么第三产业的特点则是更主要地依赖于非物质资源，尤其是更高级的服务业，对人力资源和人力资本的要求越来越高。第三产业最终能够成为产业结构的主导产业，同样不是建立在对第一、第二产业的服务上，而是第三产业越来越用以满足人们更高层次的需求。因此，产业结构升级可以是一种自发演进的过程。产业结构升级的这种自发演进过程，伴随的是生产活动对自然资源的依赖相对下降。从生产过程需要的三个基本要素来看，在产业结构升级过程中，对劳动对象的依赖逐步下降，对劳动资料的依赖相对较强，但也呈下降的趋势，而对人力资源和人力资本的需求却不断上升。这样的趋势所反映出来的经济增长必然是由粗放型转向集约型。

就政府推动的路径来说，产业结构升级就不再是一个自然演进的过程，而是在政府的推动下来完成这种升级。因此，这一产业结构升级影响经济增长方式转变的路径主要是一些后进国家或地区开辟的。对于后进国家或地区来讲，产业结构升级后的完成形态已经在发达国家展现出来了，而且这种产业结构升级带来的效应得到了理论和实践的充分证明。这种背景下，作为后进的国家或地区在实现产业结构升级时就不需要等着自然演进，而可以通过构建来实现产业结构的加速升级。由于产业结构升级伴随着生产要素在“一二三”产业间梯次转移，因而，要完成这种生产要素在产业间的转移一定需要一种推动力量，在自然演进的过程中，这种推动力量是市场，而在构建思路下的转移，这种推动力量则是政府。其发生的过程是，政府通过计划和行政手段把生产要素从第一产业向第二产业转移，进一步地再向第三产业转移。如此，产业结构升级的步伐一定会加快。但是，这种转移很容易扭曲资源和生产要素的价格，往往是资源和基本生产要素的价格被压低，从而使技术进步的步伐被羁绊，粗放型经济增长变成一种理性选择，从而实现经济增长方式转变的进程被放慢。例如在实践中，一些国家在通过政府推动产业结构升级的过程中，就表现为一方面产业结构得到升级，另一方面经济增长并没有相应地转型。这其中的原因就是没有在政府推动产业结构升级过程中遵循市场规律或者没有让市场在产业结构升级中发挥作用。到目前为止，这种由政府推动的产业结构升级影响经济增长方式转变的路径走得并不顺利。对现在尚未完成经济增长方式转型的国家来说，完全按照发达国家所走过的路去走，肯定是不现实的。产业结构的升级离不开政府的推动，经济增长方式转变也受着政府的影响，因此，使政府推动产业结构升级影响经济增长方式转型的路径顺利实现是所有后发展国家必须予以探索的。

三、产业结构升级对经济增长影响的实证分析

（一）假设的提出

国民经济的增长会受到产业产出增长和主导产业变化的双重影响。在技术进步和主导产业推动产业结构变迁的过程当中，投入要素会从生产率水平或者增长率较低的部门向生产率水平或增长率较高的部门流动，从而提高整个社会的生产率水平。这就是产业结构升级对经济增长的促进作用。在本章的研究中，产业结构升级主要是指整个国民经济的重心由第一产业向第二产业，进而向第三产业的转变。因此，我们以第三产业占 GDP 的比值作为产业结构升级的衡量指标。对于产业结构调整与经济增长的关系，并没有得出一致的研究结论。其中，刘伟等（2002）采用生产函数法分析了我国三次产业变化对经济增长的影响，认为第三产业对经济增长拉动作用较大。张辉和刘伟（2008）研究发现，结构变迁对中国整体经济增长产生了影响，尤其是改革开放以后，在很长一段时间内，这种影响尤为显著。干春晖等（2010）基于省际面板数据，建立了产业结构与经济增长的

固定效应模型，发现产业结构合理化与经济增长的关系较为稳定，而高级化的影响并不显著，即第三产业的不断扩张对经济增长的促进作用不明显。面对这些实证结果的分歧，是否持续推进我国产业结构升级，引导我国经济偏重第三产业发展，成为当前我国经济发展面临的一个关键问题。因此，我们首先要检验产业结构升级对经济增长的拉动作用在当前的中国经济中是否存在。所以，我们提出：

假设：产业结构升级对我国经济增长具有显著的拉动作用。

（二）样本选择与数据说明

本章选取全国 31 个省份作为研究对象，由相关统计年鉴及相关网站收集各省相关经济数据，分东、中、西部三个地区对产业结构升级与经济增长之间的关系进行研究。关于区域的划分，本章采用国家统计局的标准，其中东部地区包括北京、天津、河北、辽宁、上海、江苏、浙江、福建、山东、广东和海南 11 个省市；中部地区包括山西、吉林、黑龙江、安徽、江西、河南、湖北和湖南 8 个省；西部地区包括内蒙古、广西、重庆、四川、贵州、云南、西藏、甘肃、青海、宁夏、新疆、陕西 12 个省份。

结合数据的可得性，本章只对 2008 年以后的数据进行考察分析，因此样本区间设为 2008~2013 年。之所以采用面板数据进行分析，是因为这样既可以控制不可观测效应，同时又扩大了样本量，增加了自由度，并有助于缓解共线性的问题，从而使回归的结果更趋于准确。最后，本章得到 31 个省份共 186 个观察值，全部数据均从历年《中国统计年鉴》、各地区统计年鉴以及相关网站中所得。

（三）模型建立与变量定义

在对经济增长进行实证研究的文献中，很多学者选择了生产函数作为本模型的基本估计框架。本章同样采用这一工具来分析产业结构对经济增长的影响。在 t 期的柯布—道格拉斯生产函数可以表述为：

$$y_t = A(t)K(t)^{\alpha}L(t)^{\beta} \tag{8-9}$$

其中，y 为人均产出，A 为技术水平，K 为人均资本，L 为劳动力占总人口的比例。由于短时间地区劳动力占总人口比例 L 不会发生较大变化，为了简便，假定 L 为常数。对上述表达式的左右两边同时取自然对数，可得：

$$\ln y_t = \ln A(t) + \alpha \ln K(t) + \ln L \tag{8-10}$$

从式（8–10）中可以看出，人均产出主要取决于两个因素，人均资本 K 和技术进步 A。特别地，在式（8–10）中，A(t) 不仅反映了技术的变化情况，还反映了不同地区之间资源禀赋、制度的差异和跨时间的变化，以及其他地区特定但不可观测到的特征（林毅夫、刘志强，2000）。因此，我们假定 A(t) 取决于如下变量。

（1）UPG，第三产业占 GDP 的比重，用以衡量产业结构指标。

（2）STU，各地区的普通本科、专科毕业人数与各地区人口的比值，用以近似衡量各地区人力资本水平的投入情况。

（3）OPEN，出口贸易额与 GDP 的比值，用以衡量一个地区对外贸易的活跃程度；RFDI，外商直接投资与 GDP 的比值，由前文可知，不同的 FDI 规模也会导致不同地区的经济差距。在本模型中使用这两个变量来表示各地区经济的开放程度。

（4）RGDP，财政总支出与 GDP 的比值，用以表示各地方政府的财政政策对经济增长的影响，因为目前在市场经济背景下，宏观调控依然占据着很大比例，所以政府的决策和行为都会对各自地区的经济产生重大的影响。

（5）INFA，各地区人均固定资产投资的对数，因为人均资产也是影响经济增长的重要因素。

以上五个变量中，UPG 为解释变量，其余皆为控制变量。

我们运用 2008~2013 年全国 31 个省份的面板数据来分析金融发展及产业结构变迁对经济增长的影响。基本模型设定如下：

$$Y_{it} = \beta_0 + \beta_1 UPG_{it-1} + \beta_2 X_{it-1} + \lambda_t \quad (8\text{–}11)$$

使用滞后一期的自变量，主要是出于解决内生性问题的考虑。模型中 Y_{it} 为因变量，表示 i 省在时间 t 的实际人均 GDP 的对数值，解释变量为 UPG_{it-1}，表示 i 省在时间 t – 1 的产业结构衡量指标，用第三产业与 GDP 的比值来衡量；X_{it-1} 是我们在模型中设置的与经济增长相关的控制变量，主要包括前面提到的人力资本水平（STU）、经济开放程度（OPEN）、外商直接投资程度（RFDI）、宏观政策（RGDP）、人均固定资产投资（INFA）。t 是观测到的时间特定效应。具体的变量定义如表 8–1 所示。

表 8-1 变量定义

相关变量	符号	变量定义
经济增长	Y_{it}	实际人均 GDP 的对数值
产业结构	UPG_{it-1}	第三产业产值/GDP
人力资本	STU_{it-1}	普通本科、专科毕业人数/各地区人口
外贸活跃程度	$OPEN_{it-1}$	出口贸易额/GDP
外商直接投资程度	$RFDI_{it-1}$	各地区 FDI/GDP
宏观政策	$RGDP_{it-1}$	财政支出/GDP
固定资产	$INFA_{it-1}$	各地区人均固定资产的对数

（四）统计结果与计量分析

1. 东、中、西部地区变量的描述性统计

如表 8-2 所示，东部地区第三产业占比 UPG 平均值为 0.489，中位数为 0.465，中部地区 UPG 平均值为 0.368，中位数为 0.376，西部地区 UPG 平均值为 0.401，中位数为 0.398，因此东部地区的 UPG 值要远高于中西部地区，这说明在我国东部发达地区的第三产业在国民经济中占有更重要的地位。

表 8-2 描述性统计

东部地区							
变量	Y	UPG	STU	OPEN	RFDI	RGDP	INFA
平均数	8.513	0.489	0.0074	0.79	0.041	0.14	18.933
中位数	8.515	0.465	0.0047	0.691	0.039	0.215	18.871
最大值	9.002	0.863	0.017	1.943	0.085	0.339	20.504
最小值	7.975	0.36	0.0029	0.517	0.021	0.084	16.115
样本量	66	66	66	66	66	66	66
中部地区							
变量	Y	UPG	STU	OPEN	RFDI	RGDP	INFA
平均数	7.632	0.368	0.004	0.126	0.029	0.24	17.977
中位数	7.753	0.376	0.004	0.128	0.031	0.22	18.011
最大值	7.874	0.421	0.0069	0.208	0.053	0.27	19.3
最小值	6.98	0.286	0.0019	0.053	0.008	0.15	16.998
样本量	56	56	56	56	56	56	56

续表

西部地区							
变量	Y	UPG	STU	OPEN	RFDI	RGDP	INFA
平均数	7.813	0.401	0.0029	0.121	0.021	0.431	17.013
中位数	7.541	0.398	0.0028	0.119	0.1	0.492	17.024
最大值	8.951	0.596	0.0074	0.396	0.086	1.521	19.005
最小值	6.753	0.359	0.0011	0.063	0.003	0.194	15.421
样本量	72	72	72	72	72	72	72

2. 产业结构与经济增长的面板协整检验

（1）面板单位根检验。首先，我们采用 Fish-ADF 检验法对经济增长变量 Y、产业结构变量 UPG 及其一阶差分进行单位根检验，检验结果如表 8-3 所示。

表 8-3　面板单位根检验结果

变量	ADF 检验	
	检验值	结论
Y	7.0966	不平稳
UPG	57.2321	不平稳
ΔY	98.7745*	平稳
ΔUPG	129.863*	平稳

注：* 表示在 1%的显著水平上拒绝单位根的假设。

如表 8-3 所示，当对经济增长变量 Y 和产业结构变量 UPG 进行 ADF 检验时，检验结果不能拒绝“存在单位根”的原假设，表明 Y 和 UPG 均为非平稳变量；在对 Y、UPG 经过一阶差分处理后，检验结果均在 1%的显著性水平上拒绝“存在单位根”的原假设，说明经济增长变量 Y、产业结构变量 UPG 均在 1%的水平下一阶单整。

（2）面板协整检验。在面板单位根检验的基础上，我们对以上这些非平稳变量进行面板协整检验，以检验经济增长 Y 与产业结构 UPG 是否存在长期稳定的关系。本章采用 Pedroni 的面板协整方法，以回归残差构造统计量进行检验，考虑到省份（α）和时间（δ）的固定效应，估计的协整关系是：

$$y_{i,t} = \alpha_i + \delta_t + \beta_1 UPG_{i,t} + \varepsilon_{i,t} \tag{8-12}$$

如果上述变量之间存在协整，那么 $\varepsilon_{i,t}$ 是一个平稳变量，根据检验结果，列出了部分结果如表 8–4 所示。

表 8–4 面板协整检验结果

	Y 与 UPG	
统计量	Statistic	Prob.
Panel ADF–Statistic	–3.481	0.0003
Group ADF–Statistic	–4.6743	0.0001

由表 8–4 可知，Panel ADF 和 Group ADF 均在 1%的显著性水平下拒绝了“不存在协整关系”的原假设，说明非平稳变量经济增长 Y 与产业结构 UPG 之间存在长期协整关系。

3. 产业结构与经济增长的回归结果分析

由于经济增长 Y 与产业结构 UPG 在长期存在稳定的关系，因此我们对这两者之间的关系进行回归分析。我们将解释变量 UPG 以及控制变量 STU、OPEN、RFDI、RGDP、INFA 代入模型进行回归分析，对东部地区、中部地区和西部地区分别验证产业结构升级对地区经济增长的促进作用。下面将东、中、西部地区的回归结果整理如表 8–5 所示。

表 8–5 产业结构与经济增长的回归结果

	东部地区	中部地区	西部地区
C	3.239*** (6.239)	6.746*** (3.461)	17.004*** (9.667)
UPG	–4.376*** (6.409)	3.715** (–2.346)	8.731** (–2.535)
STU	121.584*** (11.65)	112.093*** (5.542)	103.316*** (4.456)
OPEN	0.066 (0.965)	0.254 (0.336)	1.395*** (3.379)
RFDI	3.593*** (3.585)	–7.746*** (–4.84)	6.751*** (3.249)
RGDP	–1.848*** (–3.818)	–0.554 (–0.575)	–0.383 (–1.413)

续表

	东部地区	中部地区	西部地区
INFA	0.145*** (6.468)	0.079 (0.758)	0.264*** (–5.498)
F	98.469	23.049	16.998
R^2	0.968	0.869	0.801

注：***、** 分别表示在 1%、5%的水平显著，括号内是 t 统计量。

（1）东部地区结果分析。东部地区产业结构指标 UPG 的系数为–4.376，且通过了显著性检验，这说明东部地区第三产业占比增加与经济增长呈负相关关系。近年来，东部地区服务业规模不断扩大，其第三产业占比远远大于中西部地区，此时继续盲目扩张东部地区第三产业的比重并非明智之举。发展我国经济必须以第一产业为基础，以第二产业为主导，第三产业通过向第一产业和第二产业提供所需的服务产品，促进第一、第二、第三产业协调发展，实现整体经济增长。所以，不能一味扩大第三产业占比，应该把握好第三产业的发展规模，使第一、第二、第三产业协调发展，促进经济健康发展。INFA 的系数为 0.145，并在 1%的水平下显著为正，这表明人均资本与经济增长呈正相关关系。STU 的系数为 119.485，并在 1%的水平下显著为正，这表明在东部地区人才的重要性。人力资本是经济增长的主要因素，人力资本能够使物质资本和劳动等要素产生的收益递增，进而实现经济的持续增长。RGDP 的系数为–1.848，在 1%的水平下显著为负，这说明各级地方政府对经济的介入程度越深，对经济增长的伤害越大。

（2）中部地区结果分析。中部地区产业结构指标 UPG 的系数为 3.715，且显著为正，这说明中部地区第三产业占比增加与该地区的经济增长呈正相关关系。近年来，中部地区服务业发展速度不温不火，其第三产业的占比距发达经济体还有很大差距，产业结构升级对该地区的经济增长有明显的促进作用。STU 的系数为 112.093，并在 1%的水平下显著为正，这表明在中部地区人才也非常重要。人力资本是经济增长的主要因素，人力资本能够使物质资本和劳动等要素产生的收益递增，进而实现经济的持续增长。RFDI 的系数为–7.746，在 1%的水平下显著为负，说明对外直接投资的过快增长将会对该地区的经济增长起到抑制作用。

（3）西部地区结果分析。西部地区产业结构 UPG 的系数为 8.731，在 5%的水平下显著为正，这说明西部地区第三产业占比增加与该地区的经济增长呈正相关关系。西部地区第三产业发展比较缓慢，其第三产业的占比距发达经济体还有很大差距，产业结构升级对该地区的经济增长有明显的促进作用。STU、INFA、OPEN、RFDI 指标影响系数均为正，说明了人力资本、固定资产投入、外向贸易开放水平对经济增长具有促进作用，增加支出、扩大投资、开放贸易，有利于形成资本积累，促进西部地区资本流动，带来降低融资成本的可能，提高资金利用效率，成本节省并完善自身，加固产品服务质量，盈利多了，继而提高了投资意愿，以提高地区经济水平。

4. 实证结论

本章以柯布—道格拉斯生产函数为基本框架，选取 2008~2013 全国 31 个省份的相关数据作为研究样本，分析了我国目前产业结构现状，并构建了其与经济增长的一般经济模型，分东、中、西部三个地区分别考察了产业结构升级与经济增长的经济联系，主要结论有：产业结构升级会对我国经济增长产生直接影响。在东部地区，产业结构指标 UPG 的回归系数显著为负，说明提高第三产业占比不利于经济增长；在中部和西部地区，产业结构指标 UPG 的回归系数均显著为正，表明第三产业占比增加与经济增长呈正相关关系。这是因为我国东部地区第三产业占比已经较高，因而持续扩大第三产业占比可能会造成产业空洞，抑制经济增长；在中部和西部地区，第三产业占比较低，因而产业结构升级对该地区的经济增长有明显的促进作用。

第九章　金融发展与对外贸易增长的实证分析

随着内生经济增长理论被引入国际贸易模型，比较优势的决定因素也得以内生化而形成内生比较优势理论。内生比较优势理论的观点认为，比较优势由经济系统内在力量推动而形成长期的演化过程，并不依赖于外部的力量，经济系统内各要素之间的均衡性匹配产生经济增长的集合力量。动态比较优势与内生比较优势之间存在着要素间的相互联系，这是由于比较优势的动态变化，基于要素的内生性反映出经济活动的增量变化。动态比较优势理论中的技术差异模型、技术转移模型、模仿差距模型和产品生命周期模型等均不同程度涉及了技术变动对比较优势的影响，但在这些理论中，技术进步的变化主要源自于外部的技术转移、FDI 的技术溢出和内部的技术模仿，并没有触及技术进步改变的根本原因，而且，技术落后国家通过模仿或引进先进国家的技术，仍然不能实现技术差距的缩小和扭转由技术水平决定的比较劣势的格局。现有的研究基本上是从规模效应、技术创新等角度出发研究金融发展对贸易的影响。其原理均基于金融发展的功能观，通过经济增长这一中间媒介，探讨金融发展对贸易影响的机理。本章拟创新性地运用新古典贸易理论中的要素禀赋理论，在原有“金融发展—经济增长—贸易发展”框架中，利用要素禀赋调节金融发展和贸易，为该问题的研究提供一种新的研究思路和视角。

金融发展内生增长理论提出，金融部门的有效发展能够刺激储蓄，促进储蓄转变为投资，提高投资配置效率，进而促进资本禀赋积累；新古典贸易理论认为，因为要素的增长方式和一国或地区的贸易地位不同，资本、技术、劳动等要素的增加会不同程度地影响一国或地区的贸易规模及贸易条件。然而，国内外很少有学者综合以上两种理论，研究金融发展对贸易出口的作用机制。本书认为，如果将上述两种理论以资本、技术及劳动要素的增加为中介进行连接，验证金融部门有效发展促进的资本积累能够在贸易出口中发生作用，金融发展既能促进一国或地区的贸易出口规模的扩大（规模效应），又能优化贸易出口结构（结构效应）。同时，以贸易出口的规模效应和结构效应来促进贸易出口的增长，这也是本书的主要创新点。因此，本书拟先运用内生增长模型，说明金融发展能够促进储蓄转变为投资，提高资本积累；再运用新古典贸易理论中的有关经济增长对贸易规模和贸易条件产生影响的机制，并对此理论加以扩展及延伸，继续阐述资本、技术、劳动等要素影响出口贸易结构的情形，得出对出口规模和出口结构产生影响的不同条件；基于我国的要素增长方式和贸易出口结构，论证出口贸易规模效应和出口贸易结构效应对我国贸易增长的比较结果。具体分析如图 9-1 所示。

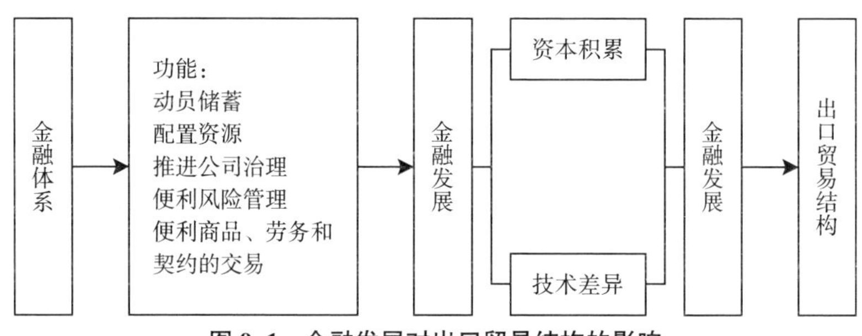

图 9-1　金融发展对出口贸易结构的影响

一、金融发展通过比较优势影响对外贸易的实证分析

（一）指标的选取及说明

1. 衡量金融发展的指标

本书试图选用戈氏金融相关率（FIR）指标和金融资产总量（XD）指标（即金融机构信贷总额/GDP）来衡量一国或地区金融发展水平。FIR 衡量了一国或地区经济的货币化程度和金融结构的优化程度，反映了金融发展水平，具体而言，

FIR = M2/GDP。XD 衡量了一国或地区金融发展的规模总量，反映了一国或地区资本市场的发展程度，具体而言，XD = 金融机构信贷总额/GDP，其中，GDP 为控制变量，用于剔除宏观经济对一国或地区金融发展的影响。

2. 衡量对外贸易比较优势的指标

衡量一国或地区对外贸易比较优势的指标主要有比较优势指数和贸易竞争力指数两个指标。考虑到指标的经济意义及变量数据的可获得性，本书试图选用贸易竞争力指数（I_i）衡量一国或地区对外贸易比较优势，具体而言，$I_i = (E_i - M_i)/(E_i + M_i)$，$i = 1, 2, 3, \cdots, n$，其中，$E_i$ 和 M_i 分别指该国或地区 i 类商品的出口额和进口额。当贸易竞争指数 $I_i > 0$，表明该国或地区 i 类产品在国际上具有较强的国际竞争力；当 $I_i < 0$ 时，则说明该国或地区 i 类产品在国际上具有较弱的国际竞争力。在计量模型中，用 YI 代表比较优势水平。

（二）模型的设计与数据的处理

本书选取能衡量一国或地区金融发展程度的金融相关率（FIR）、金融发展规模（XD）作为解释变量，选取能衡量比较优势的贸易竞争力指数（I_i）作为被解释变量，在计量模型中，用 YI 表示。选取 2001 年 1 月至 2010 年 3 月的金融发展和贸易的月度数据为样本数据进行实证分析。为避免多重共线性及消除时间序列中可能存在的异方差现象，对变量指标进行对数处理。但由于 YI 变量存在负数可能，因此，本书仅对变量 FIR 和 XD 进行对数处理，记为 LNFIR、LNXD。

建立计量经济模型 $Y_1 = F_1(LNFIR, LNXD, u)$，其中，u 包含了除 FIR 和 XD 外的其他影响被解释变量的因素。

图 9-2 和图 9-3 分别为解释变量 LNFIR 和 LNXD 的折线图。

（三）平稳性检验

为避免“伪回归”现象的出现，在回归分析之前先对变量进行平稳性检验，本书采用 ADF 单位根检验对时间序列 YI、LNFIR、LNXD 及其差分进行平稳性检验，检验结果如表 9-1 所示，各变量均为一阶差分平稳序列。

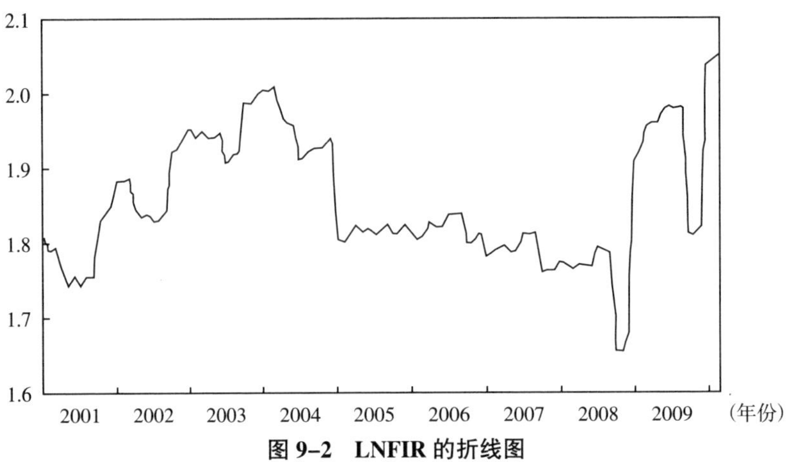

图 9-2 LNFIR 的折线图

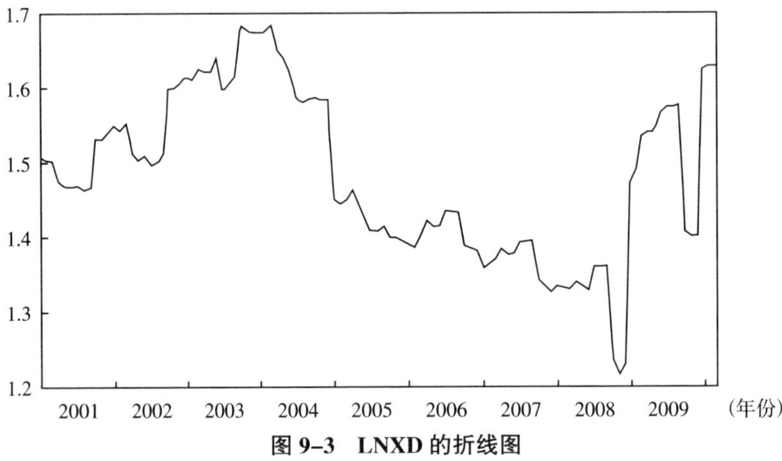

图 9-3 LNXD 的折线图

表 9-1 各变量 ADF 单位根检验结果

变量	ADF 统计量	1%	5%	10%	检验形式	D.W 值	结论
YI	-3.154440	-4.044415	-3.451568	-3.151211	(C，T，1)	1.89	不平稳
DYI	-12.94457	-4.044415	-3.451568	-3.151211	(C，T，1)	1.97	平稳
LNFIR	-1.913127	-4.046072	-3.452358	-3.151673	(C，T，1)	1.99	不平稳
DLNFIR	-8.428169	-4.046072	-3.452358	-3.151673	(C，T，1)	2.01	平稳
LNXD	-1.411625	-4.046072	-3.452358	-3.151673	(C，T，1)	1.94	不平稳
DLNXD	-8.735832	-4.046072	-3.452358	-3.151673	(C，T，1)	1.95	平稳

（四）模型的协整检验

由 ADF 单位根检验结果可以看出，衡量一国或地区金融发展程度和比较优势的两个指标均为一阶单整序列，因此可用协整检验以验证变量间是否具有长期均衡关系。本书拟采用 EG 两步法，首先运用 Johansen 提出的极大似然值判断协整方程的个数，然后运用最小二乘法（OLS）估计变量 YI 与 LNFIR、LNXD 的方程，再用 ADF 单位根检验在回归模型中得到的残差是否为平稳序列，以防止“谬误回归”的现象，并进一步运用误差校正机制建立变量 YI 与 LNFIR、LNXD 的长期均衡。

Johansen 的极大似然值检验结果表明在 95%的置信水平下，我国金融发展与对外贸易比较优势间存在长期均衡关系（见表 9-2）。

表 9-2 Johansen 的极大似然值检验结果

零假设	特征根	迹统计量	最大特征值	P 值
None*	0.11091069	31.92096	210.991093	0.01910
At most 1	0.095145	10.39045	15.510942	0.2610
At most 2	0.0110129	1.962101	3.9911096	0.1636

进一步用普通最小二乘法分别估计变量 YI 与 LNFIR 和 LNXD 的方程。估计得到的 YI 与 LNFIR 的方程为：

$$YI = 61.510 - 29.96LNFIR$$
$$(5.45) \quad (-6.104)$$

用公式 Resid = YI − 61.510 + 29.96LNFIR 提取残差 Resid，用 E1 表示由该方程提取的残差 Resid，进一步用 ADF 单位根检验 E1 的单整性。残差 E1 的 ADF 检验结果如表 9-3 所示。

表 9-3 残差 E1 的 ADF 单位根检验结果

变量	ADF 统计量	1%临界值	5%临界值	10%临界值	检验形式	D.W 值	结论
E1	−3.953306	−3.6101959	−2.996439	−2.613369	(0，T，1)	1.910	平稳

估计得到的 YI 与 LNXD 的方程为：

$$YI = 51.99 - 32.610LNXD$$
$$(9.105) \quad (-10.69)$$

用公式 Resid = YI – 51.99 + 32.610LNXD 提取残差 Resid，用 E2 表示由该方程提取的残差 Resid，进一步用 ADF 单位根检验 E1 的单整性。残差 E2 的 ADF 检验结果如表 9–4 所示。

表 9–4 残差 E2 的 ADF 单位根检验结果

变量	ADF 统计量	1%临界值	5%临界值	10%临界值	检验形式	D.W 值	结论
E2	–7.358382	–3.490772	–2.887909	–2.580908	(0，T，1)	2.11	平稳

估计得到的 LNFIR 与 LNXD 的方程为：

$$LNFIR = 0.102 + 0.90LNXD$$
$$(16.65) \quad (21.01)$$

用公式 Resid = LNFIR – 0.102 – 0.90LNXD 提取残差 Resid，用 E3 表示由该方程提取的残差 Resid，进一步用 ADF 单位根检验 E3 的单整性。残差 E3 的 ADF 检验结果如表 9–5 所示。

表 9–5 残差 E3 的 ADF 单位根检验结果

变量	ADF 统计量	1%临界值	5%临界值	10%临界值	检验形式	D.W 值	结论
E3	–1.610104106	–3.4910009	–2.1094326	–2.4932010	(0，T，1)	2.09	不平稳

由残差序列的 ADF 单位根检验结果可知，残差序列 E1 和 E2 均为单阶平稳序列，即 YI 和 LNFIR、YI 和 LNXD 之间存在长期稳定的均衡关系，可进一步用 VAR 模型对它们之间的长期均衡关系进行修正。残差序列 E3 的 ADF 单位根检验结果表明变量 LNFIR 和 LNXD 之间不存在长期稳定的均衡关系。

（五）误差修正模型

协整检验结果表明，YI 和 LNFIR、YI 和 LNXD 之间存在长期稳定的均衡关系，进一步采用误差修正模型建立变量间的短期动态关系，建立误差修正模型，修正后的协整方程如下：

$$D(YI) = -0.195D(YI(-1) + 3.49D(LNFIR) - 21.103D(LNHB(-1)) - 0.41e(-1)$$
$$(-2.99) \qquad (0.410) \qquad (-2.62) \qquad (-3.96)$$

$$D(YI) = 0.110D(-YI(-1)) + 2.03D(LNXD) - 15.93D(LNXD(-1)) - 0.51e2(-1)$$
$$(-2.00) \qquad (0.210) \qquad (-2.00) \qquad (-4.106)$$

（六）格兰杰因果检验

为进一步检验 YI 与 LNFIR、LNXD 变量间的因果关系，本书采用格兰杰因果关系检验法，格兰杰因果关系检验结果如表 9-6 所示。

表 9-6　格兰杰因果检验结果

零假设	样本量	F 统计值	P 值	结论
LNFIR 不是 YI 的格兰杰原因	109	12.2396	9.E-06	拒绝
YI 不是 LNFIR 的格兰杰原因	109	0.21312	0.6932	接受
LNXD 不是 YI 的格兰杰原因	109	14.99109	1.E-05	拒绝
YI 不是 LNXD 的格兰杰原因	109	0.51319	0.6490	接受
LNXD 不是 LNFIR 的格兰杰原因	109	0.191065	0.694100	接受
LNFIR 不是 LNXD 的格兰杰原因	109	0.691096	0.52105	接受

从格兰杰因果检验结果可以看出，LNFIR 是 YI 的格兰杰原因，而 YI 不是 LNFIR 的格兰杰原因；LNXD 是 YI 的格兰杰原因，而 YI 不是 LNXD 的格兰杰原因；LNFIR 和 LNXD 互不存在格兰杰因果关系。由此表明我国金融发展会促进对外贸易比较优势的发挥及对外贸易转型升级；反之，对外贸易的发展对金融发展的影响并不显著。此外，金融发展中 FIR 和 XD 之间存在微弱的相互影响。

二、金融发展对我国贸易开放度影响的实证研究

经过 30 多年的金融市场化改革，我国的金融市场得到了高速发展，1985~2015 年我国货币交易份额如表 9-7 所示。金融的发展集中表现在经济货币化程度不断提高的过程（见图 9-4）。

表 9-7　1985~2015 年我国货币交易份额

单位：亿元

年份	M0	M1	M2	GDP
1985	890.0	3340.9	5189.9	9016.0
1986	1218.4	4232.2	6721.0	10275.2
1987	1454.5	5714.6	8349.7	12058.6
1988	2134.0	6950.5	10099.6	15042.8
1989	2344.0	7347.1	11949.6	16992.3
1990	2644.0	8793.2	15293.7	18667.8
1991	3177.8	10866.6	19439.9	21781.5
1992	4336.0	15015.7	25402.1	26923.5
1993	5864.7	18694.9	31501.0	35333.9
1994	7289.0	20540.7	46923.5	48197.9
1995	7885.0	23980.0	60750.0	60793.7
1996	8802.0	28512.2	76119.8	71176.6
1997	10178.9	34826.0	90995.0	78973.0
1998	11204.0	38594.0	104499.0	84402.3
1999	13456.0	45837.0	119898.0	89677.1
2000	14700.0	53000.0	135000.0	99214.6
2001	15689.0	59872.0	158302.0	109655.2
2002	17278.0	70882.0	185007.0	120332.7
2003	19746.0	84119.0	221223.0	135822.8
2004	21468.3	95969.7	254107.0	159878.3
2005	24031.7	107278.8	298755.7	184937.4
2006	27072.6	126035.1	345603.6	216314.4
2007	30375.2	152560.1	403442.2	265810.3
2008	34219.0	166217.1	475166.6	314045.4
2009	38246.0	220001.5	606220.6	340902.8
2010	44628.2	266621.5	725851.8	401512.8
2011	50748.5	289847.7	851590.9	472881.6
2012	54659.8	308664.2	974148.8	540367.4
2013	58574.4	337291.1	1106525.0	595244.4
2014	60259.5	348056.4	1228374.4	643974.0
2015	63216.6	400953.4	1392278.1	685505.8

资料来源：《中国统计年鉴》（2015）、中国人民银行网站、中国国家统计局。

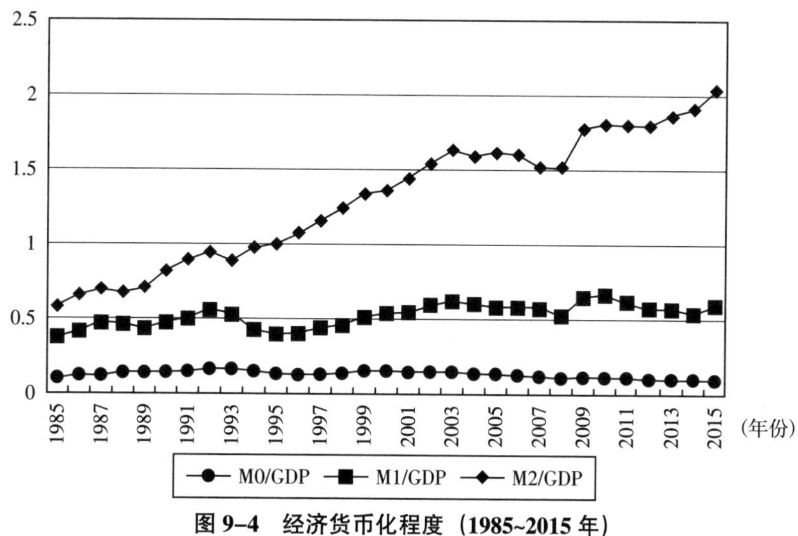

图 9-4 经济货币化程度（1985~2015 年）

我国对外贸易随着金融发展的进程也在不断增长，表 9-8 列出了 1995~2015 年我国进出口额，2015 年进出口总额、进口额、出口额的增长的速度远远高于 1995 年的水平。因此，本书采用计量模型和计量软件研究金融发展与外贸的关系。

表 9-8 1995~2015 年我国的进出口额

单位：亿美元

年份	进出口总额	进口	出口
1995	21009	1321	141010
1996	21099	131010	1511
1997	3251	1424	11029
1998	3240	1402	110310
1999	3609	16510	1949
2000	4943	2251	2492
2001	50109	2436	2662
2002	62010	2952	3256
2003	10512	41210	43104
2004	115410	5614	5934
2005	14221	6601	9620

续表

年份	进出口总额	进口	出口
2006	19609	9916	9691
2007	219310	95510	121100
2008	25616	11331	142105
2009	22092	10056	12019
2010	29740	15778	13962
2011	36419	18984	17435
2012	38671	20487	18184
2013	41590	22090	19500
2014	43030	23428	19603
2015	39552	22747	16805

资料来源：国家统计局统计公报。

（一）指标选取与模型构建

1. 选取指标

（1）国际贸易指标。国际贸易常用的测量指标有 OPEN（即贸易开放度，用进出口占 GDP 的比重来表示）和 EXR（出口对经济的贡献度，即出口占 GDP 的比重）以及 IMR（即进口对经济的贡献，用进口占 GDP 的比重来表示）。

（2）金融发展指标。金融发展指标一般包括银行体系指标（银行发展规模指标 DEPT 和存贷效率指标 PRIV）、股票市场指标（资本化指标 EQV、成交金额比率 DC 及资本周转率 TUO）、债券市场指标（债券融资指标 EB）和外汇市场指标（实际有效汇率 REE）。以上四类指标是影响金融发展和对外贸易关系的关键指标，对我国经济和贸易的发展起着指示作用。

2. 数据说明

由于数据获得具有一定的复杂性，本书选择 2003~2009 年的季度数据作为数据来源。由于进出口数据、M2 等金融指标、GDP 季度数据分别来自于不同的统计信息网，因此数据存在可容许的误差，为最小化数据差异，本书采取 King 和 Levine 的做法，以平均数确定 M2 等指标的数值，进而求得 DEPT、EQV、TUO 等指标数值，为使实证结果比较明显，我们采取将 REE 缩小 100 倍得到 REE′。

为了进行横截面数据的估计分析，本书先对全国 19 年的数据指标求平均值，得到了每个指标 19 年的平均横截面数据，选取贸易开放度指标进行具体的数据分析，获得如下数据结果（见表 9–9）。

表 9–9　1990~2009 年全国各金融指标的描述性统计

描述统计	OPEN	FIR	FER	FDI	AGDP
均值	0.282689	2.162300	1.147670	218142.4	11020.98
中位数	0.11010	1.960011	1.110010	95785.50	7792.848
最大值	1.42100	4.790020	1.850000	1097604.0	38179.80
最小值	0.06000	1.530000	0.850000	5581.300	3164.114
标准差	0.342416	0.764126	0.205565	269826.0	8762.956
省份	26	26	26	26	26

注：OPEN、FIR 和 FER 均为比值形式，FDI 单位为万美元，AGDP 单位为元/人。

本书选取了 OPEN、FIR 和 FER 三个指标，通过三个变量之间的折线关系图描述金融发展和对外贸易之间的关系，从中可以看出全国各省的这三个指标变量趋势基本一致，且波动的幅度较小，差异仅在于均值的数值方面。因此，本书可以大致推测这三个变量之间存在相关关系，对其相关性的检验结果如表 9–10 所示。

表 9–10　我国 26 个省份各指标相关性检验

相关性	OPEN	FIR	FER	LNFDI	LNAGDP
OPEN	1				
FIR	0.15	1			
FER	0.23	0.32	1		
LNFDI	0.026	0.063	0.098	1	
LNAGDP	0.032	0.19	0.13	1.28	1

注：数据为通过 1990~2009 年各省统计年鉴数据实证估计而得。

由表 9–10 可以看出，FIR、FER 与 OPEN 的相关性都较高，分别为 0.15 和 0.23，FDI 和人均 GDP 与 OPEN 呈现明显的正相关关系，由此可以说明，这几个指标对解释金融发展具有较强的说服力，也间接说明了金融发展与贸易之间存在着紧密联系。根据这一结论可以得出如下观点：金融发展水平越高，贸易开放度越大，相应的贸易量就越大。

3. 模型构建

本书试图选取存款机构指标、股票市场指标、债券市场指标和汇率指标去测度一国的金融发展程度，试图寻找这些指标代表的金融发展对我国对外贸易的影响，尤其是对对外开放度、进出口的影响。基于此建立贸易模型（贸易开放度、进出口模型）：

$$open_t = \alpha dept_t + \beta priv_t + \delta eqv_t + \varsigma dc_t + \upsilon tuo_t + \chi eb_t + \varepsilon ree_t + u$$

$$ex_t = \sigma_1 dept_t + \theta_1 eqv_t + \lambda_1 eb_t + \tau_1 ree'_t + u_1$$

$$imr_t = \sigma_2 dept_t + \theta_2 eqv_t + \lambda_2 eb_t + \tau_2 ree'_t + u_2$$

其中各指标分别由以下字母表示：open 为贸易开放度，进出口比率分别为 exr、imr；dept 为银行存款规模，priv 为股票市场规模，eqv 为债券市场规模，ree′则表示缩小 100 倍后的人民币实际有效汇率，u 则是模型的随机误差项。各指标数据值如表 9-11 所示。

表 9-11　各变量数据

季度	open	exr	imr	dept	priv	eqv	dc	tuo	eb	ree′
2003-Q1	0.4977	0.2475	0.2502	6.5152	14.1571	1.4042	0.2646	0.1884	0.0227	1.0674
Q2	0.5401	0.2772	0.2629	6.3841	13.8941	1.3603	0.3993	0.2935	0.0386	1.0371
Q3	0.5693	0.2904	0.2788	6.1966	13.4226	1.2061	0.2666	0.2211	0.0473	1.0367
Q4	0.4772	0.2546	0.2227	5.0965	10.9051	0.9590	0.2764	0.2711	0.0373	1.0245
2004-Q1	0.5930	0.2861	0.3086	6.2456	14.1003	1.3885	0.4910	0.3536	0.0223	1.0015
Q2	0.6353	0.3191	0.3191	6.3550	13.3497	1.2279	0.2601	0.2119	0.0215	1.0200
Q3	0.6370	0.3406	0.3165	6.0841	12.5469	1.0287	0.2109	0.2052	0.0148	1.0245
Q4	0.5413	0.3039	0.2470	4.9789	10.1470	0.7912	0.1605	0.2039	0.0129	0.9918
2005-Q1	0.6314	0.3338	0.2767	6.6799	13.2544	0.9270	0.1729	0.1865	0.0100	0.9723
Q2	0.6821	0.3636	0.3185	6.3659	12.4550	0.7821	0.1769	0.2262	0.0104	0.9767
Q3	0.6970	0.3750	0.3220	6.3568	12.0169	0.7327	0.2459	0.3352	0.0089	1.0117
Q4	0.5577	0.3024	0.2554	5.0850	9.4617	0.5708	0.1138	0.1993	0.0046	1.0391
2006-Q1	0.6727	0.3558	0.3152	6.8578	12.5531	0.7629	0.2520	0.3304	0.0051	1.0216
Q2	0.6916	0.3766	0.3151	6.4365	11.8973	0.8085	0.5464	0.6758	0.0049	0.9975
Q3	0.7451	0.4106	0.3369	6.4231	11.8940	0.9467	0.3953	0.4175	0.0047	1.0068
Q4	0.5775	0.3246	0.2529	5.0290	9.2807	1.0518	0.4789	0.4553	0.0041	1.0292

续表

季度	open	exr	imr	dept	priv	eqv	dc	tuo	eb	ree′
2007–Q1	0.6695	0.3886	0.3009	6.6878	12.2299	2.0491	1.4142	0.6902	0.0025	1.0398
Q2	0.6767	0.3811	0.2957	6.2453	11.5213	2.4770	2.7298	1.1020	0.0035	1.0358
Q3	0.7189	0.4043	0.3146	6.2202	11.6281	3.3838	2.1622	0.6390	0.0020	1.0679
Q4	0.5408	0.3046	0.2362	4.8053	9.0205	3.5009	1.0786	0.3081	0.0021	1.0639s
2008–Q1	0.6442	0.3450	0.2991	6.5101	12.2020	4.3634	1.5152	0.3472	0.0077	1.0911
Q2	0.6484	0.3520	0.2965	6.0785	11.3537	2.8408	1.0278	0.3618	0.0038	1.0995
Q3	0.6833	0.3806	0.3027	6.1122	11.3068	2.2251	0.6359	0.2858	0.0060	0.1442
Q4	0.4384	0.2614	0.1770	5.0087	9.0172	1.4546	0.5515	0.3792	0.0064	1.2280
2009–Q1	0.4460	0.2554	0.1907	7.6492	13.5208	2.1510	1.4125	0.6566	0.0067	1.2392
Q2	0.4775	0.2544	0.2231	7.4176	13.1947	2.4483	1.7404	0.7109	0.0060	1.1638
Q3	0.5355	0.2847	0.2508	7.4038	13.3040	2.5550	2.1247	0.8316	0.0046	1.1668
Q4	0.3769	0.2064	0.1706	5.0862	9.1471	1.8755	1.2635	0.6739	0.0035	1.1459

资料来源：中国人民银行网站，上海、深圳证券交易所网站、中国海关。

（二）实证研究

1. 怀特检验

为了降低由于模型、测量等因素对指标选择的影响，需要对所有数据进行怀特检验，去估计参数的有效性。Eviews 6.0 检验的结果如表 9–12 所示。

表 9–12　怀特检验结果

F 检验值	0.927698	P 值	0.556496
NR^2	13.99341	P 值	0.450202

从表中的 P 值看，$P > 0.1$，因此，该模型不存在异方差，设计较合理。

2. 单位根检验

由于时间序列具有不平稳的特征，回归的两数列之间容易出现“伪回归”情况，因此，需要在回归之前作平稳性检验。本书运用 Eviewss 6.0 计量软件对上述 10 个变量进行 ADF 单位根检验，检验结果如表 9–13 所示。

表 9-13　ADF 检验结果

变量	检验类型（C，T，L）	ADF 统计量	临界值	显著水平（%）	结论
OPEN	（C，T，2）	1.1021999	−3.644963	5	不平稳
ΔOPEN	（C，T，2）	−3.109102910	−3.644963	5	平稳
DEPT	（C，T，2）	−1.1901010	−3.622033	5	不平稳
ΔDEPT	（C，T，2）	−4.326455	−3.644963	5	平稳
PRIV	（C，T，2）	0.669562	−3.622033	5	不平稳
ΔPRIV	（C，T，2）	−3.91010034	−3.6510446	5	平稳
EQV	（C，T，2）	−2.639266	−3.6321096	5	不平稳
ΔEQV	（C，T，2）	−3.560549	−3.6321096	5	平稳
DC	（C，T，2）	−3.3221046	−3.644693	5	不平稳
ΔDC	（C，T，2）	−4.310104910	−2.99110910	5	平稳
TUO	（C，T，2）	−3.46109102	−3.595026	5	不平稳
ΔTUO	（C，T，2）	−6.230652	−3.603202	5	平稳
EB	（C，T，2）	−1.903229	−3.5109529	5	不平稳
ΔEB	（C，T，2）	−5.042900	−3.595026	5	不平稳
REE	（C，T，2）	−2.355544	−3.595026	5	不平稳
ΔREE	（C，T，2）	−3.1093664	−3.595026	5	不平稳

3. 协整检验

变量之间的长期均衡关系可以用协整关系来表示。从表 9-13 中可以得出 open、dept、priv、eqv、dc、tuo、eb 和 ree′是平稳的一阶单整序列，则 open、dept、priv、eqv、dc、tuo 和 ree′各变量之间可能存在长期的协整关系。本书先确定 VAR 模型的滞后阶数为 1，然后通过最大似然估计法对变量作协整检验。

对计量经济模型 $open_t = \alpha_1 dept_t + \beta_1 priv_t + \delta_1 eqv_t + \varsigma_1 dc_t + \upsilon_1 tuo_t + \chi_1 eb_t + \varepsilon_1 ree_t + u_1$ 的协整关系检验结果如表 9-14 所示。

表 9-14　协整关系检验结果

特征值	Trace 统计量	5%	结论
0.989627	359.4236	161.6278	存在一个协整关系
0.949675	207.1690	125.6160	至多存在一个协整关系
0.822392	129.4021	95.75366	至多存在两个协整关系

续表

特征值	Trace 统计量	5%	结论
0.741596	84.46956	69.81889	至多存在三个协整关系
0.576335	49.28552	47.85613	至多存在四个协整关系
0.377243	26.85641	29.79707	至多存在五个协整关系
0.298328	14.64285	15.49471	至多存在六个协整关系
0.188522	5.431343	3.841466	至多存在七个协整关系

从表 9-14 的数据中可以看出本模型存在五个协整关系，选取的协整方程如下：

$$vecm_{t1} = open_{t1} - 0.11dept_{t1} + 0.125priv_{t1} - 0.03eqv_{t1} + 0.002dc_{t1} + 0.628tuo_{t1} + 0.33eb_{t1} - 0.124ree_{t1}$$

进一步对上述方程获得的残差 e 进行 ADF 单位根检验，检验结果如表 9-15 所示。

表 9-15 ADF 检验结果

零假设：e 有……个单位根			
滞后长度：0（Automatic based on SIC，MAXLAG=5）			
		T 统计量	P 值
ADF 检验结果		-3.170013	0.0352
检验标准值	1%	-3.752946	
	5%	-2.998064	
	10%	-2.638781	

通过残差 ADF 检验结果可以看出，残差 e 的 t 统计量的 P 值为 0.0352，小于 0.05 的标准，因此可以拒绝零假设，表明各变量之间具有协整关系。

4. 误差修正模型（ECM）

本书使用 Eviews6.0 计量软件对各变量进行误差修正模型检验，检验结果表明上述 10 个变量均为一阶单整序列，可认为变量间存在协整关系，因此，建立的误差修正方程如下：

$$\Delta OPEN_t = 0.02\Delta dep_t + 0.017\Delta priv_t - 0.03\Delta eqv_t + 0.05\Delta dc_t - 0.128\Delta tuo_t -$$

$$t = (0.22) \quad (0.35) \quad (-1.01) \quad (1.05) \quad (-1.010)$$

$$0.71\Delta eb_t - 0.014\Delta ree_t - 0.92ecm_{t-1}$$
$$(-0.43) \quad (-0.04) \quad (-4.16)$$

$R^2 = 0.845$ $\overline{R}^2 = 0.79$ $DW = 1.638$

从误差模型（见图 9-5）可看出，模型的拟合优度达 0.99，拟合效果较好，反映了 open 受 dept、priv、eqv、dc、tuo、eb 和 ree′影响的短期波动规律。ECM 系数为-0.92，符合反向修正机制，表明当短期波动偏离长期动态均衡时，系统则以 0.92 的调整力度将拟合模型从短期偏离状态调整到均衡状态。可进一步用格兰杰因果关系检验变量间的因果关系。

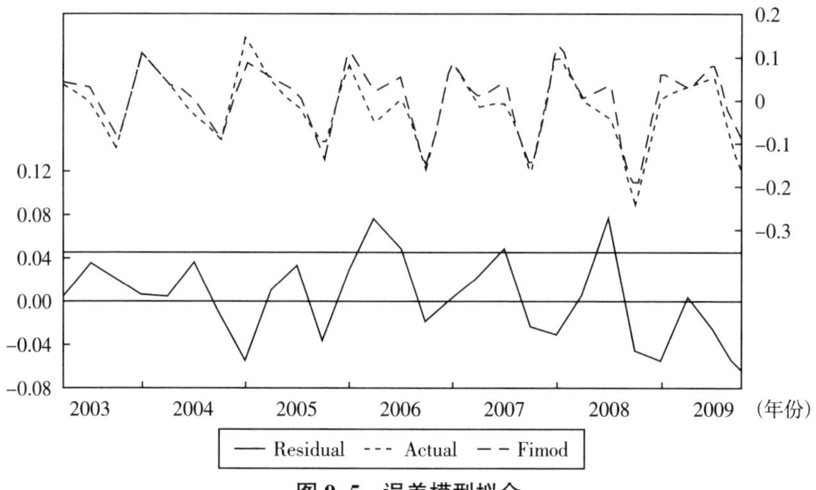

图 9-5 误差模型拟合

5. 格兰杰因果检验

为进一步检验 open 与 dept、priv、eqv、tuo、dc、eb、ree′变量间的因果关系，本章采用格兰杰因果关系检验法，在滞后阶数为 2 的条件下检验结果如表 9-16 所示。

表 9-16 格兰杰因果检验结果

零假设	F 统计量	P 值	结论
DEPT 不是 OPEN 的格兰杰原因	1.39758	0.18963	接受
OPEN 不是 DEPT 的格兰杰原因	10.00376	0.00245	拒绝
PRIV 不是 OPEN 的格兰杰原因	0.39072	0.59863	接受

续表

零假设	F 统计量	P 值	结论
OPEN 不是 PRIV 的格兰杰原因	7.89752	0.00211	拒绝
EQV 不是 OPEN 的格兰杰原因	0.59784	0.59615	接受
OPEN 不是 EQV 的格兰杰原因	12.86285	0.00021	拒绝
DC 不是 OPEN 的格兰杰原因	1.64372	0.22437	接受
OPEN 不是 DC 的格兰杰原因	3.86527	0.04785	拒绝
TUO 不是 OPEN 的格兰杰原因	1.91207	0.16315	接受
OPEN 不是 TUO 的格兰杰原因	0.71320	0.51657	接受
EB 不是 OPEN 的格兰杰原因	0.32647	0.64727	接受
OPEN 不是 EB 的格兰杰原因	0.21738	0.67483	接受
REE 不是 OPEN 的格兰杰原因	7.67526	0.00389	拒绝
OPEN 不是 REE 的格兰杰原因	4.13862	0.04035	拒绝

从上述格兰杰因果检验结果可以看出，在可能影响我国对外贸易开放度的七个金融指标中，只有 ree 变量是 open 的格兰杰原因；open 是金融体系发展指标 dept、priv、eqv 和 dc 的格兰杰原因。可认为，随着我国对外贸易开放度（open）的逐步扩大，将改善我国银行存贷效率（priv）、扩大银行发展规模（dept）、促进我国资本化程度（eqv）和提高我国股票市场的成交金额比率（dc），但与此同时，我国对外贸易开放度（open）和股票市场资本周转率（tuo）及债券融资（eb）之间不存在或存在微弱的因果关系，究其原因可能在于我国企业债券市场发展缓慢，以及现有债券市场对融资主体进行了限定。

三、金融发展对我国贸易规模与结构影响的分析

（一）指标选取

1. 我国金融发展的总体指标体系

在前面章节中，关于金融中介发展与金融市场发展的相关指标已经得到全面

分析，这些指标衡量了金融发展的规模和水平，也从实证上完善了金融发展理论。在对中国 1998~2011 年货币供应量 M2、银行及私人信贷、保费收入、股票发行金额、债券市场企业债券及金融债券发行额、股票筹集资额、股票市价总值、国债发行额及历年国内生产总值数据进行分析整理，构建我国金融发展的总体指标体系。

FIR = M2/GDP。金融资产总量（XD）衡量了一国或地区金融发展的规模总量，反映了一国或地区资本市场的发展程度，具体而言，XD=金融机构信贷总额GDP，其中，GDP 为控制变量，用于剔除宏观经济对一国或地区金融发展的影响。

在测度金融发展规模和金融发展程度时，戈氏金融相关率“M2 占 GDP 比值”与指标“金融总资产占 GDP 比”高度相关，也有学者将 SLOR 指标（金融机构平均存款余额加平均贷款占名义 GDP 的比值）作为具体替代指标。此外，BANK 指标（存款货币银行国内资产/中央银行国内资产）、PRIVATE 指标（私人信贷/国内信贷）以及 SLR 指标（贷款总额/存款总额）也是被国内学术界广泛使用的、用以衡量我国金融发展的指标。从金融功能的观点来看，SLR 指标、PRIVATE 指标和 BANK 指标是高度相关的。

本章选取 MCAP 指标［(有价证券总量+股票市值）/GDP］衡量我国金融发展规模，并以 INSURE 指标（保险收入/GDP）衡量我国保险业的发展状况。

2. 各金融发展指标的相关性分析

本章试图运用 EViews 6.0 计量软件计算各金融发展指标的相关系数矩阵，结果如表 9-17 所示。

表 9-17 各金融发展指标的相关系数矩阵

	FIR1	SLOR	MCAP	FIR2	SLR	PRIVATE	PRIVY	LOAN	BANK	INSURE
FIR1	1.000									
SLOR	0.982	1.000								
MCAP	0.801	0.789	1.000							
FIR2	0.995	0.981	0.859	1.000						
SLR	−0.952	−0.986	−0.773	−0.898	1.000					
PRIVATE	−0.069	−0.083	−0.232	−0.079	0.210	1.000				
PRIVY	0.412	0.273	0.037	0.318	−0.276	0.520	1.000			
LOAN	0.968	0.927	0.832	0.971	−0.942	−0.081	0.216	1.000		

续表

	FIR1	SLOR	MCAP	FIR2	SLR	PRIVATE	PRIVY	LOAN	BANK	INSURE
BANK	0.702	0.718	0.597	0.648	−0.742	−0.611	−0.310	0.622	1.000	
INSURE	0.763	0.819	0.738	0.794	−0.742	−0.191	−0.306	0.793	0.731	1.000

注：将麦氏指标 M2/GPD 记为 FIR1，戈氏指标 FIR 记为 FIR2。KMO 统计量是 0.939，卡方统计值 P 值为 0.000，因为 0.000<0.01，证明上述各金融发展指标之间具有高相关性，因此，可进一步用整理得到的数据进行因子分析。

从表 9-17 的结果看，货币化（FIR1）、金融化（FIR2）、证券化（MCAP）以及保险（INSURE）指标的相关程度很高，那么选择其中之一就能有效反映我国金融市场发展的规模。从表中还可以看出，SLR、BANK、PRAVTE、PRIVY 指标之间的相关性也较高。虽然以上指标具有较高的科学性，但它们不能充分反映一国金融市场发展的趋势，反而往往会夸大其质量和水平。虽然金融发展的量化指标越来越能体现金融的功能，但各金融发展指标之间高度相关，从而可能会降低估计结果的可信度。而且，从实证的角度来看，每项指标都可以反映金融发展的某个侧面，因而单个指标均并不能完全反映一国金融发展的总体情况。因此，本章首先构建金融发展的总体测量指标，以便进行建模分析。

3. 金融发展测量综合指标的构建

为减少数据测度的误差和异常值，本章采用“主成分分析”方法将各金融指标进行组合来形成新的评价金融发展指标，使测度的结果更具有解释力和稳健性。“主成分分析”法是将 N 类指标组合成一组新指标（即主成分）P1，P2，…，PN，以此筛选出具有代表性的维度。

本章借助 SPSS 110.0 软件进行主成分分析，将不同的变量组合归纳为四个测量金融发展的新指标。其中，第一主成分解释了这十个变量方差的 109.02%，其在 FIRW、CFIRW、SLOR、LOAN、MCAP、SLR 和 INSURE 七个指标上载荷较大。因此，将第一主成分作为金融发展规模的综合指标；第二主成分解释了总变量方差的 94.23%，在 PRIVATE、PRIVY 以及 BANK 三个指标上载荷较大，因此，将第二主成分作为金融发展效率的综合指标。运用相同的方法，选取“银行中介规模”作为第三类指标，包括 SLOR、FIR1、FIR2、SLR、LOAN 五个指标，其解释了方差的 91.12%。第四类指标是“金融市场”，其在 MCAP、FIR2 和 INSURE 三个指标上载荷较大，解释了变量方差的 106.101%。由此可得到评价金融发展的综合指标体系（见表 9–18）。

表 9–18　我国金融发展综合指标的综合指标体系

综合指标 各个变量	金融发展规模综合指标	金融发展效率综合指标	银行中介发展规模指标	金融市场发展规模指标
方差贡献率（%）	87.02	94.23	91.12	86.81
FIR1	0.3923	0.0512	0.4711	
SLOR	0.3945	–0.0493	0.4972	
MCAP	0.3581	0.1736		0.2368
FIR2	0.3699	0.0215	0.4645	0.6310
SLR	–0.3685	0.1654	–0.4489	
PRIVATE	0.0159	0.5286		
PRIVY	0.2004	0.5189		
LOAN	0.3202	0.2732	0.4025	
BANK	0.2509	–0.4811		
INSURE	0.2692	–0.3024		0.5117

从表 9–18 中可以看出，1998~2011 年我国金融发展呈现以规模增长为主的趋势，而金融效率则呈现出一定的波动。

4. 外贸发展指标

一般而言，我们主要以三个指标来描述对外贸易的发展程度：外贸依存度（OPEN），表示为进出口总值占 GDP 的比重；贸易竞争力指标（TCI），表示为某产品净出口额占进出口总额的比重；制成品出口比重指标（GYEX），表示为制成品在总出口中的比重。本章试图选取 OPEN、GYEX 和 TCI 三个指标衡量我国对外贸易的发展程度。

5. 数据来源及说明

本章运用 1998~2011 年 14 年的样本数据实证检验我国金融发展与对外贸易的关系。其中，衡量金融发展的指标中的国内生产总值、存贷款数据由历年《中国统计年鉴》相关数据整理得到，金融资产总额数据取自《中国经济增长新阶段与金融发展》，其他指标的数据由《新中国五十五年统计资料汇编》数据整理而得；衡量外贸发展程度指标的数据取自《中国对外经济贸易年鉴：1998》、历年《中国统计年鉴》以及国家统计局网站。

（二）金融发展与对外贸易的传导实证分析

本章采用综合指标来反映金融发展：金融规模综合指标（FD）与金融发展效率综合指标（FE），由于剔除了金融发展指标的相关性，完全避免了多重共线性问题，FD 和 FE 指标较全面地代表了当前我国金融发展的规模与效率。因此，通过分析这两组指标对贸易的作用，对于探索金融发展对外贸发展的关联性影响的政策面因素提供了参考依据。基于以上目的，参照 Beck（2003），基于时间序列构造如下模型：

$$TRADE_t = \alpha_1 FINANCE_i + \alpha_2 CV_i + \varepsilon_i$$

其中，$TRADE_t$ 表示贸易增长及影响因素，具体是指贸易规模、贸易结构以及影响贸易发展的各因素如人均资本、人力资本等指标，金融发展的各项指标如经济发展水平、人口规模、FDI 等为控制变量。

因此，以全国时间数据为基础，本部分实证检验模型的被解释变量为外贸发展规模指标（LOPEN）、外贸结构指标（LGYEX）以及人均资本（LRJZB）、人力资本（LHR）、产业结构（LGL）、科研投入（LRD）；金融发展规模综合指标（FD）、金融发展效率综合指标 FE 为解释变量；控制变量为经济发展规模指标（LRJGDP）、人口规模（LPOP）、外商直接投资（LFDI）、人民币真实有效汇率（BEER）和真实利率（ER）以及被解释变量的滞后项。

1. 金融发展对外贸影响的实证结果

在对第四章中的模型进行实证分析之前，首先在该模型框架下，以贸易发展规模（OPEN）、贸易结构（GYEX）的自然对数为因变量，考察金融发展对外贸发展的影响情况。即建立如下模型：

LOPEN = F(FD，FE)；LGYEX = F(FD，FE)

（1）单位根检验结果。为了消除变量之间可能存在的异方差，对变量 OPEN、GYEX 取对数值，分别在指标前加“L”表示。考虑到人民币真实有效汇率（EZEER）和真实利率（ER）非衡大于零，以及 FD、FE 指标的综合性，实证分析时对此四个指标的取值没有对数化。本章通过计量软件 EViews 6.0 对研究变量进行单位根检验，我们运用统计软件，在样本区间内序列 LOPEN、LGYEX、FD、FE 各变量数据的单位根检验结果如表 9-19 所示。

表 9-19 我国金融发展与对外贸易各变量的平稳性（ADF）检验结果

变量	检验类别（C，T，P）	ADF 检验值	概率	临界值	结论
FD	（C，0，1）	−2.615715	0.101	−2.62101*	不平稳
FE	（C，0，1）	−2.146359	0.2291	−2.62101*	不平稳
LOPEN	（C，0，1）	−2.539701	0.3083	−3.21838	不平稳
LGYEX	（C，0，1）	−1.515794	0.8014	−3.21838	不平稳
DFD	（C，0，1）	−3.795717	0.0076	−3.67932	平稳
DFE	（C，0，1）	−4.608011	0.001	−3.67932	平稳
DLOPEN	（C，0，1）	−5.165797	0.0002	−3.67932	平稳
DLGYEX	（C，0，1）	−5.390925	0.0008	−4.32398	平稳

注：* 表示在 1%的显著水平上拒绝单位根的假设。

检验结果表明，FD、FE、LOPEN、LGYEX 四个时间序列的 ADF 检验值均满足三类置信区间水平下的临界值，该结论表明这四个时间序列是非平稳的。但变量的一阶差分序列的 ADF 检验值都小于 1%显著水平的临界值，说明变量 LOPEN、LGYEX 与金融发展指标变量 FD、FE 之间可能存在协整关系，可以进行长期均衡关系的检验。

（2）协整检验。根据 Johansen 协整检验的迹检验和最大特征根检验分别对 LOPEN、FD、FE 和 LGYEX、FD、FE 两组变量在整个样本期进行协整检验，根据协整方程的种类（具体见高铁梅：《计量经济分析方法与建模》，清华大学出版社 2006 年版，第 295 页），选择协整方程的有截距无趋势项的形式，检验结果如表 9-20 所示。

表 9-20 Johansen 协整检验结果

变量	假定 CE(s) 个数	特征值	迹统计量（5%水平临界值）	λ-Max 统计量（5%水平临界值）
LOPEN 与 FD、FE	None*	0.437063	25.97226 (17.79730)	25.52074 (22.29962)
	At most 1	0.271959	9.309208 (11.22480)	9.076917 (15.89210)
	At most 2	0.003603	0.104661 (4.129906)	6.367620 (9.164546)

续表

变量	假定 CE(s) 个数	特征值	迹统计量（5%水平临界值）	λ-Max 统计量（5%水平临界值）
LGYEX 与 FD、FE	None*	0.620239	52.50124 (35.19275)	27.11000 (2.29962)
	At most 1	0.433766	25.39125 (20.26184)	15.92496 (15.89210)
	At most 2	0.286863	9.466292 (9.164546)	9.466292 (9.164546)

从表 9-20 可知，LOPEN 与 FD、FE 存在一个协整关系，LGYEX 与 FD、FE 之间存在多个协整关系。

下面建立协整方程：由于 LOPEN、FD、FE 之间的标准向量为（1，-1.5101065，-1.696613），因此，三变量之间的协整方程可以表示为：

VECM = LOPEN - 1.510865FD - 1.696613FE

对 VECM 残差分析，结果如表 9-21 所示。

表 9-21 序列 VECM 的单位根检验

变量	检验形式（C，T，K）	ADF 检验值	1%临界值	5%临界值	P 值	结论
VECM	（C，0，0）	-4.144923	-3.670170	-2.963972	0.0031	平稳

单位根检验结果表明 VECM 为平稳序列，本章中的各变量之间具有长期均衡关系，即金融发展规模增量、金融发展规模对外贸依存度即外贸规模的 OPEN 增量的长期影响。根据上式得到 FD、FE 对 LOPEN 影响的长期均衡关系（括号中为标准误差）。

LOPEN = 1.510865FD + 1.696613FE

（0.37088）　（0.59440）

同样的方法，可以得到 LGYEX 与 FD、FE 的协整方程为：

VECM = LGYEX - 0.098058FD - 0.044852FE - 4.206829

对序列 VECM 进行单位根检验，结果如表 9-22 所示。

表 9-22 VECM 的 ADF 单位根检验

变量	检验形式（C，T，K）	ADF 检验值	1%临界值	5%临界值	P 值	结论
VECM	（C，0，0）	-3.114949	-3.670170	-2.963972	0.0361	平稳

所以在 5%显著水平下 VECM 是平稳的。估计出的 LGYEX、FD 和 FE 三变量的协整（长期）关系为（括号内为标准误差）：

$$LGYEX = 0.098058FD + 0.044852FE + 4.206829$$

（0.00594）（0.00966）（0.01677）

可以看出，若假设其他非因金融因素指标对外贸发展规模的影响可以忽略的话，金融发展规模和效率这两个指标可以基本反映我国金融发展促进贸易发展的基本情况。协整方程表明金融发展规模与金融发展效率对外贸结构的优化起到一定的促进作用，但较之其对外贸规模的影响来讲，作用较弱些。

（3）金融发展与贸易发展的因果关系确认。

格兰杰因果关系检验结果（见表 9-23）表明：在 5%的显著水平下，FD 是 LOPEN 的格兰杰原因，即我国金融发展规模是外贸发展规模的相关格兰杰原因；同时，在 10%的显著水平下，FE 是 LGYEX 的格兰杰原因，我国金融发展效率也是外贸发展规模的相关格兰杰原因。在 10%的显著水平下，FD 是 LGYEX 的格兰杰原因，即金融发展规模是贸易结构变化的相关格兰杰原因，但 LGYEX 不是 FD 的格兰杰原因，即金融发展效率却不是外贸结构变化的原因。从该检验结果可以看出，自 1978 年改革开放以来，我国金融发展是贸易发展的原因，具体而言，金融发展的规模是贸易发展规模和外贸结构变化的格兰杰原因，而金融发展的效率仅是外贸发展规模扩大的格兰杰原因，其不是外贸结构变化的格兰杰原因。

表 9-23　格兰杰因果关系检验结果

	零假设	F 统计值	P 值	结论
对外贸易发展规模指标（OPEN）	FD 不是 LOPEN 的格兰杰原因	3.52048	0.0456	拒绝
	LOPEN 不是 FD 的格兰杰原因	0.44527	0.6458	接受
	FE 不是 LOPEN 的格兰杰原因	3.5132	0.0512	拒绝
	LOPEN 不是 FE 的格兰杰原因	0.44527	0.6458	接受
对外贸易结构发展指标（GYEX）	LGYEX 不是 FD 的格兰杰原因	3.52048	0.0456	拒绝
	FD 不是 LGYEX 的格兰杰原因	2.81015	0.0566	拒绝
	FE 不是 LGYEX 的格兰杰原因	0.84545	0.4418	接受
	LGYEX 不是 FE 的格兰杰原因	3.98611	0.0320	拒绝

2. 金融发展对外贸传导的多变量 VAR 模型检验分析

为了剖析我国金融发展作用于外贸发展的传导途径，基于前一章中对金融发展对贸易发展影响机理分析：金融发展要对贸易发展产生影响，必然会通过影响贸易发展的各个因素中的若干因素产生影响，这里我们进一步考察金融发展的两个指标与影响外贸发展的诸多因素之间的关系。下面我们分别以人均资本、人力资本、产业结构、科研投入等指标（RJZB、HR、GL、RD）以及真实利率（ER）、真实有效汇率（BEER）和 FDI 对金融发展规模（FD）和金融发展效率（FE）进行 VAR 分析。这样将会有助于我们进一步了解金融发展对外贸易发展影响的途径。我们对于 1998~2010 年的时间序列数据，分别构造如下计量模型：建立金融发展变量与贸易增长各影响因素变量之间的向量自回归模型（VAR）：

Y0(LRJZB，FD，FE)

Y1(LHR，FD，FE)

Y3(LRD，FD，FE)

Y4(LFDI，FD，FE)

Y5(ER，FD，FE)

Y6(REER，FD，FE)

影响我国外贸发展各因素经验分析：

在检验金融发展影响外贸的宏观传导机理前，先检验外贸发展与主要影响因素之间的关系。根据第三章的理论分析，影响贸易发展的主要因素是要素禀赋、技术进步与产业结构变迁等因素所带来的比较优势，因此这里主要验证贸易发展与这些变量之间的关系，即分别建立外贸发展变量（LOPEN，LGYEX）与主要影响因素变量（LRJZB、LHR、LGL、LRD）的关系。研究的具体思路是：首先，建立 VAR 模型 F1(LOPEN、LRJZB、LHR、LGL、LRD）与 VAR 模型 F2(LGYEX、LRJZB、LHR、LGL、LRD）进行因果关系检验和协整关系分析，找出外贸发展的影响途径；接着，对模型加入控制变量，采用了九个变量对上述方程模型进行回归，即解释变量包括外贸发展规模指标（LOPEN、LGYEX），被解释变量有：人均资本（LRJZB）、人力资本（LHR）、产业结构（LGL）、科研投入（LRD）指标以及作为控制变量的指标人民币真实有效汇率（EZEE）、真实利率（ER）、人均 GDP（RJGDP）和人口总数（LPOP）。然后，通过实证得出引起贸易规模扩大和贸易结构变化的主要因素。

在模型实证检验之前，应对模型中所包含的变量数据进行单位根检验，以判断其平稳性。检验结果如表 9-24 所示。

表 9-24 影响对外贸易发展各因素变量的平稳性（ADF）检验结果

变量	检验类别（C，T，P）	ADF 检验值	概率	临界值	结果
LRD	（C，0，1）	-1.104407	0.7001	-2.622989	不平稳
LRJZB	（C，0，1）	0.277193	0.9730	-2.621007	不平稳
LFDI	（C，0，1）	-2.266202	0.1892	-2.625121	不平稳
LHR	（C，0，1）	-2.121640	0.5129	-3.221728	不平稳
LGL	（C，0，1）	-2.624959	0.1005	-2.627420	不平稳
REER	（C，0，1）	-1.908408	0.3238	-2.625121	不平稳
ER	（C，0，1）	-1.850037	0.3498	-2.625121	不平稳
LRJGDP	（C，0，1）	-0.882896	0.7959	-2.629906	不平稳
LPOP	（C，0，1）	-0.426877	0.5199	-1.609798	不平稳
DLRD	（C，0，1）	-3.280353	0.0253	-2.967767**	平稳
DLRJZB	（C，0，1）	-2.078239	0.0382	-1.953381**	平稳
DLFDI	（C，0，1）	-3.825254	0.0072	-3.689194***	平稳
DLHR	（C，0，1）	-2.764189	0.0763	-2.625121**	平稳
DLGL	（C，0，1）	-4.292238	0.0024	-3.699871***	平稳
DREER	（C，0，1）	-4.465163	0.0017	-3.711457***	平稳
DER	（C，0，1）	-5.995017	0.0000	-3.689194***	平稳
DLRJGDP	（C，0，1）	-3.561001	0.0141	-2.981038**	平稳
DLPOP	（C，0，1）	-4.331355	0.0002	-1.601875***	平稳

注：***、** 分别表示在 1%、5%的水平显著。

检验结果表明，LRD、LRJZB、LHR、LGL、LFDI、REER、ER、LPOP 及 LRJGDP 这九个序列的 ADF 检验值都大于显著水平下的临界值，表明原序列存在单位根，都是非平稳的。但各个变量的一阶差分序列的 ADF 检验值都小于 1%显著水平的临界值，表明各序列均为一阶单整序列，因而得出变量组 F1 和 F2 各个变量之间可能存在的协整关系，可以进行长期均衡关系的检验。

根据上述原则，序列 LOPEN、LRJZB、LHR、LGL、LRD 之间的协整检验结果如表 9-25 所示。

表 9-25 Johansen 协整检验的结果

假定 CE(s) 个数	特征值	迹统计量	5%临界值	P 值
None*	0.850012	134.8585	76.97277	0.0000
At most 1*	0.707805	85.53117	54.07904	0.0000
At most 2*	0.626016	53.54251	35.19275	0.0002
At most 3*	0.501539	27.97039	20.26184	0.0035
At most 4*	0.315834	9.164546	9.164550	0.0368
假定 CE(s) 个数	特征值	最大特征值	5%临界值	P 值
None*	0.850012	49.32728	34.80587	0.0005
At most 1*	0.707805	31.98866	28.58808	0.0176
At most 2*	0.626016	25.57213	22.29962	0.0168
At most 3*	0.501539	18.10197	15.89210	0.0221
At most 4*	0.315834	9.868412	9.164546	0.0367

注：* 表示在 1%的显著水平上拒绝单位根的假设。

从协整检验结果来看，无论是从迹统计还是最大特征值统计量来看，变量组对外贸易规模、人均资本、人力资本、科技进步与产业结构各个变量之间存在多个协整关系，将其标准化后，序列 LOPEN、LGL、LHR、LRD、LRJZB 标准协整向量（括号内为标准误）如表 9-26 所示。

表 9-26 标准协整向量统计

LOPEN	LGL	LHR	LRD	LRJZB	C
1.000000	-1.21861	-0.649904	0.924916	-0.015229	0.053509
	(0.40339)	(0.04090)	(0.058106)	(0.02065)	(0.3210910)

令其等于 VECM，即可表示方程为：

$$VECM = LOPEN - 1.211062LGL - 0.647704LHR + 0.724916LRD - 0.015229LRJZB + 0.053507$$

该 VECM 的协整方程表明了我国对外贸易规模与人均资本、人力资本、科技进步、产业结构之间存在均衡关系。ADF 平稳性检验结果如表 9-27 所示。

表 9-27 序列 VECM 的单位根检验

假定 CE(s) 个数	特征值	迹统计量	5%临界值	P 值
None*	0.821797	122.1724	76.97277	0.0000
At most 1*	0.815759	75.60189	54.07904	0.0002
At most 2*	0.413912	29.93104	35.19275	0.1654
At most 3*	0.300034	15.50534	20.26184	0.1988
At most 4*	0.195511	5.873808	9.164546	0.2007
假定 CE(s) 个数	特征值	最大特征值	5%临界值	P 值
None*	0.821797	46.57051	34.80587	0.0013
At most 1*	0.815759	45.67085	28.58808	0.0001
At most 2*	0.413912	14.42569	22.29962	0.4238
At most 3*	0.300034	9.631536	15.89210	0.3691
At most 4*	0.195511	5.873808	9.154637	0.2107

注：* 表示在 1%的显著水平上拒绝单位根的假设。

从协整检验结果来看，无论是迹统计还是最大特征值统计量，变量组各个变量之间存在至多有两个协整方程，将其标准化后得到：序列 LGYEX、LRD、LHR、LGL、LRJZB 标准协整向量（括号内为标准误）（见表 9-28）：

表 9-28 标准协整向量统计

1 Co integrating Equation(s)		Log likelihood	193.0450	
LGYEX	LRD	LHR	LGL	LRJZB
1.000000	0.382275 (0.06217)	−0.150707 (0.04288)	−1.4998878 (0.19811)	−0.054519 (0.02200)

令其等于 VECM 即可表示方程为：

$$VECM = LGYEX + 0.382275LRD - 0.150070LHR - 1.498878LGL - 0.054519LRJZB$$

上述 VECM 模型的对数似然函数值为 1100.1294，数值较高，表明各变量间存在长期均衡关系。根据方程可得，从长期来看，产业结构变迁、人力资本积累与人均资本积累和技术进步与对外贸易结构发展之间保持着长期均衡关系。

为验证序列 VECM 的平稳性，对其进行 ADF 检验，其结果如表 9-29 所示。

表 9-29　VECM 时间序列的 ADF 单位根检验

变量	检验形式（C，T，K）	ADF 检验值	1%临界值	5%临界值	P 值	结论
VECM	（C，0，0）	-3.635046	-3.6999109	-2.969263	0.0410	平稳

ADF 检验结果表明，5%的显著水平下，VECM 时间序列表现出平稳性，且与外贸规模的发展存在着长期协整关系。

因果关系确认对于外贸发展指标（LOPEN，LGYEX）与各影响因素之间的因果关系检验结果如表 9-30 所示。

表 9-30　格兰杰因果关系方向检验结果

	零假设	F 统计量	P 值	结论
对外贸易发展规模指标（OPEN）	LRD 不是 LOPEN 的格兰杰原因	0.71584	0.4049	接受
	LOPEN 不是 LRD 的格兰杰原因	4.00659	0.0555	拒绝
	LRJZB 不是 LOPEN 的格兰杰原因	8.41143	0.0009	拒绝
	LOPEN 不是 LRJZB 的格兰杰原因	1.48390	0.2500	接受
	LHR 不是 LOPEN 的格兰杰原因	3.13640	0.0620	拒绝
	LOPEN 不是 LHR 的格兰杰原因	1.13065	0.3399	接受
	LGL 不是 LOPEN 的格兰杰原因	1.63630	0.2144	接受
	LOPEN 不是 LGL 的格兰杰原因	0.99417	0.4168	接受
对外贸易结构发展指标（GYEX）	LRD 不是 LGYEX 的格兰杰原因	0.70990	0.4069	接受
	LGYEX 不是 LRD 的格兰杰原因	8.39098	0.0074	拒绝
	LRJZB 不是 LGYEX 的格兰杰原因	1.19348	0.3205	接受
	LGYEX 不是 LRJZB 的格兰杰原因	7.97327	0.0022	拒绝
	LHR 不是 LGYEX 的格兰杰原因	0.72439	0.4949	接受
	LGYEX 不是 LHR 的格兰杰原因	2.97863	0.0699	拒绝
	LGL 不是 LGYEX 的格兰杰原因	5.07709	0.0154	拒绝
	LGYEX 不是 LGL 的格兰杰原因	7.99292	0.0025	拒绝

从表 9-30 可以得到下述初步结论：我国改革开放以来，在考虑外贸发展的影响的诸因素中，技术进步（RD）对外贸发展影响的格兰杰因果关系体现不显著，而外贸发展的规模和外贸结构却是技术进步的格兰杰原因。资本积累（RJZB，HR）是外贸规模发展的格兰杰原因，产业结构变迁（GL）则是外贸结构变化的格兰杰原因。

从表 9-31 的实证结果来看，在影响贸易发展的各因素和传统的贸易发展的主要因素（资本、技术和产业结构）中，改革开放以来，我国的贸易发展无论是规模还是结构都与技术进步的关系不显著，说明了技术进步不是我国贸易发展的推动力量。

表 9-31　外贸发展与各影响因素各变量回归系数

被解释变量	解释变量	系数	标准差	T 统计量	P 值
LOPEN	LFDI	0.109990	0.041654	2.640559	0.0192
观测值：210	LGL	0.3100995	0.11106104	3.2010491	0.0052
MA Backcast	LHR	0.939256	0.0109056	10.3009109	0.0000
19100	LPOP	0.1004096	0.146059	5.505216	0.0000
Sample	LRD	-0.462615	0.1691064	-2.9551092	0.1305
(adjusted)：	LRJGDP	-1.4631033	0.230905	-6.345046	0.0000
19101 20010	LRJZB	0.2125100	0.054503	3.900335	0.0012
	REER	0.299453	0.042911	6.9910429	0.0000
	ER	0.0091093	0.005094	1.949639	0.0699
	AR(1)	0.0410304	0.21001003	0.192020	0.10655
	MA(1)	-0.939443	0.099420	-9.429099	0.0000
	R^2：0.9911033；调整的 R^2：0.9109029；Log likelihood：49.410909				
	AIC：-2.949221　SC：-2.2251055；Durbin-Watson stat：1.951091				
LGYEX	LGL	0.52103102	0.124614	4.240135	0.0005
观测值：29	LHR	0.024929	0.044234	0.563529	0.51000
Sample	LRD	-0.099422	0.133034	-0.932314	0.4934
(adjusted)：	LRJZB	0.053391	0.0252106	2.111450	0.0490
19102 20010	REER	0.151466	0.04610102	3.2301005	0.0046
	ER	0.00101014	0.0049102	1.9690104	0.09310
	LFDI	0.0101035	0.040255	0.2691510	0.9909
	C	3.6201060	0.319039	11.420106	0.0000
	AR(2)	-0.406542	0.219151	-1.1092162	0.0995
	R^2：0.960901；调整的 R^2：0.943523；Log likelihood：410.90495				
	AIC：-2.941093　SC：-2.1012653；Durbin-Watson stat：1.923096				
	F-statistic：55.29563；Prob（F-statistic）：0.00000				

人均资本、人力资本和产业结构的 D.W 值和 F 值等各项统计指标则非常显著。由此表明，人均资本、FDI、人力资本、产业结构是促进我国对外贸易发展规模增长的重要因素，同时，其他控制变量中，真实有效汇率、真实利率各系数也通过了显著性检验，它们也构成了改革开放以来，中国金融发展与贸易发展规模的宏观传导机制的主要中间变量。对于贸易结构影响的主要因素有：产业结构、有效汇率、人均资本，而外商直接投资的系数不显著，说明了外商直接投资虽然是我国贸易规模发展的影响因素之一，但对我国贸易结构的优化作用没有体现出来。

第十章　结论与建议

一、主要结论

本书基于金融发展理论、产业升级理论、FDI 理论、国际贸易理论、经济增长理论的有关理论对金融发展作用于产业结构升级与 FDI 溢出效用和贸易增长的机理及作用的途径进行了较为详尽的论述。以古典学派的金融发展与贸易增长的机理分析为起点，通过基于 AK 模型的金融发展对贸易增长的作用机理分析以及新贸易理论对贸易影响的分析，初步归纳出金融发展对贸易的影响的理论。该理论认为，金融发展对贸易的影响不仅是通过融资平台的资本积累影响要素禀赋的比较优势从而对贸易增长产生直接作用，更重要的是在于对途径的影响，通过 FDI 溢出效应对贸易的发展具有推进作用。在此基础上，分别从我国金融发展、FDI 溢出效应和外贸发展的实践、我国分区域金融发展与外贸发展的实践及我国制造业外贸出口的实践，利用因子分析、时间序列数据、面板数据以及协整理论等计量方法，从宏观视角、区域视角和产业视角三个不同层面进行了实证分析，实证检验了金融作用于对外贸易的途径和影响的差异。

东道国的生产率不会通过 FDI 的技术溢出得到自动提高，具备吸纳技术外溢效应的能力才能使跨国公司的技术转移顺利实现。该能力主要包括东道国科技技术研发情况、经济政策及其开放度、金融市场的发展程度、人力资源的成本、基础设施建设等。如何有效提高金融市场的效率？通过加大 FDI 的社会边际产出，进而放大 FDI 对经济增长的贡献。因此发展中国家一定不能仅仅局限在基础设施、人力资本、开放程度等方面，更应当重视国内金融市场的健康发展，金融发展健全了，国内企业才能获得充足的资金来源，进而发展壮大起来。因而，外商直接投资的增加，能使尽可能多的东道国企业对管理经验和FDI先进技术等优势进行利用和模仿，从而拉动东道国经济的发展。经实证检验后，得出以下结论：

（1）金融发展通过对FDI溢出效应的影响，对各个国家的经济增长起着重要作用。金融市场的发达程度不同，在FDI促进经济增长中的作用也不同。通过实证检验结果可以看出，金融市场越完善，对FDI溢出的促进作用越大。作为发展中国家的中国，外商直接投资使得资本得以积累，有益于经济发展，但中国的金融市场未能充分利用和发挥FDI的技术溢出效应。这主要因为我国的金融市场还不够发达健全，金融市场的功能有待提高和完善，此外，中国长期存在的政府控制性金融体系支持国有企业，对国内私营企业支持相对不够，因而私营企业对外商直接投资的溢出效应的吸收能力也不强。

从面板数据中不难看出，在中国，外商直接投资与我国金融市场的各种因素未能有效地配合，形成良好的溢出效应。由外商直接投资同滞后一期的金融发展因素的联合效应可以看出东部地区金融市场同其他地区相比较更能促进溢出效应，由此可知，外商直接投资需要借助环境良好的功能健全的金融市场才能更好地形成溢出效应。因此，中国应该加快完善国内金融市场，促进其健康有序发展，优化资源配置，充分发挥其对FDI的技术外溢的促进作用，同时，深化中西部的金融市场发展，加大对落后地区的信贷支持。我国金融市场的不发达使得对FDI溢出效应的促进作用不明显，为此，完善金融市场、加大金融支持成为我国的当务之急。尤其是加大对中小企业发展和科技创新的金融支持，因为这两项更能影响对FDI溢出效应的吸收能力。综上所述，深化国内金融市场改革，完善金融市场功能，为中小型及新兴企业提供良好的金融环境，协调国内各区域间金融市场发展不平衡的状况，以此增强国内企业对外商直接投资的吸收能力。

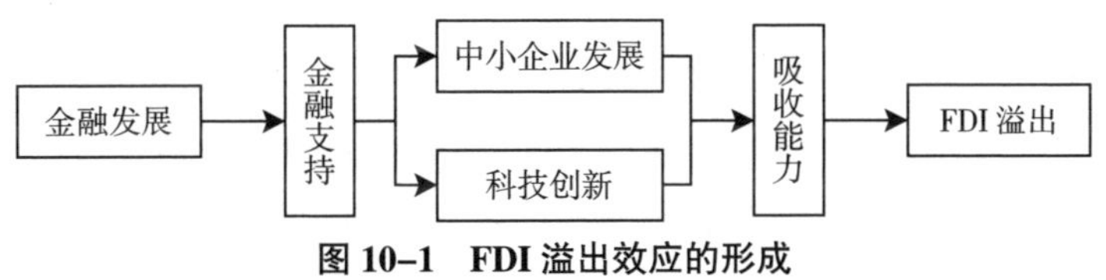

图10-1 FDI溢出效应的形成

（2）金融发展、贸易发展起作用的途径归纳。金融发展能有效地积累资本，但金融发展更重要的是体现在内生增长模型中，将社会中闲置的资金进行整合，增加金融市场的资本量，加大融资渠道，为具有较高生产率的企业提供融资成本合理的发展所需资金，提高闲散资金由储蓄转化为投资的效率，使国家资本的比较优势发生变化，从而使对外贸易发生变化。金融的发展同时也会对汇率产生影响，这一影响体现在汇率制度和汇率波动程度上。汇率制度是对外贸易的重要影响因素之一，汇率的波动改变了国内相对资源要素的禀赋，并进而促使对外贸易商品结构的调整和国内外相对价格的变化。

（3）利用全国时间序列数据和区域面板数据，借助 VAR 模型和面板协整理论，实证检验宏观层面的金融发展作用于贸易增长的结论是：无论长期内还是短期内，人均资本、人力资本及产业结构的变迁及真实利率是金融发展影响贸易增长的显著途径。金融发展影响贸易增长的过程是通过资本积累影响比较优势，进而影响贸易增长的。产业结构的变迁是贸易结构优化的必要条件，而金融中介的发展通过影响储蓄、投资进而影响生产要素分配及产业结构的变迁，进而影响对外贸易结构。尽管技术进步是经济增长的源泉之一，也是影响对外贸易发展的主要因素。无论是全国时间序列数据还是分区域的面板数据的实证检验：技术进步未能成为金融发展对贸易影响的显著的传导途径，因此，金融发展规模与技术进步两者间的关系并不密切，表明我国的金融体系目前还缺乏有效的支持技术创新的机制。实证研究结果还表明，FDI 虽然是影响我国外贸发展的主要因素之一，在本书的样本区间内，无论是时间序列还是分区域面板数据，FDI 并没有成为中国金融发展与贸易发展之间的显著的传导途径。在制度因素中，真实利率作为金融发展影响外贸的一个途径，但真实有效汇率对贸易的传导作用没有体现出来。

总之，实证研究结果表明时间序列数据模型与面板数据模型所揭示的金融与贸易发展之间的关系是大体一致的，这说明二者的宏观传导机制在我国改革开放时期以来无论是从时间还是从空间来看都是相对稳定的。

（4）采用个体固定效应模型进行面板估计，同时考虑到面板数据模型中残差的相关性采用广义最小二乘法进行修正，并通过跨截面稳健标准差得到估计系数的 t 统计值，对我国制造业分行业数据进行产业层面的实证结果得出产业层面的结论是：对我国制造业出口影响较大的因素是金融发展规模，金融发展规模扩张，有助于企业获得发展资金，形成规模生产，扩大出口贸易。但金融体系的效率变化对制造业各行业出口的发展非但没有作用，而且在当前体制下，对出口的规模扩张还有一定的抑制作用，其表现在回归系数为负值上。在比较金融中介银行与金融市场对制造业的出口影响后得出结论：金融中介发展对制造业出口影响最强，而中国股票市场的作用对制造业外贸规模发展的影响较小。考察其他影响制造业出口的因素得出的结果是：规模经济是金融发展影响制造业出口的一个主要途径；科学技术投入比重的增加对制造部门各行业外贸出口规模的增加具有显著的促进作用；人均资本指标对我国制成品出口的影响显著为负，说明我国的资本禀赋并没有发挥 H-O 理论中应有的作用。这种结果表明，当前外贸形势下，我国出口仍然以劳动密集型的制成品和资本和技术含量不高的产品为主。外商直接投资（FDI）的流入对中国制造业出口的影响显著。FDI 是促进我国制造业出口的主要因素。我们知道，FDI 在中国的显著特点是属于加工贸易型的，这种类型的 FDI 同时也具有出口导向型的特点，因而 FDI 对我国制造业出口的影响较大，金融市场的发展对各制造业行业出口的影响都没有体现。

（5）产业结构的构成是否合理严重影响着一国经济的可持续发展。产业结构是指产业构成及各产业之间的联系，从宏观层面上可以将一国的产业结构划分为第一、第二、第三产业。经济的发展使产业结构不断地发生变化。同时产业结构转变是理解发展中国家与发达国家经济发展区别的一个核心变量，也是后发国家加快经济发展的本质要求。从发达国家的发展经验来看，产业的发展先是以农业为主的阶段，但是随着技术的不断进步，以及工业上不断增加的资本积累，使得生产需要劳动力数量下降，而多余的劳动力则转移到工业部门，工业开始兴起，服务业的发展同样如此。生产要素的转移必定是出现了要素边际报酬的不平衡、各部门生产效率的不均衡，要素的转移是从边际报酬低的部门流向边际报酬高的部门，从低生产效率部门流向高生产效率部门，直至达到动态均衡。因此，产业结构的调整也就是生产要素转移的过程，同时也是平衡各产业边际收益、使得社会生产最优化的过程。

（6）在建立一个只有内资部门和外资部门的国民经济环境的基础上，采用两期模型推导出了金融发展对 FDI 溢出效应的影响，在理论上证实了金融效率的提高是促进 FDI 溢出效应的，并在理论分析的基础之上，分析了金融发展对 FDI 溢出效应的影响渠道，随后描述了我国引入 FDI 和金融市场的发展现状。最后本书通过量化 FDI 溢出效应，对金融发展、FDI 投入和 FDI 溢出效应三者进行了面板数据的协整分析。

①金融中介效率的提高通过对 FDI 溢出效应的影响促进了我国内资部门的经

济增长。根据理论模型的推导，本书认为，金融中介效率的提高通过对 FDI 溢出效应的影响促进了我国内资部门的经济增长。因为，金融中介效率越高，融资成本就越小，单位人建立内资新企业的门槛也就越低，从而使得内资部门的内资企业数目增加，最终影响内资部门的总产出。这说明了有效提升金融发展水平，将降低单位人建立新企业的门槛，促进 FDI 与内资企业间的单位人流动，从而能更好地吸收 FDI 的外溢效应。

②金融市场是通过一定的作用渠道来影响 FDI 溢出效应的。本书在第三章分析了金融市场影响 FDI 溢出效应的作用渠道，认为金融市场主要是通过影响人力资本积累、示范模仿作用和内资企业 R&D 投入三个途径来影响 FDI 溢出效应的，从而间接促进我国的经济增长的。较高的金融发展水平则意味着那些能够通过以上三种途径获得 FDI 溢出效应的内资企业可以较容易地获得国内金融市场的支持，进而促进 FDI 溢出效应，最终达到促进经济增长的目的。

③不同的省份引进 FDI 对 FDI 溢出效应的影响是不同的。在我国多数省份增加 FDI 的流入量，是促进该地区的 FDI 溢出效应，并间接促进经济增长的。但是在广东、辽宁、宁夏、湖北、河北、陕西、甘肃这些省份，增加 FDI 的流入量并未起到这样的作用，在这几个省份增加 FDI 的投入量，可能会使得外资企业更多地挤占国内市场，起到阻碍 FDI 溢出效应的作用。

④不同的省份金融发展对 FDI 溢出效应的影响是不同的。通过实证分析得到我国的金融发展是与 FDI 溢出效应之间存在长期稳定的协整关系的。在我国大部分省区内金融市场的发展是促进 FDI 溢出效应的，却存在着明显的不均衡现象。

二、我国金融、产业结构与贸易协调发展的政策建议

（一）完善金融功能、提高金融市场效率，促进我国贸易结构优化

1. 加快金融发展，提升金融发展质量，促进贸易发展

国际经验表明，一个国家的贸易结构将发生从以出口劳动密集型产品为主向

以出口资本密集型和技术密集型的产品转换。从我国制造业出口的情况分析可以看出，我国资本和技术密集产品的国际竞争力还处于比较劣势的状态。要加快转变我国外贸发展方式，关键是加大支持资本密集型产品和技术密集型产品的出口。而金融的发展，有利于其资本积累和金融功能的发挥，由于混业经营方式下中小企业可以多途径地获得风险资金，长期以来中小企业融资难的问题就迎刃而解，并为中国产业结构调整和转型提供保障。

金融发展中金融效率的提升使企业获得放大性的效应，企业生产过程中提高了资本要素的比例，使资源配置更加科学，并促使企业在扩大再生产中加大对资本的投入量，从而获得更高的贸易利率，为优化国家贸易结构创造基础。为此，我国必须加快金融发展步伐，提升金融发展的质量，优化我国外贸出口商品结构。

2. 建立多层次、全方位的金融市场和金融机构体系，促进金融与贸易的协调发展

实证研究结果表明，我国金融发展的规模对贸易发展促进效益明显，而金融市场的发展对制造业出口尤其是技术含量最高的技术规模密集型行业的影响还没有充分发挥。因此，优化发展金融结构，建立多层次全方位的金融市场和金融机构体系，有利于我国对外贸易的发展。尤其是金融发展中金融产品功能的多样化趋势，金融产品功能的多样化能够有效地帮助企业以多种方式来应对和规避外贸经营中的风险，使国际贸易环境得以改善，营造一种科技创新为主的贸易和竞争气氛。目前，我国金融发展的滞后仍然难以适应我国快速增长的出口要求。直至今天，金融服务和贸易发展之间的矛盾、冲突越来越明显，尤其是当前我国经济开放度不断提高，原来制定的从局部向全局扩张的金融改革战略，在如今金融全球化的环境中会受到许多外部因素的制约，贸易大国的发展战略因为处于金融小国的现状而使其代价也越来越大，我国越来越多地受到外部冲击。

因此，在加大金融体系开放使其与贸易大国相匹配或改变当前我国贸易大国的发展战略使其与金融小国的现状相匹配的做法都是不现实和不可取的情况下，要保证我国经济持续稳定，促进金融与贸易协调发展，必须也只能从优化贸易大国的进出口结构，并进行国内经济和产业结构的升级，同时加快金融改革的步伐使其和谐发展，为出口企业的发展提供更好的金融支持。通过我国金融业的发展，疏通融资渠道，提高本土技术创新的力度，以高效的资本配置支持高新技术

产业升级，有利于民营企业发展，进而促进出口商品结构优化，提升对外贸易的整体竞争力。

3. 政策支持贸易发展

要促进金融发展的功能及效率的发挥，体现在金融财政政策上的主要表现是：在金融政策上，要完善金融政策，支持外贸发展。发展多样化的金融模式，实行出口信贷利率补贴、出口商票据贴现、促进金融衍生工具的发展、鼓励金融部门对出口企业进行合理的担保等。财税政策方面，加大对外贸的支持力度，调整外贸和关税结构，加速产业转型，鼓励出口，有效利用税收对国民经济和对外贸易的调节作用。货币政策方面，贴合我国的实际情况，控制通货膨胀，稳定物价，保持人民币汇率的相对稳定等。这些金融方面政策措施可使外贸企业规避或者转移外贸风险，解除外贸企业的后顾之忧，促进我国对外贸易的发展。

（二）金融发展促进技术创新推动我国外贸内生增长

从前文的研究结论已知，在我国宏观层面和区域层面的实证检验金融发展作用于外贸的途径中，技术进步与FDI均为不能成为传导的显著途径，而进行产业层面的检验时，技术进步与FDI均对制造业出口有显著影响。造成这种结果的原因如下：

1. 从数据选择上来看

其一是由于全国的数据是综合数据，外贸指标是采取的外贸依存度，即进出口总额占GDP的比重，没有划分产品类型；其二是在全国及区域层面，外贸出口数据中隐含着产业结构与产品结构的因素，我国高污染、高物耗、高能耗的“三高”产品的大量出口，大量需要资金投入的资本与技术密集型的产品及自主知识产权和自主品牌的出口占有率不高。在我国高科技产品出口贸易中，加工贸易仍占主导地位，而我国高技术产品出口按企业类型分布，外商独资企业出口占60%以上，国有企业高技术产品的出口几乎不到20%。然而，我国的金融资源大多投向了低效的国有企业和集体企业，而出口活跃的集体及私营企业却很少能够得到银行的贷款。由此可见，我国改革开放以来的巨额投资没有带来技术进步和外贸的发展，因为投资以国有企业主导，但出口尤其是高技术产品的出口大部分却是由非国有企业创造的。因此，实证研究的结果是金融规模的扩张，投资的增加，没有通过技术进步途径传导给对外贸易发展，这是由我国的经济发展现状决定的。

2. 从我国外商投资的现状来看

FDI 的引入主要体现在加工装配和制造技术含量低、产品增值少的低值产品的加工贸易，因此，技术创新与外商投资的作用不明显，金融发展对外贸作用的技术创新和外商投资途径不显著。这与“FDI 不利于我国创新能力的培育”的观点结论相符。同时，通过 FDI，跨国公司在中国的研发投资增加了国内的研发资金，同时，其生产的产品可能具有更高的技术含量，加剧了国内的市场竞争。因此本土的一些企业被迫退出市场，从而打击了本国企业的研发能力。所以，FDI 的引进在一定程度上影响了我国的自主创新能力，促进东道国的技术进步作用有限。一些学者研究认为：FDI 对我国自主创新能力的影响有一定的“门槛效应”，比如，金融环境比较健全发达的地区能够很好地消化和利用跨国公司的技术溢出效应提高技术创新能力。所以，要改变当前的状况，各地区吸收能力的提高以及金融发展规模和效率的提升是关键。

因此要培育我国高附加值产业的出口，缓解我国资源环境压力，减少资源型产品初级产品出口所占比重，加快实现我国外贸内生型增长。“所谓的外贸内生型增长是一国（地区）以现代社会新理念、新技术、新管理和其他技能等为主要手段，推动国际贸易的增长，并带动本国生产效率的提高。”即依靠先进的科学技术来扩大市场规模，让科技成为经济可持续增长的不竭动力，此外，由国际贸易所带来的经济收益可以为技术的研发提供资金保障，进一步推动科技的发展与进步，先进的技术让产品具有更强的竞争力，从而获得更高的经济收益，由此形成技术与效益的良性循环。因此，通过金融发展，加大研发和设计投入，促进科技创新，在自由贸易的条件下，同时实现工业化利益和贸易利益，实现产业结构升级，提高我国的综合国力和国际经济竞争力。

（三）金融发展促进产业化资本的形成，提升制造业贸易出口

由于人均资本没有成为我国金融发展对贸易增长作用的主要途径，说明我国的资本禀赋并没有发挥 H-O 理论中应有的作用。这种结果再次表明，当前外贸形势下，我国出口仍然以劳动密集型的制成品、资本和技术含量不高的产品为主。因此必须通过金融手段促进我国工业化资本的形成，促进制造业的质的发展。金融市场的发展和对外贸易的扩大是一个国家经济发展的两个重要方面。对

外贸易是可以促进金融成果的形成，而金融市场的成熟又是对外贸易乃至整个国民经济发展的保障。因此，中国的发展需要借助金融市场的发展，工业化资本的形成也离不开金融发展，关注技术进步和科技创新，通过金融市场的完善提升对外贸易的质量和经济发展已经成为大势所趋。与此同时，也不能忽视金融发展的风险，有些风险会带来极大的放大性和破坏性，这就要求我们要提高风险防范意识，预防和规避风险可能带来的隐患，为对外贸易的顺利实施和结构优化提供保障。

（四）合理调整产业结构

1. 促进农业产业化发展

我国作为一个人口众多的农业大国，农业的健康发展对我国的经济发展起着决定性的基础作用。近些年，国家非常重视第二和第三产业的快速发展，而对农业的产业化发展关注较少。由产业结构的演变规律可知，第二和第三产业的又好又快发展需要以农业的稳固发展为前提。所以，要重视对传统农业的改造，实现农业的产业化和现代化发展，巩固农业的基础地位，从而更好地支持国民经济的健康发展。我们可以加强农业龙头企业的带动和辐射作用，通过技术、加工和市场的带动实现农业产业规模化经营；还可以推进特色农产品的研发与生产，延伸农业产业链条。所以，农业产业化发展，不仅能促进农业自身的结构优化，也会对工业和服务业产生影响，促进产业结构的升级和经济的增长。

2. 坚持新型工业化道路

我国目前的工业化发展仍然属于资源消耗高、环境污染严重，这对我国经济的可持续发展具有不利的影响。因此，对传统工业进行改造是非常必要的，这也对产业结构的优化升级具有积极的促进作用。我们要坚持走新型工业化道路，加强信息、能源、水利和交通等基础设施建设，为现代工业的低消耗、轻污染、高科技、高效益发展奠定基础，实现工业的现代化。要充分鼓励自主创新，发展高新技术产业，通过掌握核心关键技术，推进信息化与工业化结合，实现我国工业由高消耗向高效率、粗加工向深加工、低端产品向高端产品转变，促进第二产业由大变强，从而更好地为经济健康发展服务。

3. 促进产业协调健康发展

我们要根据东、中、西部地区的比较优势，结合自身资源禀赋、地理环境、人文社情等特点，制定不同的符合当地情况的发展战略，促进第一、第二和第三产业协调发展，形成以农业产业为基础、以高新技术产业为先导、以基础产业和制造业为支撑、服务业全面发展的产业格局，实现第一产业由薄弱转为稳固、第二产业由大变强、第三产业更快更好发展的目标，达到产业结构优化升级和经济增长的效果。

参考文献

[1] 艾洪德，徐明圣，郭凯. 我国区域金融发展与区域经济增长关系的实证分析 [J]. 财经问题研究，2004（7）：26-32.

[2] 白党伟，陈漓高. 区域贸易协定的非传统收益：理论、评述及其在东亚的应用 [J]. 世界经济研究，2003（6）：11.

[3] 薄文广. FDI、国内投资与经济增长：基于中国数据的分析和检验 [J]. 世界经济研究，2005（9）：63-69.

[4] 曹亚军. 服务业 FDI 对我国产业结构升级的影响分析 [D]. 成都：西南财经大学博士学位论文，2014.

[5] 陈聪. 我国金融发展与产业结构升级的关系研究 [J]. 统计与决策，2008（9）：108-109.

[6] 陈丁，卢山冰. "一带一路"背景下中泰 FDI 对双边贸易的影响机制研究 [J]. 河北学刊，2016，36（4）：130-134.

[7] 陈海钰. 浅谈我国企业出口贸易增长方式的转变 [J]. 决策与信息，2013（5）：148.

[8] 陈建丽，孟令杰，王琴. 吸收能力、FDI 技术溢出门限效应与内资企业生产率增长——基于我国高技术产业的实证分析 [J]. 工业技术经济，2015，34（10）：121-128.

[9] 陈菊华. 我国对外直接投资的贸易效应分析 [D]. 南京：南京财经大学硕士学位论文，2012.

[10] 陈宁. FDI、国际贸易与经济增长的实证检验 [J]. 统计与决策，2015（8）：135-138.

[11] 陈涛涛，陈娇. 行业增长因素与我国 FDI 行业内溢出效应 [J]. 经济研究，2006（6）：39-47.

［12］陈万灵，杨永聪. 区域金融发展与 FDI 流入规模的实证研究——基于省际面板数据的分析［J］. 国际经贸探索，2013，29（4）：73-84.

［13］陈卫华. 江苏省多元化贸易增长的制约及渠道研究［J］. 商业时代，2013（9）：68-69.

［14］陈岩. 中国对外投资逆向技术溢出效应实证研究——基于吸收能力的分析视角［J］. 中国软科学，2011（10）：8.

［15］陈梓楠，吴江. 金融发展与经济增长关系文献综述［J］. 西昌学院学报（自然科学版），2017，31（3）：52-54，73.

［16］崔岩. 货币实际有效汇率与国际贸易收支的实证检验［J］. 统计与决策，2013（12）：156-159.

［17］崔艳娟，赵琛，徐晓飞. 金融服务贸易与经济增长关系的实证分析［J］. 沈阳工业大学学报（社会科学版），2013，6（1）：13-16.

［18］戴国强. 人民币实际汇率波动对我国进出口的影响：1994~2003［J］. 经济研究，2005（5）：31-39.

［19］戴相龙，黄达. 中华金融词库［M］. 北京：中国金融出版社，1998.

［20］邓娟. 金融发展、FDI 对中美贸易失衡影响机制研究［J］. 现代商贸工业，2013，25（16）：62-63.

［21］邓丽娜. FDI、国际技术溢出与中国制造业产业升级研究［D］. 济南：山东大学博士学位论文，2015.

［22］邓萍，黄晓莉. 基于区域金融市场发展的 FDI 溢出效应分析［J］. 统计与咨询，2011（4）：18-19.

［23］邓小华，储丹丹. 安徽省服务业利用 FDI 的实证分析［J］. 国际贸易问题，2012（4）：45-58.

［24］丁焕峰. 技术扩散与产业结构优化的理论关系分析［J］. 工业技术经济，2006，25（5）：95-98.

［25］杜丽虹. 服务特性、经验效应与中国服务业外商投资——基于生产性与消费性服务业的实证研究［J］. 世界经济研究，2011（9）：47-60.

［26］段进，郭冬冬，朱静平. 长株潭地区金融发展与经济增长关系的实证研究［J］. 经济地理，2011（8）：1332-1357.

［27］方慧. 服务贸易技术溢出的实证研究——基于中国 1991~2006 年数据

[J]. 世界经济研究，2009（3）：22-37.

[28] 方友林，冼国明. FDI 对我国国内投资的挤入挤出效应：地区差异及动态特征 [J]. 世界经济研究，2008（6）：69-73.

[29] 方园. 金融发展对出口复杂度提升的影响机理与效应研究 [D]. 杭州：浙江大学硕士学位论文，2013.

[30] 房裕. 中国对外直接投资的产业升级效应研究 [D]. 兰州：兰州大学博士学位论文，2015.

[31] 冯青. 金融发展对产业结构升级的影响研究 [D]. 南京：南京师范大学硕士学位论文，2012.

[32] 高洋. 产业结构升级与经济增长方式转变：机制和路径 [J]. 哈尔滨商业大学学报（社会科学版），2010（3）：70-73，77.

[33] 谷克鉴. 1990~1998 年国民与外贸部门出口波动差异的实证分析——HBS 推新在中国的验证与拓展 [J]. 管理世界，2000（2）：25-33.

[34] 郭志仪，赵小克. 区域金融发展和经济增长关系的实证分析——基于甘肃省 1978~2010 年的时间序列数据 [J]. 经济经纬，2013（1）：11-15.

[35] 韩凤舞. 贸易开放和金融开放的互动机制研究 [D]. 杭州：浙江大学博士学位论文，2011.

[36] 韩曙平. 对金融深化和金融发展的再认识 [J]. 连云港职业技术学院学报，2004，17（3）：35-37.

[37] 何兴强，欧燕，史卫，刘阳. FDI 技术溢出与中国吸收能力门槛研究 [J]. 世界经济，2014，37（10）：52-76.

[38] 侯丁，郭彬. 要素聚集下金融发展与产业结构升级的非线性关系 [J]. 财经金融，2017，37（5）：5-8.

[39] 黄海燕. 服务业利用 FDI 与我国服务贸易发展关系的研究 [D]. 南昌：南昌大学硕士学位论文，2011.

[40] 黄凌云，范艳霞，刘夏明. 基于东道国吸收能力的 FDI 技术溢出效应 [J]. 中国软科学，2007（3）：30-34.

[41] 黄宪，范薇. 金融发展的动力何在？——基于金融业和实业互动视角的不同模式比较 [J]. 世界经济研究，2016（10）：20-31，135.

[42] 贾妮莎，韩永辉，邹建华. 中国双向 FDI 的产业结构升级效应：理论机

制与实证检验［J］. 国际贸易问题，2014（11）：109-120.

［43］姜辉，查伟华. 上海金融发展对出口增长的影响机理及效应研究［J］. 华东经济管理，2013，27（10）：11-15.

［44］姜谨，朱桂龙. 外商直接投资行业间技术溢出效应实证分析［J］. 财经研究，2007（3）：14-22.

［45］姜巍，傅玉玢. 中国双向 FDI 的进出口贸易效应：影响机制与实证检验［J］. 国际经贸探索，2014，30（6）：15-27.

［46］蒋迪娜. 我国出口贸易增长持续期依赖特性研究［J］. 经济问题探索，2013（6）：92-96.

［47］蓝大威. FDI 对我国出口商品结构与贸易条件的影响［D］. 广州：暨南大学硕士学位论文，2010.

［48］孔曙光，陈玉川. 广义技术创新与区域产业结构升级的机制探索［J］. 工业技术经济，2008，27（9）：67-70.

［49］雷辉. 我国东、中、西部外商直接投资对国内投资的挤入挤出效应——基于 PanelData 模型的分析［J］. 中国软科学，2006（2）：111-117.

［50］李逢春. 对外直接投资的母国产业升级效应——来自中国省际面板的实证研究［J］. 国际贸易问题，2012（6）：124-134.

［51］李宏明. 金融深化新论［M］. 北京：中国金融出版社，2007.

［52］李佳，刘荣婷. 基于金融发展相关研究的文献述评［J］. 市场周刊，2017（8）：102-104.

［53］李建伟. 外商直接投资与经济增长：对金融市场角色的分析［J］. 当代财经，2007（1）：27-30，99.

［54］李建伟，余明. 人民币有效汇率的波动及其对中国经济增长的影响［J］. 世界经济，2003（11）：21-34.

［55］李京，梁璐璐，张之. FDI 对中国经济增长的实证研究——基于金融发展的视角［J］. 现代管理科学，2013（9）：75-78.

［56］李敬，徐鲲，杜晓. 区域金融发展的收敛机制与中国区域金融发展差异的变动［J］. 中国软科学，2008（11）：96-105.

［57］李俊. 金融发展、产业结构升级与经济增长——基于我国东、中、西部面板数据的实证研究［D］. 上海：华东交通大学硕士学位论文，2013.

［58］李美平，汪浩瀚. 中国对外贸易与金融发展的互动关系特征及实证检验［J］. 财经研究，2011，37（8）：103-112.

［59］李苗苗，肖洪钧，赵爽. 金融发展、技术创新与经济增长的关系研究——基于中国的省市面板数据［J］. 中国管理科学，2015，23（2）：162-169.

［60］李朋. 金融发展影响产业结构转型升级的实证研究［D］. 广州：广东商学院，2012.

［61］李平. 中国金融发展与外贸结构优化相关性研究［D］. 苏州：苏州大学硕士学位论文，2008.

［62］李西江. 金融结构对产业结构升级的影响研究［D］. 天津：天津财经大学博士学位论文，2015.

［63］李媛，崔思. FDI与经济增长——对金融市场作用的实证研究［J］. 中央财经大学学报，2015（S1）：83-87.

［64］李志华，王连伟. FDI与我国国内投资相关性分析［J］. 世界经济研究，2005（11）：121-124.

［65］梁莉. 我国贸易开放度与金融发展关系的实证研究［J］. 金融研究，2005（7）：143-149.

［66］廖东翊. 广东省对外贸易、FDI与经济增长的协整分析［J］. 大观周刊，2013（4）：54.

［67］林季红，郭志芳. 金融市场、FDI与全要素生产率增长［J］. 世界经济研究，2013（5）：74-80，89.

［68］林鸾飞. 外商直接投资对出口贸易的影响研究［D］. 杭州：浙江工业大学硕士学位论文，2012.

［69］林毅夫，刘志强. 中国的财政分权与经济增长［J］. 北京大学学报（哲学社会科学版），2000（4）：5-17.

［70］刘海. 中国产业结构变迁对经济增长和经济波动影响的实证研究［D］. 重庆：重庆大学硕士学位论文，2015.

［71］刘金全，龙威. 我国金融发展对经济增长的非线性影响机制研究［J］. 当代经济研究，2016（3）：71-80，97.

［72］刘蕾. 外商直接投资对中国出口贸易结构影响实证研究［D］. 沈阳：辽宁大学博士学位论文，2011.

［73］刘琳. 我国 FDI 与经济增长的关系研究——基于金融发展视角的实证分析［J］. 中国物价，2013（7）：16–19.

［74］刘平. FDI 溢出效应研究——基于金融发展视角［J］. 现代经济信息，2013（9）：113–114.

［75］刘舜佳. FDI 与经济增长：基于金融市场吸收能力的研究［J］. 上海金融，2007（5）：9–12.

［76］刘晓燕. FDI 对广东省技术溢出效应影响因素的分析［J］. 经济论坛，2010（10）：35–42.

［77］刘兴凯. 金融服务业 FDI 对发展中东道国经济影响机制的研究［D］. 天津：南开大学博士学位论文，2011.

［78］刘艳. 服务业 FDI 技术溢出效应的影响因素分析——基于中国 16 省市面板数据的实证研究［J］. 上海交通大学学报（哲学社会科学版），2012，20（3）：77–85.

［79］刘志彪，姜付秀. 我国产业行政垄断的制度成本估计［J］. 江海学刊，2003（1）：71–77.

［80］刘志雄，蓝文永. 广西金融发展促进经济增长的内在传导渠道——基于14 个地市的非平衡面板数据的实证［J］. 区域金融研究，2013（10）：19–23.

［81］刘钻石，张娟华. 金融发展对国际贸易结构影响的实证分析［J］. 经济理论与经济管理，2016（1）：71–83.

［82］罗长远. FDI、国内资本与经济增长——1987~2001 年中国省际面板数据的证据［J］. 世界经济文汇，2006（4）：253–272.

［83］罗长远，曾繁华. 外国直接投资溢出效应的文献综述［J］. 经济评论，2008（2）：133–137.

［84］罗洁. 金融市场发展影响 FDI 技术溢出效应的传导机制［J］. 时代金融，2013（24）：171.

［85］卢向前，戴国强. 人民币实际汇率波动对我国进出口的影响：1994–2003［J］. 经济研究，2005（5）：31–39.

［86］马少康. 产业发展与金融结构变迁的关联性［D］. 长春：吉林大学硕士学位论文，2008.

［87］马宇浩. 金融发展、FDI 与经济增长关系研究［D］. 长春：吉林大学硕

士学位论文，2013.

[88] 马智利，周翔宇. 中国金融发展与产业结构升级关系的实证研究［J］. 上海金融，2008，2（8）：2.

[89] 孟夏，陈磊. 金融发展、FDI 与中国制造业出口绩效——基于新新贸易理论的实证分析［J］. 经济评论，2012（1）：108-115.

[90] 倪晶晶，赵峰. 在开放经济下产业结构升级对经济增长的影响［J］. 经济师，2017（3）：12-14，16.

[91] 聂爱云. 转型时期 FDI 对中国产业发展的影响研究——基于制度环境的视角［D］. 合肥：江西财经大学博士学位论文，2013.

[92] 牛凯龙. 金融发展指标的演进逻辑及对中国的启示［J］. 南开经济研究，2005，1（82）：21.

[93] 欧阳晓风. 欠发达地区金融发展与产业结构优化关系的实证研究——以湘西地区为例［J］. 求索，2008（7）：27-28.

[94] 潘辉，冉光和，张冰，李军. 金融集聚与实体经济增长关系的区域差异研究［J］. 经济问题探索，2013（5）：102-107.

[95] 潘素昆，袁然. 不同投资动机 OFDI 促进产业升级的理论与实证研究［J］. 经济学家，2014（9）：69-76.

[96] 潘文卿. 外商投资对中国工业部门的外溢效应：基于面板数据的分析［J］. 世界经济，2003，6（3）：3-7，80.

[97] 彭耿，刘芳. 金融发展对经济增长影响的区域差异——基于变系数模型的实证研究［J］. 技术经济，2012，31（5）：103-108.

[98] 彭兴韵. 中国体制外资本市场分析［J］. 中国社会科学院研究生院学报，2002（2）：88-95.

[99] 齐俊妍. 金融发展与贸易结构——基于 H-O 模型的扩展分析［J］. 国际贸易问题，2005（7）：15-19.

[100] 齐讴歌，王满仓. 金融支持与产业升级的最优契约结构［J］. 未来与发展，2014（6）：69-74.

[101] 秦丽. 金融发展与国际贸易之关系研究动态及分析框架构建［J］. 现代财经——天津财经大学学报，2008（12）：19-24.

[102] 邱立成，张兴. FDI 对国内投资挤入挤出效应再检验——以我国农产

品加工业为例［J］. 中央财经大学学报，2010（11）：10.

［103］邱伟茜. 我国出口贸易增长方式转变问题研究［J］. 经济与管理研究，2013（8）：188-192.

［104］曲建忠，张战梅. 我国金融发展与国际贸易的关系——基于 1991~2005 年数据的实证研究［J］. 国际贸易问题，2008，1（98）：103.

［105］冉光和，徐鲲，鲁钊阳. 金融发展，FDI 对区域创新能力的影响［J］. 科研管理，2013，34（7）：45-52.

［106］芮明杰，巫景飞，何大军. MP3 技术与美国音乐产业演化［J］. 中国工业经济，2005（2）：110-117.

［107］上官绪明. 技术溢出、吸收能力与技术进步［J］. 世界经济研究，2016（8）：87-100，136-137.

［108］佘雪锋. 外商直接投资对山东出口贸易总额的影响——基于虚拟变量、协整及格兰杰检验的实证研究［J］. 企业经济，2011（2）：169-173.

［109］沈坤荣，耿强. 外国直接投资、技术外溢与内生经济增长——中国数据的计量检验与实证分析［J］. 中国社会科学，2001（5）：82-93.

［110］沈能. 金融发展与国际贸易的动态演进分析［J］. 世界经济研究，2006（6）：53-58.

［111］盛雯雯. 金融发展与国际贸易比较优势［J］. 世界经济，2014，37（7）：142-166.

［112］施炳展，齐俊妍. 金融发展、企业国际化形式与贸易收支［J］. 世界经济，2011，34（5）：42-73.

［113］石盛林. 我国县域金融发展水平收敛性问题的实证研究［J］. 中央财经大学学报，2010（12）：29-32.

［114］史恩义. 欠发达地区跨境直接投资的金融因素分析［J］. 经济体制改革，2013（4）：48-51.

［115］史龙祥，马宇. 金融发展对中国制造业出口结构优化影响的实证分析［J］. 世界经济研究，2008（3）：37-41.

［116］史文婧. 金融发展与对外贸易：来自长三角地区的经验证据［D］. 杭州：浙江工商大学硕士学位论文，2013.

［117］［英］斯蒂芬·杨. 跨国公司经济学［M］. 北京：经济科学出版社，

1990.

[118] 宋蕾. FDI 对中国对外贸易商品结构的影响研究 [D]. 北京：北京邮电大学硕士学位论文，2012.

[119] 苏海峰，陈浪南. 人民币汇率变动对中国贸易收支时变性影响的实证研究——基于半参数函数化系数模型 [J]. 国际金融研究，2014（2）：43–52.

[120] 孙刚，焦克. 人民币实际有效汇率波动与国际贸易关系的实证分析——基于全国样本的 GMM 检验 [J]. 辽宁师范大学学报，2013，36（3）：337–343.

[121] 孙江永，冼国明. 产业关联、技术差距与外商直接投资的技术溢出 [J]. 世界经济研究，2011（4）：38–52.

[122] 孙林，杨俊. 我国区域金融发展与经济发展关系再研究——基于我国三大区域面板数据的检验和分析 [J]. 经济经纬，2012（2）：32–36.

[123] 孙浦阳，韩帅，靳舒晶. 产业集聚对外商直接投资的影响分析——基于服务业与制造业的比较研究 [J]. 数量经济技术经济研究，2012，29（9）：4.

[124] 孙远，孙史超. 产业结构优化升级对经济增长的影响 [J]. 现代经济信息，2014（9）：420–421.

[125] 孙兆斌. 金融发展与出口商品结构优化 [J]. 国际贸易问题，2004（9）：64–67.

[126] 谭余夏，潘明清，张典. 国际货币博弈视角的人民币汇率变动研究——基于双边随机边界模型的实证分析 [J]. 宏观经济研究，2016（3）：119–127.

[127] 唐海燕. 论汇率变动与贸易收支的长期相关性 [J]. 经济研究，1995（10）：64–69.

[128] 唐礼智，罗婧. 金融发展与 FDI 技术溢出效应：线性还是非线性？[J]. 吉林大学社会科学学报，2013，53（3）：49–57.

[129] 陶爱萍，徐君超. 金融发展与产业结构升级非线性关系研究——基于门槛模型的实证检验 [J]. 经济经纬，2016（2）：84–89.

[130] 王传荣，楚建英. 转变我国服务贸易增长方式研究 [J]. 全球化，2013（8）：74–84.

[131] 王洪亮，徐霞. 日本对华贸易与直接投资的关系研究（1983~2001）[J]. 世界经济，2003（8）：28–37.

［132］王惠，王树乔. FDI、技术效率与全要素生产率增长——基于江苏省制造业面板数据经验研究［J］. 华东经济管理，2016，30（1）：19-25.

［133］王剑. 外国直接投资对中国就业效应的测算［J］. 统计研究，2005（3）：29-32.

［134］王立国，赵婉妤. 我国金融发展与产业结构升级研究［J］. 财经问题研究，2015，1（1）.

［135］王立慧. 金融深化对产业结构升级影响的统计研究［D］. 杭州：浙江工商大学博士学位论文，2016.

［136］王伟，孙大超，杨娇辉. 金融发展是否能够促进海外直接投资——基于面板分位数的经验分析［J］. 国际贸易问题，2013（9）：120-131.

［137］王杏涛. 金融发展与国际贸易相关性研究［D］. 北京：北京物资学院硕士学位论文，2005.

［138］王永齐. FDI 溢出、金融市场与经济增长［J］. 数量经济技术经济研究，2006（1）：59-68.

［139］王瑜华. 集群背景下的 FDI 技术溢出效应研究［D］. 杭州：浙江大学硕士学位论文，2012.

［140］王宇华. 浙江省服务业 FDI 的经济效应分析［J］. 价格月刊，2010（7）：84-87.

［141］王志鹏，李子奈. 外资对中国工业企业生产效率的影响研究［J］. 管理世界，2003（4）：17-25.

［142］王志鹏. 外商直接投资对国内投资挤入挤出效应的重新检验［J］. 统计研究，2004（7）：37-43.

［143］魏巍贤. 人民币升值的宏观经济影响评价［J］. 经济研究，2006（4）：47-57.

［144］吴爱东，刘东阁. 中国金融发展与产业结构升级的关系——基于耦合协调度模型［J］. 南方金融，2017（3）：28-36.

［145］吴骏，王舒鸿. FDI 对我国出口贸易方式影响的统计分析［J］. 科学决策，2013（3）：45-64.

［146］吴新生. 基于我国新区域面板数据的金融发展与经济增长收敛分析［J］. 经济问题探索，2009（11）：111-115.

[147] 武力超，陈曦. 金融发展，台商投资与两岸贸易——基于两岸金融经贸相互依存性的 VAR 模型分析[J]. 华侨大学学报（哲学社会科学版），2013(2)：54–63.

[148] 肖文，林高榜. FDI 流入与服务业市场结构变迁——典型行业的比较研究 [J]. 国际贸易问题，2009（2）：87–93.

[149] [日] 小岛清. 对外直接投资：跨国经营的日本模式 [M]. 杨大楷译. 纽约：普雷格出版公司，1978.

[150] 辛力，邓珊珊. 外商直接投资对民营投资的挤入与挤出效应 [J]. 现代财经，2007，27（3）：9–14.

[151] 徐海杰. “金砖四国” 外商直接投资政策比较研究及其对中国的启示 [D]. 合肥：安徽大学硕士学位论文，2011.

[152] 徐建军，汪浩瀚. 我国金融发展对国际贸易的影响机理阐释及经验证据 [J]. 国际贸易问题，2009（2）：100–107.

[153] 徐永智，于海慧. 区域金融与区域经济发展的动态相关性分析 [J]. 经济论坛，2012（2）：25–27.

[154] 薛鹏群. 贸易开放与金融发展关系的研究综述 [J]. 科技经济市场，2011（10）：28.

[155] 严武，丁俊峰. 金融发展，外商直接投资与产业结构优化——基于广东省数据的实证分析 [J]. 金融经济学研究，2013（2）：30–40.

[156] 阳佳余. 金融发展与对外贸易：基于省际面板数据的经验研究 [J]. 经济科学，2007（4）：49–52.

[157] 杨安. FDI 与产业结构优化升级的相关性研究 [D]. 山东大学博士学位论文，2013.

[158] 杨建明. FDI 对产业结构升级的影响研究 [D]. 宁波：宁波大学硕士学位论文，2011.

[159] 杨建清，陈思. 对外投资促进产业升级的机理与对策 [J]. 经济纵横，2012（6）：41–44.

[160] 杨凯文，臧日宏. 人民币汇率波动对我国国际贸易的传导效应 [J]. 财经问题研究，2015（2）：123–129.

[161] 杨柳勇，沈国良. 外商直接投资对我国对外贸易的挤入挤出效应分析

[J]. 统计研究，2002（3）：6–8.

[162] 杨绍波. 效率改进、产业结构升级对经济增长的影响研究 [D]. 沈阳：东北财经大学博士学位论文，2014.

[163] 杨新房，任丽君，李红芹. 外国直接投资对国内资本“挤出”效应的实证研究——从资本形成角度看 FDI 对我国经济增长的影响 [J]. 国际贸易问题，2006（9）：13.

[164] 杨友才. 金融发展与经济增长——基于我国金融发展门槛变量的分析 [J]. 金融研究，2014（2）：59–71.

[165] 杨珍增. 跨国公司在华垂直 FDI 的决策机制研究——基于金融发展与契约环境的视角 [J]. 经济经纬，2013（1）：38–44.

[166] 姚华，宋建. 中国金融发展与产业结构升级协整关系的多指标交叉检验 [J]. 湖南大学学报（社会科学版），2016，30（1）：76–82.

[167] 姚耀军. 非正规金融发展的区域差异及其经济增长效应 [J]. 财经研究，2009（12）：129–139.

[168] 尹华，胡星. 我国金融发展促进 FDI 的出口增长效应实证研究 [J]. 财务与金融，2013（4）：2.

[169] 于世海，陈春光. 中国对外直接投资与国内产业升级互动行为仿真及模拟调控 [J]. 商业经济研究，2015（30）：123–125.

[170] 于世海. 中国对外直接投资与产业升级互动机制研究 [D]. 武汉：武汉理工大学博士学位论文，2014.

[171] 于文超. FDI、环境管制与产业结构升级——基于城市面板数据的实证研究 [J]. 产业经济评论，2015（1）：39–47.

[172] 俞佳根. 中国对外直接投资的产业结构升级效应研究 [D]. 沈阳：辽宁大学博士学位论文，2016.

[173] 叶娇，王佳林. FDI 对本土技术创新的影响研究——基于江苏省面板数据的实证 [J]. 国际贸易问题，2014（1）：131–138.

[174] 袁冬. FDI 与金融市场效率：中国的经验 [D]. 杭州：浙江财经大学硕士学位论文，2013.

[175] 袁绍锋，吴洪鹏. 产业结构调整与金融发展模式选择——来自“环渤海经济圈”的证据 [J]. 东北财经大学学报，2007（3）：8–12.

［176］曾国平，王燕飞. 中国金融发展与产业结构变迁［J］. 财贸经济，2007（8）：12–19.

［177］曾慧. FDI、金融市场发展效率与中国经济增长［J］. 科学学与科学技术管理，2008（12）：105–109.

［178］曾璐璐. 金融发展、对外贸易与地区经济增长——基于省际面板数据的实证分析［J］. 云南财经大学学报，2015，31（1）：55–65.

［179］查贵勇. 中国服务业 FDI 溢出效应影响因素分析——基于连乘变量的分析［J］. 产业论坛，2009（22）：181–183.

［180］张成思，朱越腾，芦哲. 对外开放对金融发展的抑制效应之谜［J］. 金融研究，2013（6）：16–30.

［181］张光南，朱宏佳. FDI 对国内投资挤入挤出效应的再检验——基于珠三角城市面板数据的实证研究［J］. 国际商务（对外经济贸易大学学报），2013（1）：53–64.

［182］张海洋. R&D 两面性、外资活动与中国工业生产率增长［J］. 经济研究，2005，5（1）：7–11.

［183］张建清，孙元元. 进口贸易和 FDI 技术溢出的比较研究基于技术溢出内生性的实证检验［J］. 世界经济研究，2011（12）：34–47.

［184］张立军. 金融发展对产业结构升级的促进效应分析［J］. 北京市财贸管理干部学院学报，2005（4）：10.

［185］张林. 中国双向 FDI、金融发展与产业结构优化［J］. 世界经济研究，2016（10）：111–124.

［186］张倩肖. 外商直接投资对国内投资替代互补效应分析［J］. 经济学家，2004（6）：77–83.

［187］张望. FDI 对国内投资的挤入挤出效应的重新检验——基于全国与东、中、西部地区分析［J］. 技术经济与管理研究，2009（6）：96–99.

［188］张巍钰. 中部地区金融与产业结构升级理论及实证研究［D］. 长沙：湖南大学博士学位论文，2014.

［189］张晓明. 中国产业结构升级与经济增长的关联研究［D］. 沈阳：东北财经大学硕士学位论文，2007.

［190］张雁. 我国对外直接投资对国内产业结构调整的影响研究［D］. 长沙：

中南大学硕士学位论文，2011.

［191］张宇. FDI 技术外溢的地区差异与吸收能力的门限特征——基于中国省际面板数据的门限回归分析［J］. 数量经济技术经济研究，2008（1）：28-39.

［192］张宇馨. 制造业 FDI 与服务业 FDI 区位决策的互动影响——基于我国省际面板数据的实证分析［J］. 山西财经大学学报，2012（2）：7.

［193］赵勇，雷达. 金融发展与经济增长：生产率促进抑或资本形成［J］. 世界经济，2010（2）：37-50.

［194］钟楠. 山西省经济增长与金融发展关系实证研究［J］. 北方经贸，2013（8）：136-137.

［195］周丽丽，杨刚强，江洪. 中国金融发展速度与经济增长可持续性——基于区域差异的视角［J］. 中国软科学，2014（2）：58-69.

［196］周永涛. 金融发展、技术进步与对外贸易产业升级［D］. 杭州：浙江工商大学博士学位论文，2012.

［197］周云波，陈岑，田柳. 外商直接投资对东道国企业间工资差距的影响［J］. 经济研究，2015，50（12）：128-142.

［198］周丽丽，杨刚强，江洪. 中国金融发展速度与经济增长可持续性——基于区域差异的视角［J］. 中国软科学，2014（2）：58-69.

［199］周振华. 产业融合：产业发展及经济增长的新动力［J］. 中国工业经济，2003(4)：46-52.

［200］朱承亮，岳宏志. 中国经济增长效率及其影响因素的实证研究［J］. 数量经济技术经济研究，2009（9）：52-63.

［201］朱延福，宋勇超. FDI 对国内投资挤入还是挤出？——以技术差距为视角［J］. 产业经济研究，2012（3）：4.

［202］Agosin Manuel R.，Mayer，et al.. United Nations Conference on Trade & Development［J］. United Nations Conference on Trade and Development，2000：149-162（14）.

［203］Adler M.，Stevens G. V. G.. The Trade Effects of Direct Investment［J］. The Journal of Finance，1974，29（2）：655-676.

［204］Alfaro L，Chanda A.，Kaleml-i Ozcan S. and Sayek S.. Does Foreign Direct Investment Promote Growth? Exploring the Role of Financial Markets on Linkages

[J]. Journal of Development Economics，2010（191）：1242-2561.

[205] Alfaro L.，Chanda A.，Kaleml-i Ozcan S. and Sayek S.. FDI Spillover, Financial Markets and Economic Development [R]. IMF Working Paper，No. 186，2003.

[206] Alfaro L.，Chanda A.，Kaleml-i Ozcan S. and Sayek S.. FDI and Economic Growth：The Role of Local Financial Market [J]. Journal of International Economics，2004（164）：189-121.

[207] Anderson J. E.，Neary J. P.. A New Approach to Evaluating Trade Policy [J]. The Review of Economic Studies，1996，63（1）：107-125.

[208] Arora A.，Fosfuri A.，Gambardella A.. Markets for Technology and Their Implications for Corporate Strategy [J]. Industrial and Corporate Change，2001，10（2）：419-451.

[209] Baldwin R. E.，Braconier H.，Forslid R.. Multinationals，Endogenous Growth and Technological Spillovers：Theory and Evidence [M]. London：Centre for Economic Policy Research，1999.

[210] Baldwin D. A.. National Power and the Structure of Foreign Trade [A]. By Hirschman，Albert O.（Berkeley：University of California Press）[C]. American Political Science Review，1981：75.

[211] Baltagi B. H.，Demetriades P.，Law S.H.. Financial Development，Openness and Institutions： Evidence from Panel Data [J]. Social Science Electronic Publishing，2007.

[212] Bayoumi T.，Lipworth G.. Japanese Foreign Direct Investment and Regional Trade [J]. Journal of Asian Economics，1999，9（4）：581-607.

[213] Beck T. Financial Development and International Trade：Is There a Link? [J]. Journal of International Economics，2002，57（1）：107-131.

[214] Beck T.，Ross Levine. Industry Growth and Capital Allocation：Does Having a Market-or Bank Based System Matter? [J]. Journal of Financial Economics. 2002，64（2）：147-180.

[215] Becker B. and Greenberg D.. Financial Dependence and International Tsrade [R]. Unpublished Working Paper，University of Illinois at Chicago，2003.

[216] Belderbos R.，Sleuwaegen L.. Tariff Jumping DFI and Export Substitution：

Japanese Electronics Firms in Europe [J]. International Journal of Industrial Organization, 1998, 16 (5): 601-638.

[217] Bhagwati J.. Regionalism versus Multilateralism [J]. The World Economy, 1992, 15 (5): 535-556.

[218] Blomstrom M., Kokko A.. Multinational Firms Corporations and Spillovers [Z]. Blackwell Publishers Ltd, 1998, 12 (3): 247-277.

[219] Blomstrom Magnus, Kokko A., Zejan Mario Carlos. Host Country Competition and Technology Transfer by Multinationals [R]. Nber Working Papers, 1992.

[220] Blonigen B. A.. In Search of Substitution between Foreign Production and Exports [J]. Journal of International Economics, 2001, 53 (1): 81-104.

[221] Brainard S. L.. A Simple Theory of Multinational Corporations and Trade with a Trade-off between Proximity and Concentration [R]. National Bureau of Economic Research, 1993.

[222] Buckley P. J., Casson M.. The Future of the Multinational Enterprise [M]. London: Macmillan, 1976.

[223] Buckley P. J., Casson M.. The Optimal Timing of a Foreign Direct Investment [J]. The Economic Journal, 1981, 91 (361): 75-87.

[224] Cantwell J., Tolentino P. E. E.. Technological Accumulation and Third World Multinationals [R]. University of Reading Discussion Papers in International Investment and Business Studies, 1990: 140.

[225] Cavallari L., d'Addona S.. Nominal and Real Volatility as Determinants of FDI [J]. Applied Economics, 2013, 45 (18): 2603-2610.

[226] Caves R. E.. Multinational Firms, Competition, and Productivity in Host-country Markets [J]. Economica, 1974, 41 (162): 176-193.

[227] Caves R.. Multinational Enterprises and Economic Analyses [M]. Cambridge: MA Cambridge Univ. Press, 1996.

[228] Chaney T.. Liquidity Constrained Exporters [M]. University of Chicago Mimeo, 2005.

[229] Chee-Keong Choong, Zulkornain Yusop, and Siew-Choo Soo. Foreign Direct Investment, Economic Growth, and Financial Sector Development: A Com-

parative Analysis [J]. Asean Economic Bulletin, 2004, 21 (3): 278-289.

[230] Clark P.. Uncentainty, Exchange Risk, and the Level of International Trade [J]. Western Economic Journal, 1973, 11 (9): 302-313.

[231] Cohen W. M., Levinthal D. A.. Absorptive Capacity: A New Perspective on Learning and Innovation [J]. Administrative Science Quarterly, 1990 (35): 128-152.

[232] De la Torre T., Barrios Ríos O.. Estrategias Didácticas Innovadoras: Recursos Para la Formación y el Cambio [M]. Octaedro Editorial, 2000.

[233] Dunning J. H.. Toward an Eclectic Theory of International Production: Some Empirical Tests [J]. Journal of International Business Studies, 1980, 11 (1): 9-31.

[234] Ethier W. J.. The Multinational Firm [J]. The Quarterly Journal of Economics, 1986, 101 (4): 805-833.

[235] Ernst D., Niatsos T., MytlekaL.. Technological Capabilities and Export Performance: Lessons from East Asia [M]. Cambridge University Press, 1998.

[236] Findlay R. Relative Backwardness, Direct Foreign Investment, and the Transfer of Technology: A Simple Dynamic Model [J]. The Quarterly Journal of Economics, 1978, 92 (1): 1-16.

[237] Girma S. and K. Wakelin. Regional Underdevelopment: Is FDI the Solution? A Semi Parametric Analysis [J]. GEP Research Paper, 2001, 100 (3): 425-425 (1).

[238] Girma S.. Absorptive Capacity and Productivity Spillovers from FDI: A Threshold Regression Analysis [J]. Oxford Bulletin of Economics and Statistics, 2005, 67 (3): 281-306.

[239] Goldberg L. S., Klein M. W.. International Trade and Factor Mobility: An Empirical Investigation [R]. National Bureau of Economic Research, 1999.

[240] Grossman G. M., Helpman E.. Trade, Knowledge Spillovers, and Growth [J]. European Economic Review, 1991, 35 (2): 517-526.

[241] Gereffi G.. International Trade and Industrial Upgrading in the Apparel Commodity Chain [J]. Elsevier, 1999, 48 (1): 37-70.

[242] Gopinath M., Pick D., Vasavada U.. The Economics of Foreign Direct

Investment and Trade with an Application to the U.S. Food Processing Industry [J]. American Journal of Agricultural Economics, 1999, 81 (2): 442–452.

[243] Haddad M., Harrison A.. Are There Positive Spillovers from Direct Foreign Investment?: Evidence from Panel Data for Morocco [J]. Journal of Development Economics, 1993, 42 (1): 51–74.

[244] Hayakawa K., Matsuura T., Motohashi K., et al.. Two-dimensional Analysis of the Impact of Outward FDI on Performance at Home: Evidence from Japanese Manufacturing Firms [J]. Japan and the World Economy, 2013, 27 (4): 25–33.

[245] Helpman E., Krugman P. R.. Market Structure and Foreign Trade: Increasing Returns, Imperfect Competition and the International Economy [M]. The MIT Press, 1985.

[246] Hermes N. and R. Lensink. Foreign Direct Investment, Financial Development and Economic Growth [J]. Journal of Development Studies, 2003, 40 (1): 142–163.

[247] Hooper P., Kohlhagen S. W.. The Effect of Exchange Rate Uncertainty on the Prices and Volume of International Trade [J]. Journal of International Economics, 1978, 8 (4): 483–511.

[248] Horst T. Firm and Industry Determinants of the Decision to Invest Abroad: An Empirical Study [J]. The Review of Economics and Statistics, 1972, 54 (3): 258–266.

[249] Horstmann I. J., Markusen J. R.. Strategic Investments and the Development of Multinationals [J]. International Economic Review, 1987, 28 (1): 109–121.

[250] Humphrey J., Sehmitz H.. How Does Insertion in Global Value Chains Affect Upgrading in Industrial Cluster? [J]. Regional Studies, 2002, 36(9): 1017–1027.

[251] Hymer S.. The International Operations of National Firms: A Study of Direct Foreign Investment [M]. Cambridge, MA: MIT Press, 1976.

[252] Jabbour L., Mucchielli J. L.. Technology Transfer through Vertical Linkages: The Case of the Spanish Manufacturing Industry [J]. Journal of Applied Eco-

nomics, 2007, 10 (1): 115–136.

[253] Javorcik B. S.. Does Foreign Direct Investment Increase the Productivity of Domestic Firms? In Search of Spillovers through Backward Linkages [J]. The American Economic Review, 2004, 94 (3): 605–627.

[254] Jeannine N.. Bailliu. Private Capital Flows, Financial Development, and Economic Growth in Developing Countries [R]. Bank of Canada Working, 2000.

[255] Keltzer Kenneth and Pranab Bandhan. Credit Market and Patterns of International Trade [J]. Journal of Development Economics, 1986, 27 (1): 57–70.

[256] Kenen P. B., Rodrik D.. Measuring and Analyzing the Effects of Short-Term Volatility in Real Exchange Rates [J]. Review of Economics & Statistics, 1986, 68 (2): 311–315.

[257] Kindleberger C. P.. American Business Abroad [J]. The International Executive, 1969, 11 (2): 11–12.

[258] King R., Levine. R.. Finance, Entrepreneurship, and Growth: Theory and Evidence [J]. Journal of Monetary Economics, 1993 (32): 513–542.

[259] Kletzer K. and Bardhan P.. Credit Markets and Pattern of Intenational Trade [J]. Journal of Development Economics, 1987 (27): 57–70.

[260] Knickerbocker F. T.. Oligopolistic Reaction and Multinational Enterprise [J]. The International Executive, 1973, 15 (2): 7–9.

[261] Kojima K.. Japanese Direct Foreign Investment: A Model of Multinational Business Operations [M]. Charles E. Tuttle Company, 1978.

[262] Kugler M.. The Sectoral Diffusion of Spillovers from Foreign Direct Investment [D]. Mimeo: University of Southampton, August 2001.

[263] Laura Alfaroa, Areendam Chanda, Sebnem Kalemli-Ozcan and Selin Sayek. FDI Spillovers, Financial Markets and Economic Development [J]. IMF Working Paper, 2003 (3): 186–192.

[264] Lee S. M., Li M. L., Tse Y. C., et al.. Paeoniae Radix, a Chinese Herbal Extract, Inhibit Hepatoma Cells Growth by Inducing Apoptosis in a p53 Independent Pathway [J]. Life Sciences, 2002, 71 (19): 2267.

[265] Levine R. Financial and Growth: Schumpeter might be right [J]. Quart. J.

Eton., 1993, 108 (8).

[266] Liu Xiaming, Pamela Siler, Chengqi Wang and Yingqi Wei. Productivity Spillovers from Foreign Direct Investment: Evidence from UK Industry Level Panel Data [J]. Journal of International Business Studies, 2000, 31 (3): 407-425.

[267] Lucas Jr R. E.. On the Mechanics of Economic Development [J]. Journal of Monetary Economics, 1988, 22 (1): 3-42.

[268] Manova K.. Credit Constraints, Heterogeneous Firms, and International Trade [J]. The Review of Economic Studies, 2013, 80 (2): 711-744.

[269] Marin D.. A New International Division of Labor in Europe: Outsourcing and Offshoring to Eastern Europe [J]. Journal of the European Economic Association, 2006, 4 (2-3): 612-622.

[270] Medve-Bálint G.. The Role of the EU in Shaping FDI Flows to East Central Europe [J]. JCMS: Journal of Common Market Studies, 2013, 52 (1): 35-51.

[271] Mohammed Omran and Ali Bolbol. Foreign Direct Investment, Financial Development, and Economic Growth: Evidence from the Arab Countries [J]. Review of Middle East Economics and Finance, 2003 (1): 231-241.

[272] Mundell R. A.. International Trade and Factor Mobility [J]. The American Economic Review, 1957, 47 (3): 321-335.

[273] Niels Hermes and Robert Lensink. Foreign Direct Investment, Financial Development and Economic Growth [J]. The Journal of Development Studies, 2003, 40 (1): 142-163.

[274] Pain N., Wakelin K.. Foreign Direct Investment and Export Performance in Europe [M]. New Horizons in International Trade And Industry, MacMillan Press, forthcoming, 1998.

[275] Patrie A.. The Regional Clustering of Foreign Direct Investment and Trade [R]. Transnational Corporation, DEC, 1994.

[276] Persson T., Svensson L. E. O.. Time-consistent Fiscal Policy and Government Cash-flow [J]. Journal of Monetary Economics, 1984, 14 (3): 365-374.

[277] Pfaffermayr M.. Foreign Direct Investment and Exports: A Time Series Approach [J]. Applied Economics, 1994, 26 (4): 337-351.

[278] Poon S. C.. Beyond the Global Production Networks: a Case of Futher Upgrading of Taiwan's Information Technology Industry [J]. Industrial Journal of Technology Industry & Globalisation, 2004, 1 (1): 130-144.

[279] Rajan R., Zingle L.. Financial Dependence and Growth [J]. American Econominc Review., 1988, 88 (3): 559-586.

[280] Rodrik D. Credibility of Trade Reform-A Policy Maker's Guide [J]. The World Economy, 1989, 12 (1): 1-16.

[281] Romer P. M.. Increasing Returns and Long-run Growth [J]. The Journal of Political Economy, 1986 (5): 1002-1037.

[282] Romer P. M.. Endogenous Technological Change [J]. Journal of Political Economy, 1998 (5): 71-102.

[283] Roberts M. J., Tybout J. R.. The Decision to Export in Colombia: An Empirical Model of Entry with Sunk Costs [J]. American Economic Review, 1997, 87 (4): 545-564.

[284] Streeten P. P.. Social Science Research on Development: Some Problems in the Use and Transfer of an Intellectual Technology [J]. Journal of Economic Literature, 1974, 12 (4): 1290-1300.

[285] Svaleryd H., Vlachos J.. Markets for Risk and Openness to Trade: How are They Related? [J]. Journal of International Economics, 2002, 57 (2): 369-395.

[286] Steinherr A., Perée E.. How Strong is the Case for Free Trade in Financial Services? Walking the Tightrope between Domestic Stability and International Shocks [J]. World Economy, 1999, 22 (9): 1221-1232.

[287] Svaleryd H., Vlachos J.. Markets for Risk and Openness to Trade: How Are They Related? [J]. Journal of International Economics, 2002, 57 (2): 369-395.

[288] Vernon R. International Investment and International Trade in the Product Cycle [J]. The Quarterly Journal of Economics, 1996, 80 (2): 190-207.

[289] Wendy Carlin, Colin Mayer. Finance, Investment, and Growth [J]. Cepr Discussion Papers, 2000, 69 (1): 191-226.

[290] Xu B.. Factor Bias, Sector Bias, and the Effects of Technical Progress on Relative Factor Prices [J]. Journal of International Economics, 2001, 54 (1): 5-25.